KB068685

간추린
헌법소송법

Constitutional Adjudication(Verfassungsbarkeit)

허완중

박영사

머리말

단독으로 어느새 7번째 책을 낸다. 오랜 고민 끝에 내는 책이다. 그동안 쓴 6권의 책은 오롯이 지은이의 의지와 의사에 따른 것이다. 그런데 이 책은 동료 교수와 학생들의 요청에 부응하여 쓴 것이다. 학문적 성과를 담은 책을 내고 싶었고 내야 한다고 생각해왔다. 물론 이러한 생각은 아직도 변함이 없다. 하지만 자신의 처한 상황과 지위에 따라 원하지 않는 책도 낼 수도 있음을 인정한다. 이미 공저로 낸 6권의 책 중에는 그러한 것이 있다. 하지만 매번 그랬지만 책의 목적에 맞게 최선을 다해 부끄럽지 않은 책을 만들고자 하였다.

이 책은 '간추린'이란 수식어가 붙은 것처럼 이미 출판한 '헌법소송법'의 내용을 강의에 필요한 범위에서 그리고 변호사시험을 비롯한 각종 시험에서 출제되는 범위에서 추리고 요약한 것이다. 즉 한 학기 강의에서 전달할 수 있는 범위로 양을 한정하였고, 이 한 권으로 각종 시험을 대비할 수 있도록 충분한 내용을 담고자 하였다. 따라서 강의용 교재는 물론 수험서로도 이용할 수 있을 것이다. 학설은 가능한 한 간결하고 명료하게 정리하려고 노력하였고, 중요한 판례는 빠짐없이 수록하였다. 이해하는 데 필수적이지 않으면 내용을 가능한 한 줄이고 뺐다. 서술은 되도록 짧고 쉽게 하려고 하였다. 원고는 2020학년도 2학기 헌법소송법 강의를 진행하면서 차근차근 쓴 것을 모으고 정리하여 마련하였다. 이렇게 마련한 원고를 지난 2021년 1월 제10회 변호사시험을 치른 전남대학교 법학전문대학원 강지인 군과 양현석 군이 꼼꼼히 읽고 좋은 의견을 주었다. 양 군이 법학의 길에서 자유롭고 행복하길 빈다.

먼저 이러한 책을 쓰라고 강력하게 권해 준 동료 교수 이순욱 교수에게 고마움을 전하고 싶다. 그리고 벌써 다섯 번째 출판을 허락해 주시는 안종만 회장님과 안종준 대표님, 늘 궂은 일을 맡아 도와주시는 이영조 팀장님과 이후근 대리님, 편집과 교정에 수고를 많이 해 주신 편집팀 한두희 님과 깔끔한 표지를 만들어 주신 최윤주 님께도 감사의 말씀 전한다.

2021년 2월

오래 머무는 햇살에 젖어 한결 부드러워진 바람을 맘껏 느끼는 오후에
마스크 없이 교정을 한가롭게 거니는 날을 그리며

허완중

차례

제 1 편 헌법재판소조직법

제1장 헌법재판의 의의와 역사

제2장 헌법재판의 본질과 한계

제3장 간접적 기본권보호수단

헌법재판소조직법

제1장 헌법재판의 의의와 역사

제1절 헌법재판의 의의

헌법재판은 독립한 기관이 헌법을 기준으로 사법적 절차를 통해서 일반 사법기관이 판단하기 어렵거나 곤란한 헌법구조상 중요한 헌법분쟁에 관하여 종국적으로 결정하는 것을 말한다. 좁은 뜻의 헌법재판은 위헌법률심판만을 말한다. 넓은 뜻의 헌법재판은 규범통제, 탄핵심판, 정당해산심판, 헌법소원심판, 권한쟁의심판, 선거소송, 국민투표소송을 포함한다. 한국에서 헌법재판이라고 하면 일반적으로 헌법재판소가 관할하는 위헌법률심판, 탄핵심판, 정당해산심판, 권한쟁의심판, 헌법소원심판을 말한다(헌법 제111조 제1항). 넓은 뜻의 헌법재판은 기본권 보호의 직접성 여부에 따라 직접적 기본권보호수단(기본권보호절차: 규범통제와 헌법소원심판)과 간접적 기본권보호수단(탄핵심판, 정당해산심판, 권한쟁의심판 그리고 선거소송과 국민투표소송)으로 나눌 수 있다.

헌법재판은 그 담당기관에 따라 일반법원형과 헌법재판소형 그리고 특별기관형(정치기관형)으로 나눈다. 그리고 헌법재판은 헌법재판권한의 집중 여부에 따라 집중형 사법심사제(집중적 위헌심사제)와 비집중형 사법심사제(부수적 위헌심사제)로 나뉜다. 한국 헌법을 따르면, 법원도 헌법재판을 일부 담당하기는 하지만, 헌법재판소가 헌법재판을 주로 담당하여 헌법재판권한이 집중되므로 헌법재판소형과 집중형 사법심사제에 해당한다.

헌법사적으로 한국 헌법은 가능한 모든 형태의 헌법재판을 경험하였다. 즉 1948년 헌법, 1972년 헌법, 1980년 헌법은 특별기관형, 1960년 헌법과 1987년 헌법은 헌법재판소형 그리고 1962년 헌법은 일반법원형을 채택하였다.

제2절 헌법재판의 역사

Ⅰ. 대한민국 임시정부 시대(대일항쟁기)

대한민국 임시정부 헌법은 헌법재판제도를 본격적으로 도입하지 않았다. 하지만 대한민국 임시정부 헌법은 탄핵심판제도를 두었다. 심판기관은 임시의정원이었다. 임시의정원은 1925년 초대 임시대통령 이승만을, 1941년 임시의정원 의장 김붕준을 탄핵하여 그 직에서 물러나게 하였다.

Ⅱ. 정부수립준비기(이른바 미군정기)

1948년 8월 15일 대한민국 정부가 수립되기 이전에 미국 군정이 구성한 대법원은 1947년 9월 2일에 헌법이 없는 상황에서 앞으로 만들 헌법에 포함될 민주주의와 남녀평등을 근거로 처의 행위능력을 제한하는 의용민법 제14조 적용을 배제하였다(대법원 1947. 9. 2. 선고 1947민상88 판결).

Ⅲ. 문민독재헌정시기

1948년 헌법은 헌법재판과 관련하여 구체적 규범통제만 허용하였는데, 명령과 규칙에 대한 규범통제는 법원이 관할하였고(제81조 제1항), 법률에 대한 규범통제는 헌법위원회가 담당하였다(제81조 제2항). 명령과 규칙이 헌법과 법률에 위반되는지에 관해서는 최종적으로 대법원이 심판하였고, 명령과 규칙의 위헌이나 위법이 재판의 전제가 되면 그 사건은 필수적 상고사건에 해당하여 대법원의 심판을 받도록 하였다. 국회가 제정한 법률의 위헌 여부가 재판의 전제가 되면, 법원은 헌법위원회에 제청하여 그 결정에 따라서 재판을 진행하였다(1948년 헌법 제81조 제2항).

헌법위원회는 부통령을 위원장으로 하고, 대법관 5명과 국회의원 5명을 합하여 모두 11명으로 구성되었다(1948년 헌법 제81조 제3항). 헌법위원회에는 위원 이외에 국회의원 중에서 예비위원 5명, 대법관 중에서 예비위원 약간 명을 두어서, 소속을 같이 하는 위원이 사고로 말미암아 출석할 수 없으면 출석하여 위원 직무를 대행하도록 하였다(헌법위원회법 제2조). 대법관인 위원과 예비위원은 대법원장 추천에 따라서 대통령이 임명하였고(헌법위원회법 제3조), 국회의원인 위원과 예비위원은 국회에서 선출하였다(헌법위원회법 제4조 제1항). 헌법위원회는 위헌제청된 7건 중 2건을 병합하여 총 6건의 위헌법률심사를 하였다. 그중 2건의 위헌결정을 남겼다.

고위공직자에 대한 탄핵사건은 탄핵재판소에서 심판하였다. 탄핵재판소는 부통령을 재판장으로 하고 대법관 5명과 국회의원 5명이 심판관이 되어 모두 11명으로 구성되었다. 대통령과 부통령을 심판할 때는 대법원장이 재판장 직무를 수행하도록 하였다(1948년 헌법 제47조 제2항). 국회의원이나 참의원의원인 심판관은 국회나 참의원에서 선출하였다(탄핵재판소법 제5조 제1항). 대법관인 심판관은 대법관회의에서 선출하였다(탄핵재판소법 제4조 제1항). 탄핵재판소에도 예비심판관제도를 두어 심판관 사고 시에 그 직무를 대행하게 하였다(탄핵재판소법 제4조 제3항, 제5조 제2항).

Ⅳ. 일시적 문민민주헌정시기

4·19 혁명으로 탄생한 1960년 헌법은 제8장에 헌법재판을 담당할 독립기관으로 헌법재판소를 규정하였다. 헌법재판소는 대통령, 대법원, 참의원이 각 3명씩 선임하는 심판관 9명으로 구성되도록 하였다(1960년 헌법 제83조의4 제1항과 제2항). 심판관 임기는 6년이고, 2년마다 3명씩 바꾸어 임명하도록 하였다(1960년 헌법 제83조의4 제3항). 심판관은 법관 자격이 있는 사람 중에서 선임하여야 하였다(헌법재판소법 제2조 제1항). 심판관 9명은 대통령이 3명을 선임하며, 참의원은 재적의원 과반수 찬성으로 3명을 선임하도록 하였다(헌법재판소법 제3조 제1항과 제2항). 헌법재판소장은 심판관 중에서 재적심판관 과반수 찬성으로 호선하여 대통령이 확인하고(헌법재판소법 제5조 제2항과 제3항), 헌법재판소장이 사고가 있으면 심판관 중에서 연장자가 그 직무를 대리하게 하였다(헌법재판소법 제5조 제5항). 구 헌법위원회와 달리 헌법재판소는 상설기구로 하였다.

헌법재판소는 ① 법률의 위헌 여부 심사, ② 헌법에 관한 최종적 해석, ③ 국가기관 사이의 권한쟁의, ④ 정당의 해산, ⑤ 탄핵심판, ⑥ 대통령·대법원장과 대법관의 선거에 관한 소송을 관할하였다(1960년 헌법 제83조의3). 법률의 위헌 여부 심사는 재판의 전제가 될 때 사건법원뿐 아니라 소송당사자도 신청할 수 있고, 법원의 재판과 관계 없이도 신청인 제한 없이 신청할 수 있었다(헌법재판소법 제10조 제2항). 헌법에 관한 최종적 해석은 법원에 계속 중인 사건에서 법원이나 소송당사자가 신청할 수 있고, 법원에 계속 중인 사건과 무관하게 신청권자 제한 없이 신청할 수 있었다. 권한쟁의심판 대상은 국가기관 사이의 권한쟁의로 한정하였다. 그러나 헌법재판소의 관장사항에는 헌법소원이 없었다. 그리고 명령과 규칙에 대한 위헌·위법심사는 여전히 법원이 담당하였다(1960년 헌법 제81조). 헌법재판소법이 공포된 지 한 달 만에 발생한 5·16 군사쿠데타로 말미암아 헌법재판소는 구성조차 하지 못하였다.

V. 군사독재헌정시기(제1기) – 박정희 군사독재 전기

1962년 헌법은 헌정사에서 처음으로 미국형 헌법재판제도를 도입하였다. 헌법재판에 속하는 사항 중 명령·규칙에 대한 위헌·위법심사는 물론 위헌법률심사와 정당해산심판 그리고 선거소송은 법원이, 탄핵심판은 탄핵심판위원회에서 담당하게 하였다. 그러나 권한쟁의심판제도는 두지 아니하였다. 대법원은 법률에 관한 위헌판결은 국가배상법 제2조 제1항 단서와 법원조직법 제58조 제1항 단서에 대해서 한 것 하나이다(대법원 1971. 6. 22. 선고 70다1010 전원합의체 판결).

대법원은 16명 이하의 법관으로 구성되었고(1962년 헌법 제97조 제2항), 대법원장은 법관추천회의 제청에 따라서 대통령이 국회 동의를 얻어 임명하였으며(1962년 헌법 제99조 제1항), 대법원 판사인 법관은 대법원장이 법관추천회의 동의를 얻어 제청하였고 대통령이 임명하였다(1962년 헌법 제99조 제2항). 대법원장 임기는 6년으로 연임할 수 없었다(1962년 헌법 제100조 제1항). 그러나 나머지 법관 임기는 10년으로 연임이 가능하였다(1962년 헌법 제100조 제2항).

탄핵심판위원회는 대법원장을 위원장으로 하고 대법원판사 3명과 국회의원 5명의 위원으로 구성하였다. 다만, 대법원장을 심판할 때는 국회의장이 위원장이 되었다(1962년 헌법 제62조 제1항과 제2항). 탄핵심판위원 중 대법원판사인 심판위원은 대법원판사회의에서, 국회의원인 심판위원은 국회에서 각각 선출하였다. 탄핵심판위원회에서 헌법이 정한 8명의 심판위원 이외에 8명의 예비심판위원을 두되 그중 3명은 대법원판사회의에서, 5명은 국회에서 각각 선출하였다. 심판위원과 예비심판위원의 임기는 대법원판사인 사람은 4년, 국회의원인 사람은 그 임기 중으로 하였다(탄핵심판법 제10조).

VI. 군사독재헌정시기(제1기) - 박정희 군사독재 후기

1972년 헌법은 헌법재판을 담당하는 기관으로 헌법위원회를 두었다 (제8장). 헌법위원회는 위헌법률심사, 탄핵심판, 정당해산심판을 관할하였다(1972년 헌법 제109조 제1항). 명령·규칙에 대한 위헌·위법심사권은 법원 관장사항으로 인정하였다(1972년 헌법 제105조 제2항). 헌법위원회는 9명의 위원으로 구성하였고 대통령이 임명하는데, 3명은 국회에서 선출하는 사람을, 3명은 대법원장이 지명하는 사람을 임명하도록 하였다(1972년 헌법 제109조 제2항과 제3항). 위원장은 위원 중에서 대통령이 임명하였다(1972년 헌법 제109조 제2항 내지 제4항). 헌법위원회 위원 임기는 6년이다(1972년 헌법 110조 제1항).

법률이 헌법에 위반되는지가 재판의 전제가 되면 담당 법관의 직권이나 사건당사자의 신청으로 사건이 계속 중인 법원의 합의부 결정으로 헌법위원회에 법률의 위헌 여부를 제청하였다(헌법위원회법 제12조). 하급법원의 위헌여부심판제청서는 반드시 대법원을 거치게 하였다. 그런데 대법원은 제청법률에 대한 1차적인 심사를 하고 제청이 불필요하다고 판단하면 헌법위원회에 제청서를 보내지 않을 수 있는 이른바 불송부결정권이 있었다(헌법위원회법 제15조 제3항). 헌법위원회는 위원 7명 이상 출석으로 심리하고, 법률의 위헌결정, 탄핵결정, 정당해산결정은 위원 6명 이상 찬성으로 하며(1972년 헌법 제111조 제1항), 그 이외 결정은 출석위원 과반수 찬성으로 하였다(헌법위원회법 제9조).

VII. 군사독재헌정시기(제2기) - 전두환 군사독재

1980년 헌법은 1972년 헌법 헌법위원회제도를 거의 그대로 계승하였다. 즉 헌법위원회를 구성하여 위헌법률심사권, 탄핵심판권, 정당해산심판권을 담당하게 하였다(1980년 헌법 제112조). 명령과 규칙에 대한 위헌·위법심사권은 종전과 같이 법원에 있었다. 헌법위원회는 대통령이 임명하는 9명의 위원으로 구성하였는데, 3명은 국회에서 선출하는 사람을, 3명은 대법원장이 지명하는 사람을 임명하여야 하였으며, 위원장은 위원 중에서 대통령이 임명하였다(1980년 헌법 제112조 제2항, 제3항, 제4항). 헌법위원회 위원 임기는 6년이고, 법률이 정하는 바에 따라서 연임할 수 있었다(1980년 헌법 제113조). 1980년 헌법 제108조 제1항은 대법원의 불송부결정권에 관한 헌법적 근거를 마련하였다.

VIII. 문민민주헌정시기

1987년 6월 민주항쟁의 결과로 탄생한 1987년 헌법은 헌법재판소를 설치하여 위헌법률심판, 탄핵심판, 정당해산심판, 권한쟁의심판, 헌법소원심판을 관장하도록 하였다. 특히 헌법재판소는 헌정사에서 처음으로 헌법소원제도를 도입하여 국민의 기본권을 실효적으로 보장하고 헌법의 규범력을 실질화하였다.

제2장 헌법재판의 본질과 한계

제1절 헌법재판의 본질과 기능

Ⅰ. 헌법재판의 본질(법적 성격)

헌법재판의 본질과 관련하여 ① 헌법재판은 중립적 기관을 통해서 사법절차에 따라 이루어지므로 사법작용이라는 순수한 사법작용설, ② 헌법재판이 사법적 성격뿐 아니라 정치적 성격도 있다는 정치적 사법작용설, ③ 헌법재판을 입법·사법·행정 등 모든 공권력을 통제대상으로 하는 제4의 국가작용으로 이해하는 제4의 국가작용설이 대립한다. 헌법재판소는 자신을 사법기관의 일종으로 본다(헌재 1994. 8. 31. 92헌마126; 헌재 2004. 5. 14. 2004헌나1).

Ⅱ. 헌법재판의 기능

헌법재판은 국가권력의 기본권기속성과 국가권력 행사의 절차적 정당성을 확보함으로써 국민의 자유와 권리를 보호하는 기본권보장기능(주관적 기능)과 헌법의 규범적 효력을 관철함으로써 국가의 최고규범인 헌법을 보호하는 헌법수호기능(객관적 기능)이 있다.

제2절 헌법재판의 한계

Ⅰ. 헌법 우위

헌법은 국가법질서 안에서 최상위의 법규범이다. 헌법재판은 헌법국가의 이념에서 도출되는 국가의 규범적 기본질서인 헌법의 법적 존재와 이러한 헌법의 규범적 우위에 근거한다. 따라서 헌법재판소는 헌법이 규정한 절차에 따라 헌법이 부여한 권한 범위 안에서 헌법을 기준으로 자기 과제를 수행할 수 있고, 수행하여야 한다. 이때 규범통제의 심사기준인 헌법은 헌법전에서 직접 도출될 수 있는 모든 법규범 내용을 포함한다. 한국 헌법은 헌법 우위를 직접 규정하지 않지만, 국민주권(헌법 제1조), 기본권보장의무(헌법 제10조 제2문), 법원의 명령·규칙에 대한 위헌·위법심사권(헌법 제107조 제2항), 법관의 헌법과 법률에 따른 심판(헌법 제103조), 헌법재판소의 위헌법률심판(헌법 제107조 제2항과 제111조 제1항 제1호), 법률개정절차보다 까다로운 헌법개정절차(헌법 제128조~제130조)에서 도출될 수 있다. 헌법재판의 핵심은 헌법의 보호·유지·보장이다. 성문헌법은 미리 주어진 헌법재판의 심사기준을 형성하고, 헌법재판소 통제권한의 범위를 확정한다. 헌법재판소 다수의견은 헌법적으로 중요한 기본적 사항에 관해서 성립하는 관습법은 성문헌법과 동등한 효력이 있어서 헌법재판의 심사기준이 된다고 한다. 그러나 헌법재판소 소수의견은 성문헌법을 포함한 법체제에서 관습헌법에 성문헌법과 같거나 특정 성문헌법 조항을 무력화할 수 있는 효력이 없다고 하면서 헌법의 효력이 있는 관습법을 인정하지 않는다(헌재 2004. 10. 21. 2004헌마554).

II. 법과 정치의 관계

헌법은 정치의 결과물이고 그 규율대상은 법정립을 포함한 정치이므로, 헌법은 정치성이 있다. 그래서 헌법을 정치적 법이라고 한다. 헌법재판은 정치에 대한 재판이다. 따라서 헌법재판소는 법의 실정성에 객관적으로 구속되어 결정하고, 헌법재판은 법적 추론이지 정치적 결정이 아니다. 법과 정치는 여러 방면에서 얽혀 있어서 법과 정치 사이를 분명하고 확실하게 구별한다는 것은 불가능하다. 그래서 행위 내용을 규율하는 헌법 규정이 있다면, 그것이 정치적인지 아닌지와 상관없이 헌법재판소는 그 행위를 심사할 수 있다. 이러한 점에서 법과 정치에 관한 논의는 헌법재판의 한계 확정에 아무런 의미가 없어 불필요하다.

헌법재판소는 사법 자제를 근거로 헌법소원을 각하한 적이 있다(헌법 제2004. 4. 29. 2003헌마814). 그 견해를 따르면 고도의 정치적 결단을 필요로 하는 문제에 관한 대통령과 국회의 판단은 절차적 정당성이 확보되었다면 존중되어야 하고, 헌법재판소가 사법적 기준만으로 이것을 심판하는 것은 자제되어야 한다. 그리고 이것에 관해서 설혹 사법적 심사 회피로 자의적 결정이 방치될 수도 있다는 우려가 있을 수 있으나, 그러한 대통령과 국회의 판단은 궁극적으로는 선거를 통해서 국민의 평가와 심판을 받게 될 것이다. 그러나 사법 자제 명령은 헌법재판의 한계에 관한 어떠한 윤곽과 내용을 제시하지 못하고, 헌법재판소 재판관의 자제를 촉구할 뿐이라서 헌법재판소는 자제할 권한이 없다. 그리고 정치적 연관성이 있는 특정한 사안에서 재판을 거부하는 정치문제이론은 법적 안정성을 담보할 수 없고, 헌법재판의 대상이 정치라는 점에서 한국 법체계에 원용될 수 없다.

Ⅲ. 기능법적 한계

헌법에 대한 구속이 어느 정도 정확한 심사기준으로서 정치세력에 대한 헌법재판의 한계를 확정할 수 없다고 비판하면서, 많은 학자는 헌법재판의 한계를 '기능법적' 고찰 속에서 찾으려고 한다. 모든 기능법적 고찰은 헌법재판소가 법원이라는 것에서 출발한다. 그래서 헌법재판의 본질적인 기능법적 확정과 한계는 헌법재판의 법원형식성에서 발견된다. 그러나 행위규범으로서 국가기관에 의무를 부여하는 것은 헌법재판소에 기준적인 통제규범으로서 기능하여야 하므로, 행위규범과 통제규범의 구별은 설득력 있게 근거 지을 수 없다. 하지만 헌법재판소는 "헌법재판소와 입법자는 모두 헌법에 기속되나, 그 기속의 성질은 서로 다르다. 헌법은 입법자와 같이 적극적으로 형성적 활동을 하는 국가기관에는 행위의 지침이자 한계인 행위규범을 의미하나, 헌법재판소에는 다른 국가기관의 행위의 합헌성을 심사하는 기준으로서의 재판규범 즉 통제규범을 의미한다."라고 하였다(헌재 1997. 1. 16. 90헌마110). 헌법재판소의 기능은 헌법에서 도출되어 확정되고 구체화하며, 기능법적 사고의 구체적 내용은 오로지 개별 헌법규정의 해석에서 얻어질 수 있다. 따라서 실정법적 관점과 기능법적 관점을 거의 구별할 수 없다. 그러나 심사기준인 헌법을 해석할 때 통제자가 법원인 헌법재판소이고 통제대상이 어떤 기관인지를 함께 고려하여야 한다. 이러한 점에서 실체법적 한계는 본질적 한계이고, 기능법적 한계는 부차적 한계이다.

제3장 헌법재판소의 지위와 정당성

제1절 헌법재판소의 지위와 구성, 관장사항

Ⅰ. 헌법재판소의 지위

헌법재판소는 사법적으로 헌법을 보호하는 독립한 (특별한) 법원이면서 헌법기관이다. 헌법기관은 그 지위와 주요권한을 헌법이 직접 창설하고 그 내부조직이 대체로 자유로우며, 다른 어떤 기관에도 종속되지 않으며 국가의 특별한 존재양식(본질)을 형성하는 기관이다. 헌법재판소도 그 자신을 헌법기관으로 본다(헌재 1993. 9. 27. 92헌마284).

Ⅱ. 헌법재판소 구성

헌법재판소는 법관 자격이 있는 9명의 재판관으로 구성되며, 재판관은 대통령이 임명한다(헌법 제111조 제2항, 헌법재판소법 제3조와 제6조 제1항 제1문). 재판관 중 3명은 국회에서 선출하는 사람을, 3명은 대법원장이 지명하는 사람을 임명한다(헌법 제111조 제3항, 헌법재판소법 제6조 제1항 제2문). 재판관은 ① 판사, 검사, 변호사, ② 변호사 자격이 있는 사람으로서 국가기관, 국영·공영 기업체, '공공기관의 운영에 관한 법률' 제4조에 따른 공공기관이나 그 밖의 법인에서 법률에 관한 사무에 종사한 사람, ③ 변호사 자격이 있는 사람으로서 공인된 대학의 법률학 조교수 이상의 직에 있던 사람 중 어느 하나에 해당하는 직에 15년 이상 있던 40세 이상인 사람 중에서 임명한다. 다만, 둘 이상의 직에 있던 사람의 재직기간은 합산한다(헌법재판소법 제5조 제1항). 그러나

① 다른 법령에 따라 공무원으로 임용하지 못하는 사람, ② 금고 이상의 형을 선고받은 사람, ③ 탄핵에 의하여 파면된 후 5년이 지나지 아니한 사람, ④ 정당의 당원이나 당원 신분을 상실한 날부터 3년이 지나지 아니한 사람, ⑤ 선거에 후보자(예비후보자 포함)로 등록한 날부터 5년이 지나지 아니한 사람, ⑥ 대통령선거에서 후보자 당선을 위해서 자문이나 고문 역할을 한 날부터 3년이 지나지 아니한 사람은 재판관으로 임명할 수 없다(헌법재판소법 제5조 제2항).

재판관을 임명할 때는 국회 인사청문회를 거친다. 국회 동의가 필요한 헌법재판소장과 국회에서 선출하는 재판관의 인사청문은 인사청문특별위원회에서 실시한다(국회법 제46조의3 제1항 본문). 대통령이 임명하는 재판관과 대법원장이 지명하는 재판관에 대한 인사청문은 국회 소관 상임위원회, 즉 법제사법위원회에서 실시한다(국회법 제65조의2 제2항 제1호와 제3호). 재판관 후보자가 헌법재판소장 후보자를 겸하면 인사청문특별위원회에서 인사청문을 실시한다. 이때 소관 상임위원회 인사청문회를 겸하는 것으로 본다(국회법 제65조의2 제5항).

헌법재판소장은 재판관 중에서 국회 동의를 얻어 대통령이 임명한다(헌법 제111조 제4항, 헌법재판소법 제12조 제2항). 헌법재판소장은 헌법재판소를 대표하고, 헌법재판소 사무를 통리하며, 소속 공무원을 지휘·감독한다(헌법재판소법 제12조 제3항). 헌법재판소장이 궐위되거나 사고로 말미암아 직무를 수행할 수 없으면 다른 재판관이 헌법재판소규칙이 정하는 순서에 따라서 그 권한을 대행한다(헌법재판소법 제12조 제4항). 즉 헌법재판소장이 일시적인 사고로 말미암아 직무를 수행할 수 없으면 헌법재판소 재판관 중 임명일자 순으로 그 권한을 대행한다. 이때 임명일자가 같으면 연장자순으로 대행한다('헌법재판소장의 권한대행에 관한 규칙' 제2조). 그리고 헌법재판소장이 궐위되거나 1월 이상 사고로 말미암아 직무를 수행할 수 없다면 헌법재판소 재판관 중 재판관회의에서 재판관 7명 이상 출석과 출석인원 과반수 찬성으로 선출된 재판관이 그 권한을 대행한다('헌법재판소장의 권한대행에 관한 규칙' 제3조). 헌법은 헌법재판소장 임기를 규정하지 않는다. 헌법재판소장도 헌법재판소 재판관이므로 헌법재판소장 임기는 6년이다. 헌법재판소 재판관으로 재직하다가 헌법재판소장으로 임명되었다면 그 소장 임기는 재판관 잔여임기이다(헌법실무).

재판관 임기는 6년이며, 연임할 수 있다(헌법 제112조 제1항, 헌법재판소법 제7조 제1항). 연임 횟수에는 제한이 없다. 재판관 정년은 70세이다. 재판관 임기가 만료되거나 정년이 도래하면 임기만료일이나 정년도래일까지 후임자를 임명하여야 한다(헌법재판소법 제6조 제3항). 임기 중 재판관이 결원되면 결원된 날부터 30일 이내에 후임자를 임명하여야 한다(헌법재판소법 제6조 제4항). 그런데도 국회에서 선출한 재판관이 국회의 폐회나 휴회 중에 그 임기가 만료되거나 정년이 도래한 때 또는 결원된 때에 국회는 다음 집회가 개시되고 나서 30일 이내에 후임자를 선출하여야 한다(헌법재판소법 제6조 제5항). 재판관은 탄핵이나 금고 이상의 형 선고에 의하지 아니하고는 그 의사에 반하여 해임되지 아니한다(헌법 제112조 제3항, 헌법재판소법 제8조).

재판관회의는 재판관 전원으로 구성하며, 헌법재판소장이 의장이 된다(헌법재판소법 제16조 제1항). 재판관회의는 재판관 7명 이상 출석과 출석인원 과반수 찬성으로 의결한다(헌법재판소법 제16조 제2항). 의장은 의결에서 표결권이 있다(헌법재판소법 제16조 제3항). 재판관회의는 행정을 처리하는 기관으로서 재판권을 행사하는 재판부와 구별된다.

Ⅲ. 헌법재판소의 규칙제정권과 입법의견 제출

헌법재판소는 법률에 저촉되지 아니하는 범위 안에서 심판에 관한 절차, 내부규율과 사무처리에 관한 규칙을 제정할 수 있다(헌법 제113조 제2항). 헌법재판소규칙은 '규칙'이라는 용어와 상관없이 법규명령(대통령령)에 해당한다. 헌법재판소는 규칙 외에 내규를 만들 수 있는데, 이것은 행정규칙에 해당한다. 헌법재판소규칙의 제정과 개정은 재판관회의의 의결사항이다(헌법재판소법 제16조 제4항 제1호). 재판관회의에서 의결된 규칙은 의결되고 나서 15일 이내에 사무처장이 공포절차를 취한다('헌법재판소규칙의 공포에 관한 규칙' 제4조 제1항). 헌법재판소규칙은 관보에 게재하여 공포한다(헌법재판소법 제10조 제2항, '헌법재판소규칙의 공포에 관한 규칙' 제4조 제2항). 헌법재판소규칙의 공포일은 그 규칙을 게재한 관보가 발행된 날이다('헌법재판소규칙의 공포에 관한 규칙' 제5조). 헌법재판소규칙은 특별한 규정이 없는 한 공포한 날부터 20일이 지나면 효력이 발생한다('헌법재판소규칙의 공포에 관한 규칙' 제6조).

헌법재판소장은 헌법재판소의 조직·인사·운영·심판절차 그 밖에 헌법재판소의 업무에 관련된 법률의 제정 또는 개정이 필요하다고 인정하면 국회에 서면으로 그 의견을 제출할 수 있다(헌법재판소법 제10조의2).

제2절 헌법재판소의 민주적 정당성

헌법재판소는 약한 민주적 정당성이 있다는 비판을 받는다. 이로 말미암아 헌법재판소의 지위는 의심받고 헌법재판소 결정의 관철 가능성은 작아진다. 그러나 민주적 정당성은 비교기준이 아니라서 약하거나 강하다는 수식어가 붙을 수 없다. 그리고 민주적 정당성은 조직적 – 인적 민주적 정당성에 국한하는 것이 아니라 기능적 – 제도적 민주적 정당성, 조직적 – 인적 민주적 정당성, 실질적 – 내용적 민주적 정당성을 모두 아우른다. 그래서 헌법재판소의 민주적 정당성은 이 세 요소를 모두 검토하여 평가하여야 한다. 그런데 헌법재판소의 민주적 정당성에 대한 비판은 부족한 조직적−인적 민주적 정당성에 근거한다.

헌법(제6장)을 통해서 기능적−제도적 민주적 정당성을 확보함으로써 헌법재판소는 헌법재판권 보유와 행사 자체에 관한 모든 의심과 비판에서 벗어난다. 그리고 재판관 임명절차를 통해서 어느 정도 조직적−인적 민주적 정당성도 얻는다. 또한, 헌법과 법률에 대한 구속(헌법재판소법 제4조)을 통해서 헌법재판소는 실질적−내용적 민주적 정당성도 받는다. 게다가 재판관의 전문성, 구두변론 및 심판의 변론과 결정의 선고 공개, 종국결정에 대한 논증의무를 통해서 추가로 민주적 정당성을 확보한다. 이것들을 통해서 헌법재판소는 헌법재판권 행사에 필요한 민주적 정당성을 충분히 확보한다고 볼 수 있다. 물론 헌법재판소의 민주적 정당성은 부분적으로 부족하거나 보충하여야 할 부분이 있다. 그러나 이것이 헌법재판소의 민주적 정당성을 부정할 정도에 이르지는 않는다. 하지만 민주적 정당성은 고정된 것이 아니라 지속하여 확인하고 확보하여야 한다. 따라서 헌법재판소는 자기 결정을 통해서 자신의 민주적 정당성을 끊임없이 증명하여야 한다. 이러한 노력을 통해서 헌법재판소는 자신의 지위를 확고하게 다지고 헌법재판소 결정의 관철 가능성을 재고할 수 있다.

제2편

헌법소송법

제1장 헌법소송법의 일반이론

제1절 일반심판절차

Ⅰ. 헌법소송과 헌법소송법의 의의

헌법재판을 담당하는 기관, 특히 헌법재판소가 일정한 법적 절차에 따라 재판을 하여 분쟁 종식이나 사건 해결을 지향하는 절차가 헌법소송이다. 헌법소송법은 좁은 뜻으로는 헌법재판소의 심판이나 재판을 지향하는 절차를 규율하는 모든 법규범을 말한다. 헌법재판소의 관할 사항, 심판청구권에 관한 법규범, 심판의 효과에 관한 규정 이외에 실체법인 헌법재판소의 조직이나 지위에 관한 규정을 아울러 넓은 뜻의 헌법소송법이라고 한다.

Ⅱ. 심판 주체

1. 전원재판부와 지정재판부

헌법재판소법에 특별한 규정이 없으면 심판은 재판관 전원으로 구성되는 (전원)재판부에서 관장하며, 재판부의 재판장은 헌법재판소장이 된다(헌법재판소법 제22조). 헌법재판소는 전원재판부에서 재판관 7명 이상 출석으로 사건을 심리하며(헌법재판소법 제23조 제1항), 재판부는 종국심리에 관여한 재판관 과반수 찬성으로 사건에 관한 결정을 하되, 법률의 위헌결정, 탄핵결정, 정당해산결정과 헌법소원의 인용결정 그리고 종전에 헌법재판소가 판시한 헌법이나 법률의 해석적용에 관한 의견을 변경할 때는 재판관 6명 이상 찬성이 있어야 한다(헌법 제113조 제1

항, 헌법재판소법 제23조 제2항).

헌법재판소장은 헌법소원심판사건에서 재판관 3명으로 구성되는 지정재판부를 두어 사전심사를 담당하게 할 수 있다(헌법재판소법 제72조 제1항: 임의적 재판부). 지정재판부는 (헌법재판소법 제68조 제1항과 제2항에 따른) 헌법소원심판의 사전심사만 관장한다. 지정재판부는 소속 재판관 전원의 일치된 의견으로 헌법소원심판 청구를 각하할 수 있다(헌법재판소법 제72조 제3항).

2. 재판관의 제척·기피·회피

제척은 재판관이 구체적인 사건에 관해서 법률이 정하는 특수한 관계가 있으면 법률상 당연히 그 사건에 관한 직무집행에서 제외되는 제도를 말한다. 제척 원인이 있으면 헌법재판소는 직권이나 당사자의 신청에 따라서 제척 결정을 한다(헌법재판소법 제24조 제2항). 제척 신청을 할 수 있는 당사자는 헌법재판의 당사자 개념과 같다. 다만, 보조참가인은 제외된다(기피 신청도 같음). 제척 신청에 대한 심판은 재판부에서 결정으로 한다(헌법재판소법 제24조 제6항, 민사소송법 제45조 제1항). 헌법소원사건의 지정재판부 소속 재판관에 대한 제척 신청에 관한 결정도 전원재판부에서 하여야 한다. 하지만 제척 신청 대상인 재판관이 소속되지 않은 지정재판부에서 본안사건이 각하되면 제척 신청도 이것을 유지할 이익이 없다는 이유로 같은 지정재판부에서 각하한 사례가 있다(헌재 2015. 7. 7. 2015헌사669).

기피는 특정한 재판관에게 제척사유 이외에 심판의 공정을 기대하기 어려운 사정이 있으면 당사자의 신청을 기다려 그 재판관을 직무집행에서 제외하는 제도이다(헌법재판소법 제24조 제3항). 청구인이 제청법원이고 피청구인이 없는 위헌법률심판에서는 기피가 허용되지 않는다. 당사자는 같은 사건에서 2명 이상의 재판관을 기피할 수 없다(헌법재판소법 제24조 제4항).

회피는 재판관이 스스로 제척이나 기피의 사유가 있다고 인정하여 특정 사건의 직무집행을 피하는 제도를 말한다(헌법재판소법 제24조 제5항). 이때는 별도의 심판을 필요로 하지 않으나, 재판장의 허가를 받아야 한다.

헌법재판 감정인에게는 민사소송법의 기피제도가 준용된다(헌법재판소법 제40조, 민사소송법 제336조, 제337조). 헌법재판소법 제24조 제6항이 준용되는 민사소송법 조항을 특정하면서, 법관에 대한 제척·기피·회피제도를 법원사무관 등에게 준용하도록 하는 민사소송법 제50조를 제외하므로, 헌법재판소 사무관 등에는 제척·기피·회피제도는 준용되지 않는다. 그러나 헌법재판소는 지정재판부 사건에서 헌법재판소법 제40조 제1항에 따라서 민사소송법 제50조가 준용됨을 이유로 헌법재판소 사무관 등도 기피 신청 대상이 된다고 보았다(헌재 2003. 12. 2. 2003헌사536). 독자적으로 심판사건을 처리하는 지위에 있지 않은 헌법연구관도 재판관에 대한 제척·기피·회피제도가 준용되지 않는다.

III. 헌법소송의 당사자

1. 헌법재판과 당사자의 지위

당사자에는 청구인과 피청구인이 있다. 청구인은 자기 이름으로 심판을 청구하는 사람이고, 피청구인은 그 상대방인 당사자이다.

(1) 위헌법률심판

위헌법률심판에서 제청법원은 제청서 제출로 위헌법률심판을 개시하게 하지만, 적극적으로 심판절차에 참여하지도 않고, 당사자의 권리·의무를 제청법원에 그대로 적용하기 어려워서 제청법원은 당사자가 아니라는 견해와 제청법원은 위헌제청에 독자적 이익이 있고, 헌법재판소법 제36조 제2항이 당사자를 종국결정의 기재사항으로 규정하면서 위헌법률심판에 관한 별도 규정을 두지 않으므로 제청법원도 당사자라는 견해가 대립한다. 위헌법률심판에서는 심판 대상인 법률의 위헌 여부와 관련하여 대립적인 분쟁이 없어서 상대방 당사자가 없다. 해당 사건의 당사자는 해당 법원을 통하지 않고 직접 위헌법률심판절차 개시를 청구할 권한이 없으므로 위헌법률심판의 당사자가 아니다.

(2) 헌법소원심판

위헌소원심판에서는 헌법소원심판청구인이 당사자가 되지만, 문제가 된 법률의 위헌 여부를 둘러싸고 대립적인 분쟁이 없어서 상대방 당사자가 없다. 법령에 대한 헌법소원심판절차에서도 문제가 된 법령의 위헌 여부를 둘러싸고 주장이 맞서는 당사자 사이의 헌법분쟁이 없으므로 헌법소원심판청구인만 당사자에 속하고 입법기관이 헌법소원심판청구인의 상대방 당사자가 되는 것은 아니다. 법령에 대한 헌법소원심판 이외의 헌법소원심판절차에서는 헌법소원심판청구인과 공권력의 행사나 불행사의 주체인 피청구인이 대립적 당사자이다.

(3) 탄핵심판, 정당해산심판 그리고 권한쟁의심판

탄핵심판절차와 정당해산심판절차 그리고 권한쟁의심판절차는 모두 대립적인 구조의 심판절차에 해당한다. 탄핵심판절차에서는 탄핵소추 대상자가 피청구인임에는 의문이 없다(헌법재판소법 제48조). 탄핵심판에서는 국회 법제사법위원회 위원장이 소추위원이 되지만(헌법재판소법 제49조 제1항), 국회가 탄핵심판의 청구인이다. 정당해산심판절차에서는 정부와 피청구정당(헌법재판소법 제55조), 권한쟁의심판에서는 국가기관과 지방자치단체 중 청구기관과 피청구기관(헌법재판소법 제61조, 제62

조)이 각각 심판절차의 당사자가 된다.

2. 피청구인 기재

위헌법률심판에서는 대립적인 소송절차구조를 상정한 것이 아니라서 피청구인 기재가 요구되지 않는다. 헌법소원심판에서는 피청구인 기재를 엄격히 요구하지 않는 것이 종전 실무였다(헌재 1993. 5. 13. 91헌마190; 헌재 2001. 7. 19. 2000헌마546). 그러나 '헌법재판소 심판 규칙'은 법령에 대한 헌법소원을 제외하고는 피청구인 기재를 반드시 요구하고(제68조 제1항 제2호), 그 기재가 누락되거나 명확하지 아니한데도 보정명령에 불응하면 심판 청구를 각하할 수 있도록 한다(제70조). 위헌소원심판에서는 위헌법률심판과 같이 피청구인 기재를 요구하지 않는다.

3. 당사자 변경 허용 여부

헌법재판소법 제40조에 따라 준용되는 민사소송법과 행정소송법이 원칙적으로 임의적 당사자 변경을 허용하지 않고, 당사자 변경을 자유로이 허용하면 심판절차 진행에 혼란을 초래하고 상대방의 방어권 행사에도 지장을 줄 우려가 있으므로 당사자의 동일성을 해치는 임의적 당사자 변경(특히 청구인 변경)은 헌법소원심판에서 원칙적으로 허용되지 않는다. 그러나 민사소송법과 행정소송법이 피고 경정을 허용하므로 청구인이 피청구인을 잘못 지정한 것이 분명하면 당사자 신청에 따라 결정으로 피청구인 경정을 허가할 수 있다(헌재 2005. 12. 22. 2004헌라3; 헌재 2007. 7. 26. 2005헌라8). 피청구인 경정이 허가되면 종전 피청구인에 대한 청구는 취하된 것으로 본다(헌법재판소법 제40조, 민사소송법 제260조와 제261조, 행정소송법 제14조). 나아가 헌법재판소는 피청구인 경정 절차를 거치지 않고 직권으로 피청구인을 변경할 수 있다(헌재 1999. 11. 25. 98헌마456; 헌재 2001. 7. 19. 2000헌마546). 당사자 표시가 잘못 기재되면 당사자의 동일성을 해하지 않는 범위에서 이것을 바로 잡는 당사자 표시 정정은 헌법재판에서도 허용된다(헌재 1994. 6. 30. 93헌마7).

청구인 추가는 당사자 표시 정정 범위를 넘을 뿐 아니라 이를 허용할 법률적 근거가 없고, 오히려 헌법재판소법 제40조 제1항에 따라서 준용되는 민사소송법을 따르면 그러한 형태의 임의적 당사자 변경은 허용되지 아니한다(헌재 2020. 4. 23. 2015헌마1149). 그러나 헌법소원심판에서 그 목적이 청구인과 제3자에게 합일적으로 확정되어야 할 때 헌법재판소법 제40조 제1항에 따라서 준용되는 민사소송법 제83조 제1항에 따라 그 제3자는 공동청구인으로서 심판에 참가할 수 있고, 청구인 추가 신청이 공동심판참가 요건을 구비하면 적법한 공동심판참가신청으로 선해한다(헌재 2020. 4. 23. 2015헌마1149).

4. 이해관계인과 참가인

헌법재판절차에서 이해관계인은 자기 이름으로 결정을 구하거나 재판을 청구하는 것이 아니므로 진정한 의미의 당사자는 아니다. 그러나 이해관계인은 재판에 참가하는 절차에서 의견서를 제출하고, 변론에 참여하는 것 등 당사자에 갈음하는 지위가 있으므로 종된 당사자라고 볼 수 있다.

헌법재판소 심판절차에 관해서 헌법재판소법에 특별한 규정이 있는 때를 제외하고는 민사소송에 관한 법령이 준용되므로 이해관계인은 보조참가 등 소송참가를 할 수 있다. 따라서 참가인은 청구 변경, 청구 취하와 같이 심판 대상을 처분·변경하는 행위나 피참가인의 행위와 어긋나는 행위를 제외하고는, 재판에 관해서 공격·방어·이의 등 모든 소송행위를 할 수 있다. 그리고 행정소송법이 먼저 준용되는 권한쟁의심판과 헌법소원심판(헌법재판소법 제40조 후문)에서는 제3자나 피청구인이 아닌 다른 행정청의 소송참가도 가능하다. 다만, 행정소송법 제16조는 소송 결과에 따라 권리 또는 이익의 침해를 받을 제3자가 관련 행정소송에 참가하는 것인데, 법령에 따라서 헌법상 보장된 기본권이 침해되었음을 이유로 헌법소원심판이 청구되면 기존 청구인과 법적 지위를 같이 하는 제3자의 입장에서는 헌법소원이 인용되면 기본권의 구제를 받고, 설령 헌법소원이 각하·기각되더라도 그로 말미암아 권리나 이익의 침해를 받는 것은 아니라고 할 것이므로 계속 중인 헌법소원심판에 청구인과 법적 지위를 같이 하는 제3자가 자기 이익을 옹호하려고 관여하면 행정소송법은 준용될 여지가 없고 민사소송법에 따라 소송참가를 할 수 있다(헌재 2008. 2. 28. 2005헌마872등). 그리고 소송 계속 중에 권리·의무의 전부나 일부를 승계한 제3자가 독립당사자참가 신청 규정에 따라 소송에 참가하는 승계참가(민사소송법 제81조)도 가능하다(헌재 2003. 4. 24. 2001헌마386). 또한, 법령에 대한 헌법소원심판에서 그 목적이 청구인과 제3자에게 합일적으로 확정되어야 하면 제3자는 공동청구인으로 심판에 참가할 수 있다(헌법재판소법 제40조 제1항, 민사소송법 제83조 제1항). 다만, 공동심판참가인은 별도로 헌법소원을 제기하는 대신에 계속 중인 심판에 참가하는 것이므로 그 참가 신청은 청구기간 안에 이루어져야 하고(헌재 1993. 9. 27. 89헌마248; 헌재 2009. 4. 30. 2007헌마106), 피참가인인 당사자와 마찬가지로 공동참가인도 당사자적격을 구비하여야 한다(헌재 1991. 9. 16. 89헌마163). 그러나 요건에 흠이 있는 공동심판참가 신청이 있더라도 보조참가 신청요건을 갖추었다면 이것을 보조참가신청으로 취급하는 것이 국민의 기본권 보호를 목적으로 하는 헌법소원제도 취지에도 부합한다(헌재 2008. 2. 28. 2005헌마872).

Ⅳ. 대표자 · 대리인

각종 심판절차에서 정부가 당사자(참가인 포함)이면 법무부 장관이 이를 대표한다(헌법재판소법 제25조 제1항). 정부는 정당해산심판(헌법재판소법 제55조)과 권한쟁의심판(헌법재판소법 제62조)에서 당사자가 될 수 있다. 각종 심판절차에서 당사자인 국가기관이나 지방자치단체는 변호사나 변호사 자격이 있는 소속 직원을 대리인으로 선임하여 심판을 수행할 수 있다(헌법재판소법 제25조 제2항).

각종 심판절차에서 당사자인 사인은 변호사를 대리인으로 선임하지 아니하면 심판 청구를 하거나 심판 수행을 하지 못한다. 다만, 그가 변호사 자격이 있으면 그러하지 아니하다(헌법재판소법 제25조 제3항: 변호사강제주의). 헌법재판소는 헌법소원심판뿐 아니라 탄핵심판에도 변호사강제주의가 적용된다고 한다(헌재 1990. 9. 3. 89헌마120). 그러나 탄핵심판이나 정당해산심판의 피청구인은 사인의 지위가 아니라 공적 지위에서 심판절차의 당사자가 되는 것이므로 변호사강제주의가 적용된다고 보기 어렵다.

변호사 자격이 없는 사인인 청구인이 한 헌법소원심판 청구나 주장은 변호사인 대리인이 추인한 때만 적법한 헌법소원심판 청구와 심판 수행으로 효력이 있고 헌법소원심판 대상이 된다(헌재 1992. 6. 26. 89헌마132). 그러므로 변호사인 대리인이 제출한 심판청구서에 청구인이 한 심판 청구와 주장을 묵시적으로라도 추인한다고 볼 내용이 없다면, 대리인이 심판청구서에 기재되지 아니한 청구인의 그전 심판 청구 내용과 대리인의 심판 청구 이후에 청구인이 제출하여 추가된 별개의 심판 청구와 주장은 해당 사건의 심판 대상이 되지 않는다(헌재 1995. 2. 23. 94헌마105; 헌재 2010. 10. 28. 2009헌마438).

변호사인 대리인의 헌법소원심판 청구가 있었다면 그 이후 심리과정에서 대리인이 사임하고 다른 대리인을 선임하지 않았더라도 청구인이 그 후 자기에게 유리한 진술을 할 기회를 스스로 포기한 것에 불과할 뿐이고, 헌법소원심판 청구를 비롯하여 기왕의 대리인 소송행위가 무효로 되는 것은 아니다(헌재 1992. 4. 14. 91헌마156). 그리고 대리인 변호사가 적법하게 심판청구서를 제출하였고, 추가 제출한 청구이유서에서 사건의 핵심적인 쟁점사항에 관해서 상세히 주장하였으며, 피청구인 답변요지도 청구기각 의견 외에 별다른 주장이 없어 청구인의 주장과 소명 그 자체에 부족함이 없다면, 피청구인의 답변서 제출 전에 청구인의 대리인이 사임하더라도 구태여 다시 보정명령을 발해서 새로운 대리인을 선임하게 하고 그 대리인이 심판을 수행하게 할 필요는 없다(헌재 1996. 10. 4. 95헌마70). 다만, 이러한 판단은 대리인의 소송 수행이 충분히 이루어진 이후에나 가능하고, 청구인의 헌법소원심판 청구서가 제출되고 나서 선임된 대리인이 청구인의 헌법소원심판 청구에 관해서 추인하는 내용의 서면이나 새로운 심판청구서 등 심판 청구에 관한 아무런 서면을 제출하지 않고 대리인 지위를 사임하여 헌법재판소가 대리인 선임과 그 대리인 명의로 된 헌법소원심판 청구서 제출을 명하는 보정명령을 발하였는데도 보정기간 안에 보정하지 아니하였다면 그 심판 청구는 부적법하다(헌재 2004. 9. 23. 2003헌마16; 헌재 2004. 11. 25. 2003헌마788).

헌법소원심판을 청구하려는 사람이 변호사를 대리인으로 선임할 자력이 없으면 헌법재판소에 국선대리인을 선임하여 줄 것을 신청할 수 있다(헌법재판소법 제70조 제1항 본문). 이러한 신청에 따라 헌법재판소는 변호사 중에서 국선대리인을 선임한다. 그러나 이러한 기준을 충족하지 않아도 헌법재판소는 공익상 필요하다고 인정하면 국선대리인을 선임할 수 있다(헌법재판소법 제70조 제2항). 다만, 심판 청구가 부적법하거나 이유 없는 경우 또는 권리 남용이라고 인정되면 국선대리인을 선정하지 않을 수 있다(헌법재판소법 제70조 제3항 단서).

V. 심판 청구

1. 심판 청구 방식

헌법재판도 당사자 청구가 있어야 비로소 시작된다(소극성 – 신청주의). 헌법재판소법 제40조에 따라 민사소송법 제259조가 준용되므로 중복청구는 금지된다(헌재 2007. 6. 28. 2004헌마643). 그리고 하나의 헌법소원으로 헌법재판소법 제68조 제1항에 따른 청구와 헌법재판소법 제68조 제2항에 따른 청구를 함께 병합하여 제기할 수 있다(헌재 2010. 3. 25. 2007헌마933). 심판 청구는 "심판청구는 청구서를 헌법재판소에 제출함으로써 한다."라는 헌법재판소법 제26조에 비추어 보면 심판청구서가 헌법재판소에 현실로 도달한 때에 있게 된다(도달주의).

2. 접수와 배당

청구서가 제출되면 헌법재판소는 이것을 사건으로 접수하여야 한다('헌법재판소 사건의 접수에 관한 규칙' 제4조 제1항). 접수된 사건을 특정하고 이것을 간략히 호칭하기 위하여 사건을 접수하면 사건마다 사건번호와 사건명을 부여한다('헌법재판소 사건의 접수에 관한 규칙' 제7조 제1항). 사건번호는 연도구분·사건부호 및 진행번호로 구성한다('헌법재판소 사건의 접수에 관한 규칙' 제8조 제1항). 연도구분은 사건이 접수된 해서기연수의 아라비아숫자로 표시한다('헌법재판소 사건의 접수에 관한 규칙' 제8조 제2항). 위헌법률심판사건은 헌가, 탄핵심판사건은 헌나, 정당해산심판사건은 헌다, 권한쟁의심판사건은 헌라, 제1종 헌법소원심판사건(헌법재판소법 제68조 제1항에 따른 헌법소원심판사건)은 헌마, 제2종 헌법소원심판사건(헌법재판소법 제68조 제2항에 따른 헌법소원심판사건)

은 헌바, 각종 신청사건은 헌사, 각종 특별사건은 헌아가 사건부호이다('헌법재판소 사건의 접수에 관한 규칙' 제8조 제3항). 진행번호는 그 연도 중에 사건을 접수한 순서에 따라 일련번호로 표시한다('헌법재판소 사건의 접수에 관한 규칙' 제8조 제4항). 사건이 접수되면 사건을 담당할 재판관을 정하려고 사건배당절차를 진행한다. '헌법재판소 사건의 배당에 관한 규칙'을 따르면 사건 배당은 원칙적으로 전자배당시스템에 따른 무작위 진자추첨 방법으로 한다. 다만, 헌법재판소장이 사안의 중대성·난이도 등을 고려하여 주요사건으로 분류한 사건은 따로 배당 대상이 된다. 국선대리인 선임 신청 등 본안사건에 부수된 신청사건은 그 본안 사건이 배당된 재판관에게 배당한다.

3. 심판 청구 효과

(1) 심판 청구는 헌법재판소가 사건을 심리하고 심판할 권한을 근거 지운다. 심판 청구를 통해서 법적으로 보면 사건이 헌법재판소에 계속 된다. 이 사건 계속 효과는 송달과는 무관하게 발생한다.

(2) 그에 따라 같은 심판 대상에 관한 후소는 부적법하게 된다(중복 청구 금지: 헌법재판소법 제40조, 민사소송법 제259조). 그러나 당사자와 심판 대상인 법률조항이 같더라도 심판유형이 다르면 중복제소에 해당 하지 않는다(헌재 1994. 4. 28. 89헌마221).

(3) 청구 변경(청구 기초가 되는 사실관계 변경, 소송법상 청구 교체, 새 로운 피청구인 지정)은 헌법재판소가 동의할 때 그리고 대심적 절차에서 는 상대방이 동의할 때만 가능하다.

(4) 청구인은 심판 청구를 통해서 심판 대상을 특정한다.

(5) 심판 청구는 헌법재판소에 결정으로 응답할 법적 의무를 지운다.

(6) 청구가 심판 대상을 특정하는 효과로 말미암아 헌법재판소가 권 리 보호 실효성을 확보하려고 청구를 해석하는 것을 막지 않는다. 그리

고 심판 청구의 절차규제적 효과는 민사소송보다 크지 않다. 헌법재판소는 심판 청구보다 넓게 심판할 수도 있다(예를 들어 헌법재판소법 제45조 단서, 제75조 제6항).

4. 심판 청구 취하

청구 취하는 청구인이 헌법재판소에 대해서 한 심판 청구의 전부나 일부를 철회하는 의사표시를 말한다. 사적 자치와 그 소송법적 표현인 처분권주의에 충실한 민사소송법의 소 취하 제도를 헌법재판에 그대로 적용할 수는 없다.

청구 취하는 서면으로 하여야 한다. 다만, 변론이나 변론준비기일에서는 말로 할 수 있다(헌법재판소법 제40조, 민사소송법 제266조 제3항). 청구 취하는 헌법재판소 종국결정이 있을 때까지, 즉 결정 선고 전까지 할 수 있다(헌법재판소법 제40조, 민사소송법 제266조 제1항). 청구 취하는 전부나 일부에 대해서 할 수 있다(헌법재판소법 제40조, 민사소송법 제266조 제1항). 청구서는 피청구인에게 송달한 뒤에는 청구취하서도 피청구인에게 송달하여야 한다(헌법재판소법 제40조, 민사소송법 제266조 제4항).

청구 취하는 단독적 소송행위이므로 사기, 강박, 착오를 이유로 청구취하 철회나 취소를 주장할 수 없다(대법원 1997. 6. 27. 선고 97다6124 판결; 대법원 2004. 7. 9. 선고 2003다46758 판결). 청구 취하의 의사표시가 타인의 강요나 폭행 등 범죄행위에 따라 이루어지면 민사소송법 제451조 제1항 제5호의 사유를 유추하여 무효나 취소를 주장할 수 있다(대법원 1985. 9. 24. 선고 82다카312 판결).

① 구체적 규범통제절차인 위헌법률심판절차의 본질과 성질에 비추어 제청 사유가 소멸되어 위헌 여부 판단 필요성이 객관적으로 소멸하면 그 사정을 잘 아는 위헌제청한 법원이 제청결정을 취소하여 위헌제

청을 철회할 수 있다(예를 들어 해당 소송당사자의 소 취하 등으로 말미암아 해당 소송이 종료된 때). 위헌법률심판에서는 피청구인이 없어서 피청구인 동의는 문제 되지 않는다.

② 주관소송적 성격이 강한 헌법소원심판에서는 원칙적으로 심판 청구를 자유롭게 취하할 수 있다(헌재 1995. 12. 14. 95헌마221등). 헌법재판소법 제68조 제2항에 따른 헌법소원심판도 개인의 권리구제를 위한 것이므로 청구인이 심판 청구를 자유롭게 취하할 수 있다. 심판 청구 취하는 피청구인이 취하에 동의하였거나 동의 간주가 되면 유효하고 이로 말미암아 심판절차는 종료된다(헌법재판소법 제40조, 민사소송법 제266조 제2항과 제6항). 헌법소원심판에서 유효하게 청구를 취하하면 헌법재판소는 심판절차종료선언을 한다.

③ 헌법재판소법 제40조 제1항에 따라서 탄핵심판절차에는 형사소송에 관한 법령(형사소송법 제255조)이 준용되므로, 탄핵심판에서도 헌법재판소가 종국결정을 내릴 때까지 청구를 취하할 수 있다. 그런데 탄핵소추를 종료시킬 권한은 국회에 있다. 따라서 소추위원은 심판 청구를 취하할 재량권이 없다. 따라서 탄핵소추의결기관이 독임제관청이 아닌 합의제관청인 만큼 국회 의결을 거쳐야 한다. 피청구인도 탄핵심판 유지에 중대한 이해관계가 있으므로 형사소송법 제255조가 아닌 민사소송법 제266조 제2항을 준용하여 탄핵심판 청구 취하는 피청구인 동의를 받아야만 효력이 있다.

④ 정부가 심판 청구를 할 것인지에 관해서 정치적 재량이 있는 한, 심판 청구 이후 상황 변화 등을 이유로 정당해산심판 청구를 취하할 수 있다. 청구 취하에는 심판 청구를 할 때와 마찬가지로 국무회의 심의를 거쳐야 한다. 그리고 청구 취하에는 피청구인의 이해관계가 중대하게 걸려 있으므로 민사소송법을 준용하여 피청구인 동의가 필요하다(헌법재판소법 제40조, 민사소송법 제266조 제2항).

⑤ 권한쟁의심판은 대심적 구조를 갖춘 소송으로서 당사자처분권주의가 적용되어 청구 취하 가능성이 부인되지 않는다(헌재 2001. 5. 8. 2000헌라1). 피청구인이 동의하면 청구 취하는 유효하고 이로 말미암아 심판절차는 종료된다(헌법재판소법 제40조, 민사소송법 제266조 제2항과 제6항).

청구를 취하하면 소송 계속은 소급적으로 소멸하고(헌법재판소법 제40조, 민사소송법 제267조 제1항), 심판은 종료된다. 따라서 청구인은 원칙적으로 다시 같은 심판 청구를 할 수 있다. 그러나 헌법재판에서는 각종 심판절차의 특성상 같은 심판을 청구할 수 없는 때가 있다. 그리고 헌법재판의 각종 심판절차에서는 헌법재판이 갖는 성질과 해당 심판절차의 기능과 성질에 비추어 청구 취하가 허용되지 않거나 심판 청구 취하가 허용되더라도 그 효과가 제한되어 예외적으로 소송이 종료되지 않고 심판 이익이 있는 때가 있다.

VI. 심판절차 경과

심판절차 진행에는 소송절차 진행과 그 정리에 관한 주도권을 헌법재판소가 쥐는 직권진행주의가 적용된다. 헌법재판소가 청구서를 접수하면 곧바로 그 등본을 (직권으로) 피청구기관이나 피청구인에게 송달하여야 한다(헌법재판소법 제27조 제1항). 위헌법률심판 제청이 있으면 법무부 장관과 해당 소송사건의 당사자에게 그 제청서 등본을 송달한다(헌법재판소법 제27조 제2항). 이것은 헌법재판소법 제68조 제2항에 따른 헌법소원심판에도 준용한다(헌법재판소법 제74조 제2항). 탄핵심판에서는 국회의 소추의결서 정본이 청구서에 갈음하고(헌법재판소법 제26조 제1항 단서), 탄핵심판 청구는 소추위원이 탄핵소추의결서 정본을 제출하면 이루어지며(헌법재판소법 제49조 제2항), 국회의장이 탄핵소추의결서 정본을 법제사법위원장인 소추위원에게, 그 등본을 헌법재판소·피소추자와 그 소속기관의 장에게 송달한다(국회법 제134조 제1항). 따라서 헌법재판소가 탄핵심판 피청구인에게 따로 소추의결서 등본을 송달할 필요는 없다.

헌법재판소는 헌법소원심판 청구서의 필수 기재사항이 누락되거나 명확하지 아니하면 적당한 기간을 정하여 이것을 보정하도록 명할 수 있고, 이 보정기간까지 보정하지 아니하면 심판 청구를 각하할 수 있다('헌법재판소 심판 규칙' 제70조). 재판장의 보정 요구에 따른 보정이 있으면 처음부터 적법한 심판 청구가 있는 것으로 본다(헌법재판소법 제28조 제3항). 청구서나 보정서면을 송달받은 피청구인은 헌법재판소에 답변서를 제출할 수 있고, 답변서에는 심판 청구의 취지와 이유에 대응하는 답변을 기재하여야 한다(헌법재판소법 제29조).

Ⅶ. 심판 대상 확정

헌법재판은 단순히 제청신청인이나 청구인의 권리구제에만 목적이 있는 것이 아니라, 헌법질서 수호와 헌법문제 해명이라는 성격도 아울러 있다. 그리고 법적 명확성과 통일성 확보, 소송경제 관점에서 신청주의를 그대로 관철할 수는 없다. 따라서 헌법재판소는 헌법재판의 이러한 특수성을 반영하여 직권으로 심판 대상을 제한하거나 확장하며, 필요하면 이것을 변경하기도 한다.

① 제청법원이 단일 조문 전체를 위헌제청하고 그 조문 전체에 같은 심사척도가 적용되면 그 조문 전체에 대해서 심판 대상을 확장할 수 있다. 헌법재판소는 이와 관련하여 법률조항 중 해당 사건의 재판에서 적용되지 않는 내용이 들어 있는 때도 "제청법원이 단일 조문 전체를 위헌제청하고 그 조문 전체가 같은 심사척도가 적용될 위헌심사대상인 경

우 그 조문 전체가 심판대상이 된다고 할 것이며", 관세법 제182조 제2
항(…… 그 '예비를 한 자'와 '미수범'은 ……)과 같이 "병렬적으로 적용대
상이 규정되어 있는 경우라도 그 내용이 서로 밀접한 관련이 있어 같은
심사척도가 적용될 위헌심사대상인 경우 그 내용을 분리하여 따로 판단
하는 것이 적절하지 아니하다."라고 판시한 바 있다(헌재 1996. 11. 28.
96헌가13).

② 헌법재판소는 재판의 전제성이 있는 부분과 체계적으로 밀접한
관련이 있는 부분에 대해서도 심판 대상을 확장한다(헌재 1994. 4. 28.
92헌가3).

③ 헌법재판소는 심판 대상이 된 법률조항을 적용하기 위해서 전제
가 되는 규정에 대해서도 심판 대상으로 확장한다(헌재 1994. 6. 30. 93
헌가15등).

④ 위헌제청은 개정 전 법률조항에 대해서 이루어졌지만, 개정법률이
나 다른 유사법률에 제청 신청된 법률과 마찬가지의 위헌성이 있으면
이에 대해서 심판 대상을 확장할 수 있는지가 문제 될 수 있다. 헌법재
판소가 이에 대해서 부정적인 견해를 취하였다(헌재 2000. 6. 29. 99헌가
9). 심지어 헌법재판소는 당사자가 개정법률에 대해서 청구취지 확장
청구를 하여도 받아들이지 않았다(헌재 2002. 10. 31. 99헌바76등). 그러
나 최근에 헌법재판소는 개정법률에 대해서도 직권으로 심판 대상을 확
장한다(헌재 2008. 7. 31. 2004헌마1010등; 헌재 2010. 7. 29. 2008헌가28).

⑤ 헌법재판소는 당사자가 청구취지 등에서 위헌 확인을 구하는 대
상 법률조항에 대해서, 심판 청구 이유, 법원에서 진행된 위헌여부심판
제청신청사건 경과, 해당 사건 재판과 맺는 관련성 정도, 이해관계기관
의견 등 여러 가지 사정을 종합하여, 직권으로 청구인이 구한 그 심판
대상을 변경하여 확정하는 때가 있다(헌재 1998. 3. 26. 93헌바12). 헌법
재판소는 묵시적으로나마 청구인의 위헌제청 신청이 있었고 그에 대한

법원의 기각결정이 있었다고 보아 법원이 기각결정을 한 바 없는 법률 조항도 심판 대상에 포함시켜 함께 판단한 적이 있다(헌재 2001. 1. 18. 2000헌바29).

⑥ 합헌으로 남는 어떤 법률조항이 위헌으로 선언되는 법률조항과 밀접한 관계가 있어서 그 조항만으로는 법적으로 독립한 의미가 없으면 예외적으로 그 법률조항에 대해서 위헌선언을 할 수 있다(부수적 위헌선 언: 헌재 1989. 11. 20. 89헌가102).

Ⅷ. 심리

변론은 당사자가 사건에 관한 사실을 주장하고 증거를 제출하는 행위를 말한다. 탄핵심판·정당해산심판·권한쟁의심판은 구두변론에 의한다. 그리고 위헌법률심판과 헌법소원심판은 서면심리에 의하되 재판부가 필요하다고 인정하면 변론을 열 수 있다(헌법재판소법 제30조). 헌법재판소는 청구인의 심판청구서에 기재된 피청구인이나 청구취지에 구애됨이 없이 청구인의 주장요지를 종합적으로 직권 조사하여 판단하여야 한다(직권심리주의). 청구인이 주장하는 침해된 기본권과 침해 원인이 된 공권력을 직권으로 조사하여 피청구인과 심판 대상을 확정하여야 한다(헌법재판소법 제45조 단서, 제75조 제6항). 재판부는 결정으로 다른 국가기관이나 공공단체의 기관에 대해서 심판에 필요한 사실을 조회하거나, 기록 송부나 자료 제출을 요구할 수 있다. 다만, 재판·소추 또는 범죄수사가 진행 중인 사건의 기록에 대해서는 송부를 요구할 수 없다(헌법재판소법 제32조). 자료 제출 요구 등을 받은 국가기관이나 공공단체의 기관은 즉시 이것을 제출·송부하여야 한다.

IX. 평의

평의에서는 먼저 주심 재판관이 사건에 관한 검토내용을 요약하여 발표하고 평의를 진행하고 나서, 최종적으로 표결하는 '평결'을 하게 된다. 평결에서는 먼저 주심 재판관이 의견을 내고, 그다음은 후임 재판관부터 차례대로 의견을 내고 나서 재판장이 마지막으로 의견을 내는 것이 관례이다. 평결방식에는 쟁점별 평결방식과 주문별 평결방식이 있다. 쟁점별 평결방식은 적법요건이나 본안에 해당하는 문제를 개개 쟁점별로 각각 표결하여 결론을 도출하는 방식을 말한다. 주문별 평결방식은 적법요건이나 본안에 해당하는 문제를 개개 쟁점별로 표결하지 않고 결론에 초점을 맞추어 전체적으로 표결하여 주문을 결정하는 방식을 말한다. 헌법재판소 실무례는 기본적으로 주문별 평결방식에 입각하고, 적법요건과 본안을 분리하여 평결하지 않고 전체적으로 평결하여 결론을 도출하는 방식을 취한다. 헌법소송과 관련한 적법요건에 관한 문제를 먼저 표결하여 결정하고, 그다음에 본안에 관련한 문제를 별도로 표결하여 결정한다.

여러 의견이 대립하면 헌법재판소법 제40조 제1항에 따라 법원조직법 제66조 소정의 '합의에 관한 규정'을 준용할 수 있다. 법원조직법 제66조 제2항을 따르면 '수액'이나 '형량'에 관하여 3설 이상으로 나누어지고, 어느 견해도 그 자체로서는 과반수에 이르지 못하면 신청인(민사에서는 원고, 형사에서는 검사)에게 가장 유리한 견해를 가진 수에 차례로, 그다음으로 유리한 견해를 가진 수를 더하여 과반수에 이르게 된 때의 견해를 그 합의체 견해로 하도록 한다.

헌법재판소는 관여 재판관의 평의 결과가 ① 단순합헌의견 3명, 한정합헌의견 5명, 전부위헌의견 1명의 비율로 나타난 위헌법률심판사건에서, "한정합헌의견(5)은 질적인 일부위헌의견이기 때문에 전부위헌의견

(1)도 일부위헌의견의 범위 내에서는 한정합헌의 의견과 견해를 같이한 것이라 할 것이므로 이를 합산하면 법 제23조 제2항 제1호 소정의 위헌결정 정족수에 도달하였다고 할 것이며, 그것이 주문의 의견이 되는 것"이라고 하여 한정합헌으로 결정하였고(헌재 1992. 2. 25. 89헌가104), ② 단순위헌의견 5명, 헌법불합치의견 2명, 합헌의견 2명이면, "단순위헌의견(5)이 다수의견이기는 하나 법 제23조 제2항 제1호에 규정된 '법률의 위헌결정'을 함에 필요한 심판정족수에 이르지 못하였으므로 헌법불합치의 결정을 선고하기로" 한다고 하였으며[헌재 1997. 7. 16. 95헌가6등. 단순위헌의견 5명, 헌법불합치의견 2명, 합헌의견 2명일 때 재판관 1명이 적용중지 의견을 내었으나 헌법재판소는 계속 적용 헌법불합치결정을 내린 적이 있다(헌재 2009. 9. 24. 2008헌가25)]. ③ 단순위헌의견 1명, 일부위헌의견 1명, 적용 중지 헌법불합치의견 2명, 계속 적용 헌법불합치의견 5명일 때 계속 적용 헌법불합치결정을 선고하였고(헌재 2007. 5. 31. 2005헌마1139), ④ 한정위헌의견 5명, 헌법불합치의견 1명, 합헌의견 3명일 때 한정위헌결정을 선고하였으며(헌재 2002. 8. 29. 2000헌가5등), ⑤ 전부 헌법불합치의견 5명, '일부 단순위헌, 일부 헌법불합치'의견 1명, 합헌의견 3명일 때 전부 헌법불합치결정을 선고하였다(헌재 2007. 3. 29. 2005헌바33). ⑥ 권한쟁의심판사건에서 각하의견·기각의견·인용의견이 각 재판관 3명씩으로 나뉘면, 인용의견이 권한쟁의심판의 인용결정정족수에 이르지 못하여 기각주문을 낸 사례가 있다[헌재 1997. 7. 16. 96헌라2; 각하의견 2명, 기각의견 4명, 인용의견 3명으로 나뉘어서 기각주문을 낸 예도 있다(헌재 2000. 2. 24. 99헌라1)]. 한편, ⑦ 각하의견과 본안 인용의견(이나 법령의 위헌성을 인정하는 의견)으로 나뉜 결과 기각(이나 합헌) 주문을 낸 사례들도 있다. 즉 인용의견이 5명이고 각하의견이 4명이면 기각주문을 내었고(헌재 2000. 2. 24. 97헌마13등), ⑧ 각하의견 4명, 위헌의견 1명, 헌법불합치의견 4명이면

합헌주문을 내었다(헌재 2003. 4. 24. 99헌바110).

X. 가처분

가처분은 본안결정의 실효성을 확보하려고 잠정적으로 임시 지위를 정하는 것을 주된 내용으로 하는 가구제제도이다.

1. 명시적 가처분규정

① 정당해산심판 청구를 받으면 직권이나 청구인의 신청에 따라서 피청구인(정당)의 활동을 종국결정을 선고할 때까지 정지하는 결정(헌법재판소법 제57조)

② 권한쟁의심판 청구를 받으면 직권이나 청구인의 신청에 따라서 심판 대상인 피청구기관 처분의 효력을 종국결정을 선고할 때까지 정지하는 결정(헌법재판소법 제65조)

2. (절차정지)가처분의 성질이 있는 규정

③ 법원 제청에 따른 위헌법률심판에서 헌법재판소의 위헌여부결정이 있을 때까지 제청법원의 해당 소송사건 재판 정지(헌법재판소법 제42조)

④ 탄핵심판에서 탄핵소추의결을 받은 사람에 대한 헌법재판소 심판이 있을 때까지의 권한 행사 정지(헌법재판소법 제50조)와 형사재판 정지(헌법재판소법 제51조)

3. 명문의 가처분규정이 없는 심판절차에서 가처분 허용 여부

대립당사자 구조와 구두변론원칙이 반드시 지켜지지 않는 헌법재판에는 민사소송법의 가처분규정이 준용될 수 없어 가처분이 인정되지 않는다는 견해와 헌법재판에도 가처분 필요성이 인정될 수 있고 가처분규정 준용을 부정할 이유가 없어 가처분이 허용된다는 견해가 대립한다. 헌법재판소는 헌법재판소법은 정당해산심판과 권한쟁의심판에 관해서만 가처분에 관한 규정을 두지만(제57조, 제65조), 헌법재판소법 제68조 제1항에 따른 헌법소원심판절차에서도 가처분 필요성은 있을 수 있고, 달리 가처분을 허용하지 아니할 상당한 이유를 찾아볼 수 없으므로 헌법소원심판청구사건에서도 가처분은 허용된다고 한다(헌재 2000. 12. 8. 2000헌사471). 그러나 헌법재판소는 위헌소원심판에서는 "이유가 없으므로 기각한다."라고 한 적도 있다(헌재 1993. 12. 20. 93헌사81).

당사자능력과 당사자적격이 있는 사람만 가처분 신청당사자가 될 수 있다. 다만, 국무총리서리 임명행위의 효력정지 및 직무집행정지 가처분사건에서 보듯이 본안의 피청구인(대통령)과 가처분의 피신청인(자연인 김종필)이 다를 수도 있다(헌재 1998. 7. 14. 98헌사31). 가처분을 하려면 본안사건이 헌법재판소 관할에 속하고 헌법재판소에 계속 중일 때 신청할 수 있음이 원칙이다. 하지만 본안심판이 계속되기 전이라도 신청할 수 있다(이때 본안심판 청구기간이 지나지 않아야 한다). 본안결정이 적시에 선고될 수 있으면 권리보호이익이 인정되지 않는다. 그리고 본안심판사건이 법적으로 아직 성숙하지 아니하였거나 다른 방법으로 가처분의 신청목적을 달성할 수 있는 때도 권리보호이익이 없다.

① 본안심판의 승소 가능성: 본안심판의 승소 가능성은 원칙적으로 고려대상이 되지 않는다. 그러나 본안심판이 명백히 부적법하거나 명백히 이유가 없으면 가처분을 명할 수 없다(헌재 1999. 3. 25. 98헌사98; 헌재 2000. 12. 8. 2000헌사471). ② 중대한(현저한) 불이익 방지와 긴급성: 헌법재판소는 권한쟁의심판의 가처분 요건으로서, "피청구기관의 처분 등이나 그 집행 또는 절차의 속행으로 인하여 생길 회복하기 어려운 손해를 예방할 필요가 있거나 기타 공공복리상의 중대한 사유가 있어야 하고 그 처분의 효력을 정지시켜야 할 긴급한 필요가 있는 경우"라고

판시하였다(헌재 1999. 3. 25. 98헌사98). 그리고 헌법소원심판의 가처분 요건으로, "헌법소원심판에서 다투어지는 '공권력의 행사 또는 불행사'의 현상을 그대로 유지시킴으로 인하여 생길 회복하기 어려운 손해를 예방할 필요가 있어야 하고 그 효력을 정지시켜야 할 긴급한 필요가 있어야 한다."라고 판시하였다(헌재 2000. 12. 8. 2000헌사471). ③ 공공복리에 중대한 영향을 미칠 우려가 없을 것: 헌법재판소는 헌법소원 사건에서 법령의 효력 정지를 구하는 가처분을 하려면, '공공복리에 중대한 영향을 미칠 우려'가 없어야 한다고 하였다(헌재 2002. 4. 25. 2002헌사129). 그러나 '중대한(현저한) 불이익 방지' 요건이 이미 공익적 요소를 포함할 뿐 아니라 이익형량을 하는 과정에서 공익의 존부와 정도를 고려한다는 점에서 '공공복리에 중대한 영향을 미칠 우려가 없을 것'을 독립한 요건으로 인정할 필요성은 없다. ④ 가처분의 필요성(이익형량): 가처분 결정을 위해서는 가처분 결정을 인용하고 나서 본안심판이 기각되면 발생하게 될 불이익과 가처분 신청을 기각하고 나서 본안심판이 인용되면 발생하게 될 불이익을 형량하여 그 불이익이 적은 쪽을 선택하여야 한다.

가처분 신청에 대해서도 재판관 7명 이상 출석으로 사건을 심리하고, 종국심리에 관여한 재판관 과반수 찬성으로 결정을 한다(헌법재판소법 제23조 제1항, 제2항). 그러나 헌법소원심판사건에서 지정재판부가 가처분 신청을 이유 없다고 기각한 사례가 있다(헌재 1997. 12. 16. 97헌사189; 헌재 1997. 12. 23. 97헌사200).

XI. 종국결정

1. 종국결정의 의의

헌법재판소 종국결정은 청구인의 심판 청구에 따라서 계속된 심판사건을 옹글게(완벽하게) 끝맺는 헌법재판소 판단을 말한다. 헌법재판소 재판부는 심리를 마치면 종국결정을 한다(헌법재판소법 제36조 제1항). 종국결정을 내릴 때는 ① 사건번호와 사건명, ② 당사자와 심판수행자 또는 대리인의 표시, ③ 주문, ④ 이유, ⑤ 결정일자를 기재한 결정서를 작성하고 심판에 관여한 재판관 전원이 이것에 서명·날인하여야 한다(헌법재판소법 제36조 제2항). 종국결정이 선고되면 서기는 바로 결정서 징본을 작싱하여 이것을 당사자에게 보내야 한다(헌법재판소법 제36조 제4항). 법률의 위헌결정, 탄핵심판에 관한 결정, 정당해산심판에 관한 결정, 권한쟁의심판에 관한 본안결정, 헌법소원의 인용결정, 기타 헌법재판소가 필요하다고 인정한 결정은 관보에, 그 밖의 종국결정은 헌법재판소의 인터넷 홈페이지에 각 게재함으로써 공시한다(헌법재판소법 제36조 제5항, '헌법재판소 심판 규칙' 제49조의2 제1항). 관보에 게재함으로써 공시하는 종국결정은 헌법재판소의 인터넷 홈페이지에도 게재한다('헌법재판소 심판 규칙' 제49조의2 제2항).

2. 결정정족수

(1) 종다수결원칙

재판부는 종국심리에 관여한 재판관 과반수 찬성으로 사건에 관한 결정을 한다(헌법재판소법 제23조 제2항 본문).

(2) 절대다수결사항

법률의 위헌결정, 탄핵의 결정, 정당해산의 결정이나 헌법소원에 관한 인용결정을 할 때나 종전에 헌법재판소가 판시한 헌법이나 법률의 해석적용에 관한 의견을 변경할 때는 재판관 6명 이상 찬성이 있어야 한다(헌법 제113조 제1항, 헌법재판소법 제23조 2항 단서).

(3) 전원일치의결사항

헌법소원심판사건에 대한 지정재판부의 사전심사에서 지정재판부는 전원 의견으로 각하결정을 하지 아니하면 결정으로 헌법소원을 재판부 심판에 회부하여야 한다. 헌법소원심판 청구 후 30일이 경과할 때까지 각하결정이 없으면 심판에 회부하는 결정이 있는 것으로 본다(헌법재판소법 제72조 제4항).

3. 재판관의 의견표시

심판에 관여한 재판관은 결정서에 의견을 표시하여야 한다(헌법재판소법 제36조 제3항). 따라서 소수의견을 피력한 재판관도 그 의견을 표시할 의무를 진다. 그래서 그 결정서의 주문과 이유에 관해서 다수의견과 다른 의견이 있는 재판관은 결정이유서에 그 반대 또는 보충의견을 표시할 수 있다.

XII. 재심

재심은 확정된 종국결정에 중대한 흠이 있을 때 결정을 내린 헌법재판소에 그 결정의 취소와 사건의 재심판을 구하는 비상의 불복신청방법을 말한다. 헌법재판소법은 헌법재판소 결정에 대한 재심 허용 여부에 관하여 별도의 명문 규정을 두지 않는다. 헌법재판소는 재심 허용 가능성에 관해서 처음에는 재심불허원칙을 분명하게 밝혔다(헌재 1994. 12. 29. 92헌아1). 그 후 재심의 허용 여부와 정도는 심판절차 종류에 따라 개별적으로 판단할 수밖에 없다는 견해로 후퇴하였다(헌재 1995. 1. 20. 93헌아1). 헌법재판소는 위헌소원심판에서는 재심을 허용하지 않았으나(헌재 1992. 6. 26. 90헌아1), 헌법재판소법 제68조 제1항에 따른 헌법소원심판에서는 재심을 허용하였다(헌재 2001. 9. 27. 2001헌아3). 헌법재

판소는 정당해산심판에서도 재심을 허용한다(헌재 2016. 5. 26. 2015헌
아20).

제2절 헌법재판소 결정의 유형과 효력

Ⅰ. 헌법재판소 결정의 의와 종류

　헌법재판소 결정은 헌법소송절차에 따라서 심리·평의하고 나서 헌
법재판소가 최종적으로 확정하여 선고하는 종국판결이다. 종국결정을
할 때는 ① 사건번호와 사건명, ② 당사자와 심판수행자나 대리인의 표
시, ③ 주문, ④ 이유, ⑤ 결정일자를 기재한 결정서를 작성하고 심판에
관여한 재판관 전원이 이것에 서명·날인하여야 한다(헌법재판소법 제36
조 제2항). 이유는 사건 개요와 심판 대상, 청구인들의 주장과 이해관계
기관의 의견, 적법요건에 관한 판단, 본안에 관한 판단, 결론, 소수의견
(별도·별개의견, 보충의견, 반대의견)으로 구성된다. 헌법재판소 종국결
정에는 일반 사법재판과 마찬가지로 크게 각하결정과 인용결정 그리고
기각결정의 세 가지로 나눌 수 있다. 각하결정은 청구가 적법하지 않을
때 내리는 결정으로 절차결정이다. 그에 반해서 인용결정과 기각결정은
적법한 심판 청구가 이유 있는지에 따라 내리는 것으로, 인용결정은 심
판 청구가 이유 있을 때 그리고 기각결정은 심판 청구가 이유 없을 때
각각 내리는 본안결정이다.

　(1) 위헌법률심판: 제청기각결정인 단순합헌결정과 제청인용결정인
단순위헌결정과 변형결정(한정합헌결정, 한정위헌결정, 헌법불합치결정)
(헌법재판소법 제45조)이 있다.
　(2) 위헌소원심판: 청구기각결정인 단순합헌결정과 청구인용결정인

단순위헌결정과 변형결정(한정합헌결정, 한정위헌결정, 헌법불합치결정)(헌법재판소법 제75조 제6항, 제45조)이 있다.

(3) 헌법소원심판: 청구기각결정과 공권력 행사 취소 주문(때에 따라 부수적 위헌결정 포함)이나 공권력 불행사 위헌 확인 주문(때에 따라 부수적 위헌결정 포함)을 포함한 청구인용결정이 있다. 헌법소원심판에서 인용결정은 심판 대상이 법령일 때와 그 밖의 공권력일 때에 다르다. 법령에 대한 헌법소원심판이면 위헌법률심판과 마찬가지로 단순위헌결정과 변형결정(한정합헌결정, 한정위헌결정, 헌법불합치결정)으로 나타나고, 그 밖의 공권력에 대한 헌법소원심판이면 공권력 행사 취소 결정, 공권력 행사 위헌 확인 결정 그리고 공권력 불행사 위헌 확인 결정으로 나타난다. 법령에 대한 헌법소원심판일 때 기각결정은 단순합헌결정으로 나타난다. 그 밖에 청구인이 사망하고 소송 수계가 허용되지 않을 때(헌재 1999. 11. 25. 99헌마431)와 심판 청구가 취하되었을 때(헌재 1995. 12. 15. 95헌마221) 내리는 심판절차종료선언이라는 특별한 종국결정유형이 있다.

(4) 탄핵심판: 탄핵심판 청구가 이유 없거나(헌재 2004. 5. 14. 2004헌나1) 피청구인이 결정 선고 전에 해당 공직에서 파면되면(헌법재판소법 제53조 제2항) 내리는 청구기각결정과 심판 청구가 이유 있을 때 피청구인을 해당 공직에서 파면한다는 주문을 포함한 탄핵결정(헌재 2017. 3. 10. 2016헌나1)(헌법재판소법 제53조 제1항)이 있다.

(5) 정당해산심판: 정당해산심판에서 심판 청구가 이유 있으면 헌법재판소는 피청구정당의 해산을 명하는 정당해산결정을 선고한다(헌법재판소법 제59조)(헌재 2014. 12. 19. 2013헌다1). 정당해산심판 청구가 이유 없으면 헌법재판소는 기각결정을 한다.

(6) 권한쟁의심판: 권한쟁의심판에서 헌법재판소는 권한의 존재 여부나 범위를 확인하는 결정을 내린다(헌법재판소법 제66조 제1항). 그리고

권한 침해 원인이 된 피청구인의 처분을 취소하거나 그 무효를 확인하는 결정을 내릴 수 있다(헌법재판소법 제66조 제2항). 일정한 권한사항의 소재가 청구인이나 피청구인 중 누구에게 귀속하는지를 다투는 것이 아니라 피청구인의 권한 행사가 헌법이나 법률에 위반되어 청구인의 권한을 침해되었는지가 문제 되면, 헌법재판소는 권한 존재를 확인하는 것 이외에 피청구인의 행위로 말미암아 청구인의 권한이 침해되었는지도 확인한다. 이때 칭구인의 권한 침해가 인정되지 않아서 심판 청구가 이유 없는 것으로 판명되면, 헌법재판소는 기각결정을 내린다(헌재 2000. 2. 24. 99헌라1). 그 밖에 심판 청구가 취하되면 헌법재판소는 심판절차 종료선언을 한다(헌재 2001. 6. 28. 2000헌라1).

II. 구체적 규범통제에서 헌법재판소 결정

1. 정형결정

정형결정은 심판 대상인 법률이나 법률조항의 위헌 여부를 단순하게 확인하는 헌법재판소 결정이다. 정형결정에는 단순합헌결정과 단순위헌결정이 있다.

단순합헌결정은 선고 시점에 해당 사건과 관련하여 심판 대상인 법률이나 법률조항을 심사한 범위 안에서 위헌성을 확인하지 못하였을 때 헌법재판소가 내리는 종국결정이다. 단순합헌결정은 해당 사건과 관련하여 심판 대상인 법률이나 법률조항의 위헌 의심만을 제거할 뿐이고, 심판 대상인 법률이나 법률조항에 아무것도 추가하지 않는다. 따라서 헌법재판소가 심판 대상인 법률이나 법률조항에 대해서 단순합헌결정을 내려도 심판 대상인 법률이나 법률조항의 위헌 의심이 모두 제거되어 절대적 합헌성이 확인되는 것은 아니다. 즉 단순합헌결정은 선고 시점에 구체적 사건과 관련하여 심사범위 안에서 (상대적) 합헌성을 확인하는 '잠정'결정에 불과하다.

단순위헌결정은 선고 시점에 해당 사건과 관련하여 심판 대상인 법률이나 법률조항을 심사하여 위헌성을 확인하였을 때 헌법재판소가 내리는 종국결정이다. 단순위헌결정은 심판 대상인 법률이나 법률조항의 위헌성을 확인하는 '확정'결정이다. 헌법재판소는 선존하는 법률이나 법률조항의 위헌성을 확인하는 것에 그치고 위헌성을 창조하지 않는다. 법률조항의 단순위헌결정으로 말미암아 해당 법률 전부를 시행할 수 없다고 인정되면 그 전부에 대해서 단순위헌결정을 내릴 수 있고(헌법재판소법 제45조 단서, 제75조 제6항: 법률전부위헌결정)(예를 들어 헌재 1994. 4. 29. 94헌바37등; 헌재 1996. 1. 25. 95헌가5), 심판 대상과 기능적 측면에서 불가분의 특별한 관계가 있는 법률조항에 대해서 위헌결정을 내릴 수도 있다(부수적 위헌결정)(예를 들어 헌재 2003. 9. 25. 2001헌가22). 심판 대상인 법률조항 일부에 대해서만 위헌결정을 내릴 수도 있다(양적 일부위헌결정).

2. 변형결정

변형결정은 단순합헌결정이나 단순위헌결정의 법적 효과를 주관적·객관적 또는 시간적 범위에서 바꾸는 결정유형으로 정의된다. 변형결정의 본질은 일반적으로 위헌결정이지만, 변형결정은 위헌결정에 국한되지 않는다. 헌법 제107조 제1항과 제111조 제1항 그리고 헌법재판소법 제45조와 제75조 제5항 및 제6항을 따르면 헌법재판소는 법률이나 법률조항의 위헌 여부만을 결정할 수 있다. 따라서 헌법재판소는 법률이나 법률조항의 위헌성을 확인하였을 때 단순위헌결정을 내리는 것이 원칙이다. 헌법재판소는 헌법재판소의 법률에 대한 위헌결정에는 단순위헌결정은 물론 한정합헌결정, 한정위헌결정과 헌법불합치결정도 포함된다고 하면서 결정유형을 다양화할 수 있다고 한다(헌재 1997. 12. 24.

96헌마172등).

(1) 한정합헌결정

한정합헌결정은 심판 대상이 된 법률이나 법률조항의 다양한 해석 가능성 중 일부의 합헌성을 확인하는 헌법재판소의 종국결정이다. 한정합헌결정은 심판 대상이 된 법률이나 법률조항의 다양한 해석 가능성 중에서 위헌인 해석 가능성을 배제하고 헌법과 조화를 이룰 수 있는 방향으로 축소·제한 해석하여 그 법률이나 법률조항의 효력을 유지하는 결정유형이다. 한정합헌결정은 합헌적 법률해석(헌법합치적 법률해석)의 결과물이다. 한정합헌으로 결정된 법률조항에 대해서 다시 위헌 여부를 문의하였을 때, 헌법재판소는 한정합헌결정을 하고 나서 그 결정의 논리적 또는 현실적 근거가 된 사실에 근본적인 변화가 있었다고 할 수 없고, 지금에 이르러 달리 판단하여야 할 다른 사정변경이 있다고 인정되지 않으므로, 전에 한정합헌으로 결정하였던 법률조항을 다시 한정합헌으로 결정하였다(헌재 1998. 8. 27. 97헌바85).

(2) 한정위헌결정

한정위헌결정은 규범통제 심판 대상이 된 법률이나 법률조항의 일부 해석 가능성이나 적용 가능성의 위헌성을 확인하는 헌법재판소의 종국결정이다. 한정위헌결정은 헌법재판소는 이미 있는 법률이나 법률조항의 위헌성을 확인하는 권한만 있을 뿐이고 법률이나 법률조항의 위헌성을 창조하는 것이 아니라는 점에서 비롯하는 필연적 결과이다.

한정위헌결정은 해석위헌결정과 적용위헌결정으로 나눌 수 있다. 해석위헌결정은 법률이나 법률조항의 일부 해석 가능성의 위헌성을 확인하는 한정위헌결정이고, 적용위헌결정은 법률이나 법률조항의 일부 적용 가능성의 위헌성을 확인하는 한정위헌결정이다. 한정위헌결정은 규범통제 심판 대상이 된 법률이나 법률조항에 여러 가지 해석 가능성이 있고, 그중 일부는 합헌으로 해석되고 다른 일부는 위헌으로 해석될 수 있다는 것이 확인되면, 헌법재판소가 그 법률이나 법률조항의 해석·적용에서 위헌으로 해석되는 의미부분을 확인하여 그 부분만을 해당 법률이나 법률조항의 의미에서 제거하려고 내리는 것이 보통이다(해석위헌결정). 법률 문언이 다의적이 아니라 일의적이지만, 그 의미내용 일부가 위헌일 때도 헌법재판소는 한정위헌결정(적용위헌결정)을 내릴 수 있다. 헌법재판소는 이러한 결정을 과거에 일부위헌결정이라고 하여 한정위헌결정과 구별하였다(예를 들어 헌재 1991. 4. 1. 89헌마160). 이후 헌법재판소는 일부위헌결정을 한정위헌결정과 구별하던 태도에서 벗어나 한정위헌의 주문으로 일원화하여 선고하였다. 그런데 최근 헌법재판소는 다시 일부위헌결정을 내렸다(헌재 2018. 8. 30. 2014헌바148등; 헌재 2018. 8. 30. 2014헌바180등).

헌법재판소는 법률의 위헌 여부가 심판 대상이 되었을 때, 재판의 전제가 된 사건과 맺는 관계에서 법률의 문언, 의미, 목적 등을 살펴 한편으로 보면 합헌으로, 다른 한편으로 보면 위헌으로 판단될 수 있는 것 등 다의적인 해석 가능성이 있으면 일반적인 해석작용이 용인되는 범위 안에서 종국적으로 어느 쪽이 가장 헌법에 합치되는지를 가려, 한정축소 해석을 통해서 합헌적인 일정한 범위 안의 의미내용을 확정하여 이것이 그 법률의 본래 의미이며 그 의미 범위 안에서는 합헌이라고 결정할 수도 있고, 또 하나의 방법으로는 위와 같은 합헌적인 한정축소 해석이 타당한 영역 밖에까지 법률의 적용범위를 넓히는 것은 위헌이라는 취지로 법률의 문언 자체는 그대로 둔 채 위헌의 범위를 정하여 한정위헌결정을 선고할 수도 있다고 하면서, 이 두 가지 방법은 서로 표리관계에 있어서 실제적으로는 차이가 있는 것이 아니라고 한다. 합헌적인 한정축소해석은 위헌적인 해석 가능성과 그에 따른 법적용을 소극적으로 배제한 것이고, 적용범위 축소에 따른 한정적 위헌선언은 위헌적인 법적용 영역과 그에 상응하는 해석 가능성을 적극적으로 배제한다는 뜻에서 차이가 있을 뿐이고, 본질적으로는 다 같은 부분위헌결정이라고 한다(헌재 1994. 4. 28. 92헌가3; 헌재 1997. 12. 24. 96헌마172등). 그러나 한정합헌결정과 한정위헌결정은 요건과 효과가 구별되는 독자적 결정유형으로서 서로 대체관계에 있지 않다. 이러한 점에서 한정합헌결정과 한정위헌결정은 병존할 수도 있다. 즉 헌법재판소는 한 결정주문에서 일부 해석 가능성에 대해서는 위헌이라고 선언하고, 다른 일부 해석 가능성에 대해서는 합헌이라고 선언할 수도 있다(예를 들어 헌재 1989. 9. 30. 98헌가7등).

한정위헌청구는 법률이나 법률조항 자체의 위헌판단을 구하는 것이 아니라 법률이나 법률조항의 특정 해석 가능성이나 적용 가능성을 채택하거나 채택하지 아니하는 한 위헌이라는 취지의 청구를 말한다. 종래 헌법재판소 판례(헌재 1995. 7. 21. 92헌바40; 헌재 1997. 2. 20. 95헌바27등)는 헌법재판소법 제41조 제1항의 위헌법률심판 제청 신청과 제68조 제2항에 따른 헌법소원심판 대상은 '법률'이지 '법률의 해석'이 아니므로, 법률조항 자체의 위헌판단을 구하는 것이 아니라 '법률조항을 …으로(이라고) 해석하는 한 위헌'이라고 청구하는 이른바 한정위헌청구는 원칙적으로 부적법하다고 하였다. 다만, 한정위헌청구의 취지를 법률조항 자체의 위헌성을 다투는 것으로 이해할 수 있으면 헌법재판소법 제68조 제2항에 따른 적법한 청구로 받아들여진다고 하였다. 그러나 헌법재판소는 판례를 변경하여 ① 한정위헌결정이 허용되므로 한정위헌청구도 사리상 합당하고, ② 한정위헌청구는 위헌의 범위와 그에 따른 기속력 범위를 제한적으로 정확하게 한정하며, ③ 한정위헌청구는 입법권에 대한 자제와 존중의 표현이라고 하면서 한정위헌청구도 원칙적으로 적법하다고 하였다. 다만, 재판소원을 금지하는 헌법재판소법 제68조

제1항의 취지에 비추어 한정위헌청구 형식을 취하면서도 실제로는 해당 사건 재판의 기초가 되는 사실관계의 인정이나 평가 또는 개별적·구체적 사건에서 법률조항의 단순한 포섭·적용에 관한 문제를 다투거나 의미 있는 헌법문제를 주장하지 않으면서 법원의 법률해석이나 재판결과를 다투는 한정위헌청구는 허용되지 않는다고 한다(헌재 2012. 12. 27. 2011헌바117).

(3) 헌법불합치결정

헌법불합치결정은 심판 대상이 된 법률이나 법률조항의 위헌성을 확인하지만, 입법자의 입법형성권을 존중하거나 법의 공백과 혼란을 방지하려고 그 법률에 대해서 단순위헌결정을 선고하지 아니하고 헌법에 합치하지 아니한다고 선언하여 헌법재판소법 제47조 제2항과 제3항(그리고 제75조 제5항과 제6항) 적용을 배제하는 결정유형이다. 그러나 헌법불합치결정은 헌법재판소법 제47조 제2항과 제3항 적용을 옹글게(완벽하게) 배제하지 않는다. 즉 헌법불합치결정은 위헌으로 결정된 법률의 효력 상실 시점에 관해서만 헌법재판소법 제47조 제2항과 제3항 적용을 배제한다. 헌법불합치결정은 원칙적으로 법률의 위헌성을 확인하되 그 형식적 존속을 유지하면서(효력 상실을 유보하면서), 입법자에게 법률의 위헌성을 제거할 의무를 부과하고 입법자가 법률을 개선할 때까지 국가기관이 위헌법률 적용을 중지하도록 함으로써 개선된 신법 적용을 명령하는 효력이 있다. 헌법재판소는 헌법불합치결정의 정당화 사유로 ① 수혜적 법률이 평등원칙에 위반될 때, ② 위헌결정을 통해서 법률조항을 제거하는 것이 법적 공백이나 혼란을 일으킬 우려가 있을 때, ③ 심판 대상인 법률조항의 합헌부분과 위헌부분의 경계가 불분명할 때를 제시한다.

형벌에 관한 법률조항에 대해서 헌법불합치결정을 내릴 수 있는지에 관해서는 다툼이 있으나, 헌법재판소는 새로운 근거를 제시하거나 특별한 설명을 하지 않은 채 형벌에 관한 법률조항에 대해서 헌법불합치결정을 내린다(예를 들어 헌재 2004. 5. 27. 2003헌가1등). 대법원은 형벌조항에 대한 헌법불합치결정을 단순위헌결정으로 보고 적용 중지 헌법불합치결정이 내려진 법률조항(대법원 2009. 1. 15. 선고 2004도7111 판결)뿐 아니라 계속 적용 헌법불합치결정(대법원 2011. 6. 23. 선고 2008도7562 전원합의체 판결)이 내려진 법률조항도 해당 재판에 적용하지 않고 무죄판결을 내렸다.

헌법불합치결정은 법률이 즉시 효력을 상실함으로써 발생하는 입법자의 입법형성권 침해나 법적 공백과 혼란을 방지하기 위해서 법률의 효력 상실을 일정 기간 유보하면서 입법자에게 법률개선의무를 부여한다. 헌법불합치결정의 목적은 위헌법률의 단순한 존속이 아니라 개선을 위한 위헌법률 효력의 '임시'존속이다. 입법자가 상당한 기간 안에 또는 기한이 설정되면 그 기한 안에 헌법불합치로 결정된 법률을 개선하지 않으면, 그 효력 상실은 확정된다. 따라서 개선시한이 지나 법률을 개선하면서 개선된 법률을 소급하여 적용하는 것은 진정소급입법에 해당하여 소급입법금지원칙에 어긋난다(헌재 2013. 8. 29. 2010헌바354등). 헌법재판소는 기한 설정 없이 입법자가 개정할 때까지 계속 적용된다는 결정을 내리는 때(예를 들어 헌재 2002. 9. 19. 2000헌바84)가 있다.

헌법재판소는 "당재판소가 위 사건의 주문으로서 그 각 개별 조항에 대한 결정이유에서 밝힌 바대로 단순위헌선언 또는 개정입법촉구 등을 선고하지 아니하고, 굳이 헌법불합치라는 변형결정주문을 선택하여 위헌적 요소가 있는 조항들을 합헌적으로 개정 혹은 폐지하는 임무를 입법자의 형성재량에 맡긴 이상 그 당연한 논리적 결과로, 위 결정의 효력이 소급하여 미치는 소위 "당해 사건" 또는 "병행 사건"에 관하여는 위 결정 이후 입법자에 의하여 개정된 법률조항이 적용되어야 할 것인바, 이는 헌법불합치결정이 의도하는 효력의 본질적인 부분의 하나이기도 하다."라고 하여 신법에서 명시적으로 소급효를 정하지 아니한 때도 당연히 신법이 소급 적용된다고 판시한 바 있다(헌재 1995. 7. 27. 93헌바1).

대법원은 "어떠한 법률조항에 대하여 헌법재판소가 헌법불합치결정을 하여 입법자에게 그 법률조항을 합헌적으로 개정 또는 폐지하는 임무를 입법자의 형성재량에 맡긴 이상 그 개선입법의 소급 적용 여부와 소급 적용의 범위는 원칙적으로 입법자의 재량에 달린 것이기는 하지만, 개정 전 민법 제1026조 제2호에 대한 위 헌법불합치결정의 취지나 위헌심판에서의 구체적 규범통제의 실효성 보장이라는 측면을 고려할 때 적어도 위 헌법불합치결정을 하게 된 당해사건 및 위 헌법불합치결정 당시에 개정 전 민법 제1026조 제2호의 위헌 여부가 쟁점이 되어 법원에 계속 중인 사건에 대하여는 위 헌법불합치결정의 소급효가 미친다고 하여야 할 것이므로 비록 개정 민법 부칙 제3항의 경과조치의 적용 범위에 이들 사건이 포함되어 있지 않더라도 이들 사건에 관하여는 종전의 법률조항을 그대로 적용할 수는 없고, 위헌성이 제거된 개정 민법의 규정이 적용되는 것으로 보아야 할 것이다."라고 하여 개선된 법률을 소급 적용하여야 한다고 본다(대법원 2002. 4. 2. 선고 99다3358 판결).

Ⅲ. 헌법재판소 결정의 효력

1. 확정력

헌법재판소 결정이 선고되면 결정 내용을 확정하고, 그에 따라서 향후 당사자와 법원에 대한 행위기준을 제시하며, 이에 바탕을 둔 헌법질서가 구축되게 할 필요성이 있다. 이러한 필요성을 충족시키기 위해서 헌법재판소 결정에는 확정력이 인정된다. 즉 확정력은 수범자 사이의 법적 평화를 회복하고 유지함으로써 법적 안정성을 확립하고 법원이 분쟁을 해결하기 위한 전제이다. 이러한 점에서 확정력은 명문 규정은 없지만, 법치국가원리를 기본원리로 수용하고 헌법재판제도를 도입한 헌법 자체에서 도출되는 헌법적 효력이다. 헌법재판소법은 확정력을 명시적으로 규율하지 않지만, 기판력의 본질적 작용인 일사부재리를 규정하고(제39조), 일반적으로 헌법재판소의 심판절차에 민사소송법령을 준용하도록 하므로(제40조 제1항 전문), 헌법재판소 결정에는 다른 사법판결처럼 확정력이 인정된다. 확정력은 불가변력과 불가쟁력 그리고 기판력으로 구성된다. 불가변력과 불가쟁력은 헌법재판소 결정의 최종성과 관련이 있고, 기판력은 당사자와 헌법재판소에 대한 헌법재판소 결정의 구속성과 규준성을 발생시킨다.

(1) 불가변력

불가변력(자기기속력 혹은 자박력)은 같은 절차 안에서 자기 결정에 대한 헌법재판소의 구속, 즉 철회 불가능성을 뜻한다. 헌법재판소 결정도 사법판결이므로 선고할 때부터 효력이 생긴다(헌법재판소법 제40조 제1항 전문, 민사소송법 제205조). 따라서 헌법재판소가 결정을 선고하면 자기 결정에 구속되어 같은 심판에서 자신이 내린 결정을 더는 바꾸거나 취소할 수 없다(헌재 1989. 7. 24. 89헌마141). 다만, 결정에 잘못된 계산이나 기재, 그 밖에 이와 비슷한 잘못이 있음이 분명하면 헌법재판소는 직권으로(헌재 2007. 7. 26. 2005헌사717) 또는 당사자의 신청에 따라(헌재 2000. 11. 23. 2000헌사464) 경정결정을 할 수 있다(헌법재판소법 제40조 제1항 전문, 민사소송법 제211조 제1항). 불가변력은 실체결정은 물론 절차결정에도 인정된다. 불가변력은 같은 절차 안에서만 미치므로 다른 절차에서 헌법재판소는 이전 결정과 다른 결정을 할 수 있다(헌법재판소법 제23조 제2항 제2호). 재심은 같은 절차가 아니므로 재심을 인정하는 것이 불가변력을 해치지 않는다.

(2) 불가쟁력

헌법재판은 단심이라서 헌법재판소에 대한 상급심이 없으므로 헌법재판소의 각종 심판은 최종적이다. 따라서 헌법재판소 결정이 선고되면 이 결정에 대해서 더는 누구도 통상의 소송절차를 통해서 불복하여 다툴 수 없다(헌재 1989. 7. 24. 89헌마141). 이러한 효력을 불가쟁력(형식적 확정력)이라고 한다. 불가쟁력은 기판력을 비롯한 헌법재판소 결정 효력(불가변력 제외)의 전제가 된다. 전원재판부 결정이든 지정재판부 결정이든 모두 불가쟁력이 있다. 전원재판부가 지정재판부의 상급심에 해당하지 않고, 지정재판부 결정도 전원재판부 결정과 같은 효력이 있다. 그러므로 지정재판부의 전원재판부에 대한 회부결정은 물론 전원합의에 따른 회부각하결정(헌재 1990. 10. 12. 90헌마170)에도 불가쟁력이 생긴다. 불가쟁력은 실체결정은 물론 절차결정에도 인정된다. 불가쟁력은 재심을 통해서 배제될 수 있다.

(3) 기판력

기판력(실질적 확정력)은 헌법재판소 결정에 불가쟁력이 생기면 당사자는 후행 심판절차에서 확정된 헌법재판소 결정과 어긋나는 주장을 하지 못하고, 헌법재판소도 확정된 헌법재판소 결정에 어긋나는 판단을 할 수 없다는 구속력을 뜻한다(대법원 1987. 6. 9. 선고 86다카2756 판결 참조). 헌법재판소법에는 기판력을 규율하는 직접적인 규정은 없지만, 일사부재리(헌법재판소법 제39조)와 민사소송에 관한 법령의 규정 준용(헌법재판소법 제40조 제1항 전문)에 관한 규정을 근거로 헌법재판소 결정의 기판력을 인정할 수 있다. 헌법재판소(헌재 1990. 6. 25. 90헌가11)와 대법원(대법원 1991. 6. 28. 선고 90누9346 판결)도 헌법재판소 결정의 기판력을 인정한다.

헌법재판소법 제39조와 제40조를 따라서 그 심판사건의 종류가 무엇인지, 그 결정주문 내용이 무엇인지를 불문하고 헌법재판소의 모든 종국결정에 기판력이 귀속된다. 실체결정은 물론 절차결정에도 기판력이 생긴다. 실체결정 중 일부결정에는 기판력이 미치지만, 중간결정은 아직 확정되지 않아서 기판력이 생기지 않는다. 전원재판부 결정이든 지정재판부 결정이든 모두 기판력이 있다. 위헌결정이나 위헌으로 결정된 법률을 선결관계나 전제로 하는 위헌법률심판이나 헌법소원심판이 있을 수 있고, 법률이 효력을 상실하는 전제인 위헌결정에 어긋나는 합헌결정이 나오면 법적 혼란을 피할 수 없으므로, 위헌결정에도 기판력은 인정되어야 한다. 변형결정(한정위헌결정, 한정합헌결정, 헌법불합치결정)도 본질은 위헌결정이고, 이에 대해서 다시 다툴 가능성이 있으므로 기판력은 이러한 결정에도 귀속되어야 한다.

기판력은 소송사건의 당사자[청구인, 피청구인, 참가인(보조참가인 제외)]와 그 소송승계인 그리고 헌법재판소 자신에게만 미친다(헌법재판소법 제40조 제1항 전문, 민사소송법 제218조 제1항). 청구인이나 피청구인이 다르면 기판력이 미치지 않는다(헌재 1997. 8. 21. 96헌마48). 소송 외의 제3자는 물론 이해관계인, 참고인, 소송에 관여하는 대리인이나 공동소송인에게도 기판력이 미치지 않는다. 기판력은 결정주문에만 인정된다(헌법재판소법 제40조 제1항 전문, 민사소송법 제216조 제1항). 심판대상에 관한 판단에만 기판력이 생기므로(대법원 1970. 9. 29. 선고 70다1759 판결), 심판 대상이 아닌 사항에 관한 판단에는 결정주문에 포함되었더라도 기판력이 귀속되지 않는다. 기판력은 같은 심판 대상에만 미친다. 헌법재판소 결정의 기판력은 헌법재판소가 실제로 심사한 범위에만 미친다. 즉 헌법재판소 결정에서 기판력의 객관적 범위는 헌법재판소의 실질적 심사범위와 일치한다. 헌법재판소의 모든 결정은 선고 당시에 있거나 예측할 수 있는 사실관계와 법적 상황을 근거로 이루어진다. 그리고 당사자가 주장하지 않은 것에 관해서도 헌법재판소는 판단할 수 있다는 점에서 구두변론 여부와 관계없이 선고 시점에 기판력이 생긴다.

2. 기속력

일반 사법판결과 달리 헌법재판소 결정은 사법판결의 일반적인 효력을 넘어서 모든 국가기관을 기속한다(헌법재판소법 제47조 제1항, 제67조 제1항, 제75조 제1항과 제6항). 이러한 효력을 기속력이라고 한다. 확정력 있는 헌법재판소 결정이 기속력을 가질 수 있다. 헌법재판소 결정이 확정되어야 기속력의 내용과 범위가 밝혀질 수 있기 때문이다. 기속력은 절차결정이 아니고 단지 본안결정과 관련이 있다. 절차결정은 심판 대상에 관해서 결정하지 않기 때문이다. 기속력은 최종적 헌법해석에 관한 헌법재판소의 과제와 권한에 근거하므로, 헌법재판소법 조항의 문언이나 의미에서 도출될 수 없을지라도 헌법재판소 결정 중에서 원칙적으로 사법적(司法的) 헌법해석만 기속력이 있을 수 있다. 따라서 개별 하위법규범 해석은 그것이 결정주문의 필수적 전제조건이더라도 기속력이 없다.

규범통제에서 심판 대상은 구체적으로 문제가 된 법규범의 위헌성이다. 그리고 헌법소원심판이나 권한쟁의심판에서도 구체적인 국가기관 행위의 위헌성이나 위법성이 문제 된다. 따라서 확정력처럼 기속력도 구체적 심판 대상에 한정된다. 기속력 때문에 모든 국가기관은 앞날에 처분을 내릴 때 헌법재판소 결정을 준수하고 존중하여야 한다. 그러므로 모든 국가기관은 자신이 앞날에 처분을 내릴 때 헌법재판소 결정에 근거하여야 한다. 기속력은 다투어진 통제대상뿐 아니라 같은 상황에서 같은 근거로 같은 내용이 있는 공권력의 행사나 불행사도 금지한다(반복금지의무). 그리고 다른 모든 국가기관은 자신의 권한범위 안에서 개별 사건에서 선고된 구체적 헌법재판소 결정을 관철하는 데 필요한 모든 것을 하여야 한다(반응의무).

기속력은 법률의 위헌결정과 권한쟁의심판의 결정 그리고 헌법소원의 인용결정에서 생긴다(헌법재판소법 제47조 제1항, 제67조 제1항, 제75조 제1항과 제6항). 법률의 단순위헌결정뿐 아니라 변형결정에도 기속력이 인정된다. 하지만 대법원은 한정위헌결정의 기속력을 부정한다(대법원 1996. 4. 9. 선고 95누11405 판결). 대법원을 따르면 한정위헌결정은 헌법재판소 결정이 내려져도 법률이나 법률조항은 그 문언이 전혀 달라지지 않은 채 그냥 존속한다고 한다. 따라서 법률이나 법률조항의 문언이 변경되지 아니한 이상 이러한 한정위헌결정은 법률이나 법률조항의 의미, 내용과 적용범위를 정하는 법률해석이라고 한다. 그러나 구체적 사건에서 해당 법률이나 법률조항의 의미·내용과 적용범위가 어떠한 것인지를 정하는 권한, 곧 법령의 해석·적용 권한은 바로 사법권의 본질적 내용을 이루는 것으로서, 전적으로 대법원을 최고법원으로 하는 법원에 전속한다고 한다. 따라서 한정위헌결정에 표현되는 헌법재판소의 법률 해석에 관한 견해는 법률의 의미·내용과 그 적용범위에 관한 헌법재판소 견해를 일단 표명한 것에 불과하여 법원에 전속되는 법령의 해석·적용 권한에 대해서 어떠한 영향력을 미치거나 기속력도 가질 수 없다고 한다. 그러나 헌법재판소는 헌법재판소의 법률에 대한 위헌결정에는 단순위헌결정은 물론 한정합헌결정, 한정위헌결정과 헌법불합치결정도 포함되고 이들은 모두 당연히 기속력이 있고, 헌법재판소의 한정위헌결정은 결코 법률 해석에 대한 헌법재판소의 단순한 견해가 아니라, 헌법이 정한 권한에 속하는 법률에 대한 위헌심사의 한 유형이라고 한다(헌재 1997. 12. 24. 96헌마172등).

기판력은 당사자, 즉 청구인, 피청구인 그리고 참가인(보조참가인 제외)과 관련되지만, 헌법재판소법 조항을 따르면 모든 국가기관은 그가 절차에 참여하였는지와 상관없이 헌법재판소 결정에 구속된다. 기속력은 헌법재판소 자신에게는 미치지 않는다. 이것은 헌법재판소가 심판대상이 다르면 자기 결정에서 벗어날 수 있다는 것을 뜻한다(헌법재판소법 제23조 제2항 단서 제2호). 헌법재판소는 종전 위헌결정의 기초가 된 사실관계 등의 근본적인 변화에 따른 특별한 정당화 사유가 있으면 반복입법이 허용된다고 한다(헌재 2012. 12. 27. 2012헌바60). 기속력이 심판 대상에 관한 결정인 결정주문에 미친다는 것은 의문이 없다. 그리고 소수의견이나 결정요지가 기속력에 포섭되지 않는다는 것도 다툼이 없다. 그러나 기속력이 중요이유에도 미치는지는 논란이 있다. 헌법재판소는 "헌법재판소법 제47조에 정한 기속력을 명백히 하기 위하여는 어떠한 부분이 위헌인지 여부가 그 결정의 주문에 포함되어야 하므로, 이러한 내용을 결정의 이유에 설시하는 것만으로는 부족하고 결정의 주문에까지 등장시켜야 한다."라고 한 적이 있다(헌재 1994. 4. 28. 92헌가3). 그리고 헌법재판소는 결정이유에 기속력을 인정하더라도, 결정주문을 뒷받침하는 결정이유에 대해서 적어도 위헌결정 정족수인 재판관 6명 이상 찬성이 있을 때만 결정이유에 기속력이 인정된다고 하였다(헌재 2008. 10. 30. 2006헌마1098등). 헌법재판소 결정의 기속력은 언제나 헌법재판소 결정이 선고된 시점과 관련된다. 즉 헌법재판소는 심판대상을 오로지 선고 당시의 사실관계와 법적 상황과 관련하여서만 심사한다.

3. 법률요건적 효력[혹은 법률적(법규적) 효력]

법률요건적 효력은 법률이 확정판결 존재를 구성요건으로 하여 일정한 실체법적 법률효과를 발생시키는 것을 말한다. 헌법재판소법 제47조 제2항과 제3항을 따르면 위헌으로 결정된 법률이나 법률조항은 효력을 상실한다. 헌법재판소법 제47조 제2항과 제3항은 법률의 위헌결정 존재를 해당 법률이나 법률조항 효력 상실의 요건으로 삼는다. 이것은 법률요건적 효력의 전형적인 모습이다.

그러나 독일 논의를 받아들여 이를 법률적 효력(혹은 법규적 효력)으로 보려는 견해가 있다. 이를 따르면 법률적 효력은 법규범에 대한 헌법재판소 결정이 일반적 구속력이 있고 일반 국민에게도 효력이 미친다는 것을 뜻한다. 따라서 헌법재판소 결정은 당사자를 수범자로 하는 기판력의 주관적 범위뿐 아니라 국가기관을 수범자로 하는 기속력의 주관적 범위를 넘어서 일반 사인에게도 그 효력이 미치는 일반적 구속성이 있다고 한다(대세적 효력). 그러나 헌법재판소 결정은 일반구속적인 법규성을 발생시키거나 포함하는 행위가 아니라, 오히려 현행법을 수정하지 않고 단지 현행법을 합헌이나 위헌으로 선언하는 것이라고 한다. 따라서 헌법재판소 결정은 형식적·실질적 의미의 법률이 아니고 단지 재판에 불과하다고 한다. 헌법재판소 결정은 법률유사성이 있을 뿐이라고 한다. 법률적 효력을 통해서 헌법재판소 결정은 헌법적 등급이 있는 것이 아니라 심판된 규범과 같은 등급이 있다고 한다. 즉 법률을 심판 대상으로 한 결정은 법률에 해당하는 등급을, 명령·규칙을 대상으로 한 결정은 그와 같은 등급을 부여받는다고 한다. 법률적 효력은 기판력의 주관적 확장으로서 헌법재판소 결정의 구속범위를 확대하기는 하지만, 구속 정도를 강화하는 것은 아니라고 한다. 헌법재판소는 원래 위헌결정 효과에는 법률 폐지의 법률적 효력이 따르는 것이라고 하였고(헌재 1993. 5. 13. 92헌가10등), 구 헌법재판소법 제47조 제2항과 헌법재판소법 제75조 제6항을 법률적 효력의 근거로 제시하였다(헌재 2012. 12. 27. 2012헌바60).

4. 위헌으로 결정된 법률의 효력 상실 시기

위헌으로 결정된 법률이나 법률조항은 그 결정이 있는 날부터 효력을 상실한다(헌법재판소법 제47조 제2항: 즉시효). 위헌결정이 있는 날 0시부터 효력을 상실한다. 따라서 헌법재판소의 위헌결정과 대법원 판결이 같은 날 선고되면 대법원 판결은 헌법재판소가 위헌으로 선언한 법률을 적용한 것이 된다. 형벌에 관한 법률이나 법률조항은 소급하여 효력을 상실한다. 다만, 해당 법률이나 법률조항에 대해서 종전에 합헌으로 결정한 사건이 있으면 그 결정이 있는 날의 다음 날로 소급하여 효력을 상실한다(헌법재판소법 제47조 제3항). 죄형법정원칙(죄형법정주의) 중 소급효금지원칙 때문에 위헌으로 결정된 형벌에 관한 법률이나 법률조항은 해당 법률 적용을 받는 자에게 유리한 때만 소급되고, 형사상 불이익한 결과를 가져오는 때는 소급되지 않는다(헌재 1997. 1. 16. 90헌마110등). 소급하여 효력이 상실되는 것은 '형벌'이라는 문언 표현에 비추어 범죄의 구성요건과 형벌 부과에 관한 형사실체법에 국한되고 형사절차법은 포함되지 않는다[헌재 1992. 12. 14. 92헌가8(재판관 한병채, 이시윤, 김문희의 보충의견); 대법원 1999. 8. 9.자 98모143 결정]. 그래서 형사절차법은 헌법재판소법 제47조 제3항 본문을 따라서 예외적으로 소급하여 적용되지 않는다. 보안처분도 형벌과 다름없는 결과를 낳으므로 보안처분에 관한 법률도 이러한 형사실체법에 속한다(대법원 1991. 7. 26. 선고 91재감도58 판결). 위헌으로 결정된 법률이나 법률조항에 근거한 유죄의 확정판결에 대해서는 재심을 청구할 수 있다(헌법재판소법 제47조 제4항). 그러나 소급효가 인정되어도 법원이 이미 선고한 유죄판결 자체를 무효로 만들거나(헌재 1993. 7. 29. 92헌바34등) 유죄확정판결 집행을 정지시키거나 진행 중인 형의 집행을 금지하는 것이 아니다.

헌법재판소법 제47조 제2항과 제3항의 해석과 관련하여 당연무효설과 폐지(무효)설 그리고 효력상실설이 대립한다.

① 당연무효설을 따르면 헌법에 어긋나는 법률은 처음부터, 별도의 조치 없이도 당연히 효력이 없다. 그러나 헌법재판소법 제47조 제2항과 제3항은 상실되는 효력이 이미 있다는 것을 전제하고, 헌법재판소법 제47조 제3항은 당연무효설과 어울릴 수 없는 '소급'이라는 용어를 사용하며, 당연무효설에 필수적인, 위헌 발생 시점부터 위헌 확인 시점까지 위헌법률을 바탕으로 형성된 법적 관계를 규율하는 규정을 헌법재판소법에서 찾을 수 없다는 점에서 헌법재판소법 제47조 제2항과 제3항의 해석틀로서 적합하지 않다.

② 폐지(무효)설은 헌법에 어긋나는 법률도 특별한 취소행위를 통해서 폐지될 때까지 유효하다고 한다. 폐지(무효)설을 따르는 견해는 헌법재판소법 제47조 제2항과 제3항의 '효력 상실'을 '폐지'로 이해한다. 그러나 폐지의 결과로서 효력이 상실되는 것은 당연하지만, 효력 상실이 폐지로 당연히 이어지지는 않는다. 따라서 폐지(무효)설의 출발점인 위헌법률이 폐지된다는 전제 자체에 의문이 제기된다. 그리고 한국의 입법례에서 효력 상실이 폐지의 뜻으로 사용되는 예를 찾을 수도 없다. 또한, 헌법재판소법 제47조 제2항과 제3항의 근거조항인 헌법 제107조 제1항이 명백히 요구하는, 해당 사건에서 위헌법률 적용이 배제되는 것은 폐지설에 따른 해석에서 이끌어낼 수 없다. 이러한 불합리를 폐지설에 따른 견해는 헌법 제107조 제1항을 근거로 예외적으로 해당 사건에는 위헌결정의 소급효를 인정하거나 헌법재판소법 제47조 제2항 및 제3항과 상관없이 당연히 인정되거나 전제되는 것으로 봄으로써 해결하려고 한다. 즉 헌법재판소는 (ⅰ) 법원의 제청·헌법소원의 청구 등을 통하여 헌법재판소에 법률의 위헌결정을 위한 계기를 부여한 당해 사건, (ⅱ) 위헌결정이 있기 전에 이와 동종의 위헌 여부에 관하여 헌법재판소에 위헌제청을 하였거나 법원에 위헌제청 신청을 한 경우의 당해

사건, (iii) 따로 위헌제청 신청을 하지 아니하였지만 당해 법률 또는 법률의 조항이 재판의 전제가 되어 법원에 계속 중인 사건, (iv) 당사자의 권리구제를 위한 구체적 타당성의 요청이 현저하지만 소급효를 인정하여도 법적 안정성을 침해할 우려가 없고 나아가 구법에 의하여 형성된 기득권자의 이득이 침해될 사안이 아닌 경우로서 소급효의 부인이 오히려 정의와 형평 등 헌법적 이념에 심히 배치되는 때에 예외적으로 소급효를 인정한다(헌재 1993. 5. 13. 92헌가10등; 헌재 2000. 8. 31. 2000헌바6). 대법원은 (i) 헌법재판소 위헌결정의 효력은 위헌제청을 한 당해 사건, (ii) 위헌결정이 있기 전에 이와 동종의 위헌 여부에 관하여 헌법재판소에 위헌여부심판 제청을 하였거나 법원에 위헌여부심판 제청 신청을 한 경우의 당해 사건과 (iii) 따로 위헌제청 신청은 아니 하였지만 당해 법률 또는 법률의 조항이 재판의 전제가 되어 법원에 계속 중인 사건뿐 아니라(대법원 1991. 6. 11. 선고 90다5450 판결 참조) (iv) 위헌결정 이후에 위와 같은 이유로 제소된 일반사건에도 미친다고 할 것이나(대법원 1993. 1. 15. 선고 92다12377 판결 등), 그 미치는 범위가 무한정일 수는 없고 법원이 위헌으로 결정된 법률 또는 법률의 조항을 적용하지는 않더라도 다른 법리에 의하여 그 소급효를 제한하는 것까지 부정되는 것은 아니라 할 것이며, 법적 안정성의 유지나 당사자의 신뢰보호를 위하여 불가피한 경우에 위헌결정의 소급효를 제한하는 것은 오히려 법치주의의 원칙상 요청되는 것이라고 한다(대법원 1994. 10. 25. 선고 93다42740 판결).

③ 효력상실설은 위헌으로 결정된 법률이나 법률조항은 무효이거나 폐지된다고 볼 수 없고 조항의 문언대로 단지 그 효력을 상실하며 법전에서 제거되지 않는다고 한다. 즉 법률의 껍데기, 즉 형식적 외관은 여전히 존재하고 단지 법률의 알맹이인 효력만 사라진다고 한다. 이러한 형식적 외관을 제거할 수 있는 것은 입법자인 국회뿐이다. 실무에서도

위헌으로 결정된 법률은 법전에서 제거되지 않는다.

5. 위헌법률에 근거한 행정처분의 효력

(1) 위헌결정에 따른 위헌법률의 효력 상실과 그 위헌법률에 근거한 행정처분의 효력

헌법재판소는 판례나 통설은 행정처분이 당연무효인지는 그 행정처분의 하자가 중대하고 명백한지에 따라 결정된다고 보는데, 행정처분의 근거가 되는 법규범이 상위법규범에 위반되어 무효인지는 그것이 헌법재판소나 대법원이 유권적으로 확정하기 전에는 누구에게도 명백한 것이라고 할 수 없어서 원칙적으로 당연무효사유에는 해당할 수 없다고 한다.

그러나 헌법재판소는 행정처분 자체의 효력이 제소기간이 지나고 나서도 존속 중인 때, 특히 그 처분이 위헌법률에 근거하여 내려진 것이고 그 행정처분의 목적을 달성하려면 후행 행정처분이 필요한데 후행 행정처분은 아직 이루어지지 않은 때, 그 행정처분을 무효로 하더라도 법적 안정성을 크게 해치지 않지만, 그 하자가 중대하여 그 구제가 필요하면 그 예외를 인정하여 이를 당연무효사유로 보아서 제소기간이 지나고 나서도 무효 확인을 구할 수 있는 것이라고 보아야 할 것이라고 한다(헌재 1994. 6. 30. 92헌바23; 헌재 2001. 9. 27. 2001헌바38).

대법원은 법률에 근거하여 행정처분이 내려지고 나서 그 행정처분의 근거가 된 법률을 헌법재판소가 위헌으로 결정하였다면, 결과적으로 행정처분은 법률의 근거가 없이 내려진 것과 마찬가지가 되어 하자 있는 것이 되나, 하자 있는 행정처분이 당연무효가 되려면 하자가 중대할 뿐 아니라 명백한 것이어야 하는데, 일반적으로 법률이 헌법에 위반된다는 사정은 헌법재판소가 위헌결정을 내리기 전에는 객관적으로 명백한 것이라고는 할 수 없어서, 헌법재판소의 위헌결정 전에 행정처분의 근거가 되는 해당 법률이 헌법에 위반된다는 사유는 특별한 사정이 없으면 그 행정처분 취소를 구하는 소의 전제가 될 수 있을 뿐이고 당연무효사유는 아니라고 보는 것이 타당하다고 한다. 만일 이와는 달리 위헌인 법률에 근거한 행정처분이 일반적으로 당연무효라고 한다면 이것은 법적 안정성을 크게 위협하는 결과를 초래하여서 법치국가원리에 비추어 보더라도 부당하다고 하지 않을 수 없다고 한다(대법원 1994. 10. 28. 선고 92누9463 판결).

(2) 위헌법률에 근거한 행정처분과 재판의 전제성

헌법재판소는 행정처분의 근거법률이 헌법에 위반된다는 사정은 헌법재판소의 위헌결정이 있기 전에는 객관적으로 명백한 것이라고 할 수는 없으므로, 특별한 사정이 없으면 그러한 하자는 행정처분의 취소사유에 해당할 뿐이지 당연무효사유는 아니라고 전제하고 나서, 제소기간이 지난 뒤에는 행정처분의 근거법률이 위헌임을 이유로 무효 확인의 소 등을 제기하더라도 행정처분의 효력에는 영향이 없음이 원칙이므로, 행정처분의 근거가 된 법률조항의 위헌 여부에 따라 해당 행정처분의 무효 확인을 구하는 해당 사건 재판의 주문이 달라지거나 재판의 내용과 효력에 관한 법률적 의미가 달라지는 것은 아니라서 재판의 전제성이 인정되지 아니한다고 하였다(헌재 2001. 9. 27. 2001헌바38). 다만, 헌법재판소는 행정처분의 근거가 된 법률을 통해서 침해되는 기본권이 중요하고 그 법률에 대한 헌법적 해명이 긴요히 필요하면 근거법률에 대한 위헌결정이 행정처분의 효력에 영향을 미칠 여지가 없는 때도 헌법질서의 수호자로서 사명을 다하기 위하여 예외적으로 본안 판단에 나아갈 수 있다고 하였다(헌재 2014. 1. 28. 2010헌바251).

대법원은 위헌인 법률에 근거한 행정처분이 당연무효인지는 위헌결정의 소급효와는 별개의 문제로서, 위헌결정의 소급효가 인정된다고 하여 위헌인 법률에 근거한 행정처분이 당연무효가 된다고는 할 수 없고, 오히려 이미 취소의 소 제기기간이 지나서 확정력이 발생한 행정처분에는 위헌결정의 소급효가 미치지 않는다고 보아야 할 것이므로, 어느 행정처분에 대해서 그 행정처분의 근거가 된 법률이 위헌이라는 이유로 무효확인청구의 소가 제기되면 다른 특별한 사정이 없으면 법원으로서는 그 법률이 위헌인지에 관해서는 판단할 필요 없이 위 무효 확인 청구를 기각하여야 할 것이라고 하였다(대법원 1994. 10. 28. 선고 92누 9463 판결).

제2장 직접적 기본권보호수단

제1절 구체적 규범통제

Ⅰ. 구체적 규범통제의 의의

규범통제는 법규범이 상위법규범에 위반되는지를 심사하여 상위법규범에 어긋나는 하위법규범 적용을 배제하는 것을 말한다. 규범통제는 다양한 규범서열을 전제한다. 즉 효력을 기준으로 법규범을 여러 단계로 나누어 서열화하는 법단계설이 인정될 때만 규범통제를 할 수 있다. 규범통제가 심판 대상인지에 따라 본원적(주위적) 규범통제와 부수적 규범통제로 나눈다. 본원적(주위적) 규범통제는 법규범의 상위법규범 위반 여부를 심판 대상으로 삼는다. 부수적 규범통제는 구체적 사건 해결과 관련하여 재판의 전제가 되는 법규범의 상위법규범 위반 여부를 심사하는 것이다. 규범통제의 시기와 계기에 따라 예방적 규범통제(사전적 위헌심사) 그리고 추상적 규범통제와 구체적 규범통제로 나눈다. 예방적 규범통제(사전적 위헌심사)는 법규범이 공포·시행되기 전에 법규범안이 상위법규범에 위반되는지를 심사하여 상위법규범에 위반되는 법규범안의 입법화를 막는 제도를 말한다. 추상적 규범통제는 법규범이 공포·시행되고 나서 법규범이 적용되는 구체적 사건이 없어도 그 법규범이 상위법규범에 위반되는지에 관한 의문이나 다툼이 생기면 그 법규범이 상위법규범에 위반되는지를 심사하는 것을 말한다. 추상적 규범통제에서는 재판의 전제성을 요구하지 않는다. 구체적 규범통제는 법규범이 적용되는 구체적 사건이 있을 때 당사자 신청이나 법원 직권으로 그 법규범이 상위법규범에 위반하는지를 심사하는 것이다. 구체적 규범통제에서는 재판의 전제성을 요구한다.

Ⅱ. 법원 제청에 따른 법률의 위헌여부심판(위헌법률심판)

1. 제청권자

(1) 제청(할 수 있는)법원

위헌여부심판의 제청권자는 해당 사건을 담당하는 법원이다. 대법원뿐 아니라 지방법원의 단독판사이든 군사법원이든 불문하고 어느 하급법원이라도 고유한 권한으로 위헌제청을 할 수 있다. 파기 환송심 법원도 위헌제청할 수 있다(헌재 2016. 2. 25. 2013헌바175등). 법원은 '직권이나 당사자 신청에 따른 결정'으로 위헌제청할 수 있다. 즉 헌법소원심판이 아닌 위헌법률심판은 구체적 사건에서 법률의 위헌 여부가 재판의 전제가 되어 법원 제청이 있는 때만 할 수 있고, 개인의 제소나 심판 청구만으로는 위헌법률심판을 할 수 없다(헌재 1994. 6. 30. 94헌아5).

해당 사건 당사자는 사건을 담당하는 법원에 위헌제청 신청을 할 수 있을 뿐이고, 직접 헌법재판소에 위헌법률심판을 청구할 수는 없다. 해당 사건의 보조참가인도 피참가인의 소송행위와 저촉되지 아니하는 한 모든 소송행위를 할 수 있으므로 헌법재판소법에 따른 위헌제청 신청을 할 수 있는 '당사자'에 해당한다(헌재 2003. 5. 15. 2001헌바98). 위헌여부심판 제청에 관한 결정에 대해서는 그것이 기각결정이든 각하결정이든 항고할 수 없다(헌법재판소법 제41조 제4항). 다만, 헌법재판소법 제68조 제2항에 따른 헌법소원심판을 헌법재판소에 청구할 수 있을 따름이다.

수소법원은 물론 집행법원도 제청권한이 있고, 비송사건 담당법관도 재판사건과 마찬가지로 제청권이 있다. 그리고 민사조정위원회(민사조정법 제8조 이하)와 가사조정위원회(가사소송법 제49조 이하)는 사법적 분쟁해결절차의 한 종류로서 법관이 아닌 조정위원이 참여하기는 하나 법관이 주도하는 이상 법원의 성격을 잃지 않으므로, 제청권이 있는 법원으로 보아야 한다는 주장이 있을 수 있다. 그러나 헌법 제107조 제3항과 행정심판법 등에 근거를 두고 설치되어 행정심판을 담당하는 각종 행정심판기관은 제청권이 있는 법원이라고 볼 수 없다. 그렇지만 헌법상 특별법원으로 예외적으로 인정된(헌법 제110조 제1항) 군사법원에는 제청권이 있다(헌법재판소법 제41조 제1항). 헌법재판소는 제청권이 있는 법원이 아니다.

제청권자인 법원은 사법행정상 관청인 법원이 아니라 개개의 소송사건에 관해서 재판권을 행사하는 재판기관인 법원을 말한다. 따라서 단독판사 관할사건에서 해당 소송의 담당법관 개인이 여기서 말하는 '법원'으로서 제청권이 있고, 합의부 관할사건에서는 합의부가 원칙적으로 제청권 있는 '법원'이지만 예외적으로 소송법상 문제의 재판을 단독으로 할 수 있으면 그 재판할 권한이 있는 법관 개인도 '법원'에 해당한다.

(2) 법률의 위헌성에 대한 의심 정도

법원은 재판에 적용할 법률의 위헌 여부에 관한 심사권이 있고, 그 법률에 위헌 의심이 있으면 스스로 위헌 여부를 판단하는 대신에 헌법 재판소에 위헌제청을 하여 그 판단에 따라 재판을 하여야 한다. 헌법 제107조 제1항과 헌법재판소법 제41조, 제43조 등의 각 규정 취지에 비추어 법원은 문제가 되는 법률조항이 담당법관 자신의 법적 견해에 따라서 단순한 의심을 넘어선 합리적인 위헌 의심이 있으면 위헌여부심판을 제청하여야 한다(헌재 1993. 12. 23. 93헌가2). 따라서 제청법원은 제청결정에서 오로지 위헌 의심만을 진술하는 것으로는 부족하고, 법률이 위헌이라는 합리적인 의심을 헌법재판소에 설득력 있게 논증하여야 한다. 그렇지 않으면 위헌제청은 부적법한 것으로 각하될 수 있다.

(3) 직권에 따른 위헌법률심판 가능성

헌법재판소법은 헌법소원심판절차에 관한 제75조 제5항에서 공권력의 행사나 불행사가 위헌인 법률이나 법률조항에 기인한 것이라고 인정되면 인용결정에서 해당 법률이나 법률조항이 위헌임을 선고할 수 있도록 규정한다. 이것을 부수적 위헌선언이라고 한다. 그 취지는 구체적인 공권력의 행사나 불행사와 관련한 헌법문제의 일관적 해명, 반복되는 기본권 침해 사전 예방, 소송경제의 관점을 고려한 것이다.

부수적 위헌선언과 다른 심판절차에서 전제문제로서 법률의 위헌 여부를 판단하는 것은 서로 구조적인 차이는 있지만, 모두 헌법적 분쟁의 일괄적 해결과 사전예방적인 기본권 보장, 소송경제 측면에서 심판 대상 외의 관련 법률이나 법률조항의 위헌 여부를 심리·판단한다는 점에서 그 본질이 같다. 이러한 관계를 고려할 때 헌법재판소가 심판사건을 심리하면서 관련 법률이나 법률조항의 위헌 여부가 선결문제가 되면, 헌법과 법률에 따라서 헌법재판소에 부여된 심판권한을 제대로 수행하기 위해서 불가피하게 그 법률이나 법률조항의 위헌 여부를 판단할 수밖에 없다. 그렇게 하지 않으면 사법작용으로서 헌법재판소 판단이 헌법적 분쟁을 해결하는 데 무용할 뿐 아니라 선결문제인 법률이나 법률조항의 위헌성 판단을 도외시함으로써 사건의 본질을 왜곡할 수도 있고, 이 문제를 법원 등 다른 국가기관에 맡기면 헌법 제107조 제1항에 어긋나는 결과를 초래할 수도 있기 때문이다(헌재 1995. 7. 21. 95헌마8 등; 헌재 2008. 1. 17. 2007헌마700; 헌재 2008. 5. 29. 2005헌라3).

2. 제청절차

일반 법원에서 재판 계속 중 해당 사건에 적용된 특정한 법률이나 법률조항이 헌법에 위반된다고 주장하는 당사자는 해당 사건을 담당하는 법원에 위헌제청을 신청할 수 있다. 제청 신청 주체는 해당 사건의 당사자이지만, 보조참가인도 피참가인의 소송행위와 저촉되지 않는 한 모든 소송행위를 할 수 있으므로 제청 신청의 당사자에 해당한다(헌재 2003. 5. 15. 2001헌바98). 당사자의 신청은 ① 사건 및 당사자의 표시, ② 위헌이라고 해석되는 법률이나 법률조항, ③ 위헌이라고 해석되는 이유(헌법재판소법 제43조 제2호부터 제4호)를 적은 서면으로 한다(헌법재판소법 제41조 제2항). 그러나 위헌제청신청서에는 인지를 첨부하지 않는다('위헌법률심판제청사건의 처리에 관한 예규' 제3조). 제청신청서가 헌법재판소법 제41조 제2항에 따른 기재사항을 제대로 적지 않으면 재판장은 상당한 기간을 정하고, 그 기간 안에 흠을 보정하도록 명령하여야 한다. 재판장은 법원사무관 등이 이러한 보정명령을 하게 할 수 있다(헌법재판소법 제41조 제3항, 민사소송법 제254조 제1항). 이러한 보정기간은 재정기간으로 법정기간 가운데 기간을 늘이거나 줄일 수 없는 불변기간(민사소송법 제172조 제1항)이 아니다(대법원 1978. 9. 5.자 78마233 결정). 따라서 당사자는 보정기간 안에 보정이 어려우면 그 연장신청을 할 수 있다. 이에 대한 허락 여부는 재판장의 재량에 속한다(대법원 1969. 12. 19.자 69마500 결정).

당사자가 제청신청서를 보정하면 제청신청서를 제출한 때로 소급하여 적법하게 제청신청서를 제출한 것으로 취급한다. 당사자가 보정기간 안에 흠을 보정하지 않으면 재판장은 명령으로 제청신청서를 각하하여야 한다(헌법재판소법 제41조 제3항, 민사소송법 제254조 제2항). 제청신청서 각하명령은 제청신청서를 수리할 수 없다고 반환하는 취지이므로, 제청신청서를 접수하고 나서 제청 신청이 부적법하다고 각하하는 판결과는 다르다. 이러한 제청신청서각하명령에 대해서는 즉시항고를 할 수 있다(헌법재판소법 제41조 제3항, 민사소송법 제254조 제3항). 재판장은 소장을 심사하면서 필요하다고 인정하면 당사자에게 제청을 신청하는 이유에 대응하는 증거방법을 구체적으로 적어 내도록 명령할 수 있고, 당사자가 제청신청서에 인용한 서증의 등본이나 사본을 붙이지 않으면 이를 제출하도록 명령할 수 있다(헌법재판소법 제41조 제3항, 민사소송법 제254조 제4항). 제청 신청에 대응하는 증거방법 기재·제출과 제청신청서에 인용한 서증 등본이나 사본 제출명령에 불응하여도 소장 전체가 부적법하다고 보기 어렵다. 따라서 이를 이유로 소장을 각하할 수는 없다.

모든 법원이 직접 독자적인 결정으로 위헌여부심판을 제청할 고유권한이 있다. 헌법 제111조 제1항 제1호와 제107조 제1항, 헌법재판소법 제41조와 제45조를 따르면 대법원과 각급 법원은 법률의 합헌성·위헌성의 심사권을 가지고 재판하지만, 그 법률에 대해서 합헌이나 위헌이라고 규범적 효력을 확정하는 합헌성 여부에 대한 최종적인 결정권은 헌법재판소의 배타적 전속권한이다. 대법원 이외의 법원이 위헌제청결정을 하면 대법원을 거쳐야 한다(헌법재판소법 제41조 제5항). 그러므로 해당 법원은 위헌제청결정서 정본을 법원행정처장에게 법원장이나 지원장 명의로 송부하게 된다('위헌법률심판제청사건의 처리에 관한 예규' 제8조). 이때 대법원은 각급 법원의 위헌법률심판 제청을 심사할 권한이 없다. 위헌제청 신청을 기각하는 결정에 관해서는 항고나 재항고를 할 수 없다(헌법재판소법 제41조 제4항). 그뿐 아니라 재판의 전제가 되는 어떤 법률이 위헌인지는 재판을 담당한 법원이 직권으로 심리하여야 한다.

위헌법률심판 제청이 있으면 법무부 장관과 해당 소송사건 당사자에게 그 제청서 등본을 송달한다(헌법재판소법 제27조 제2항). 해당 소송사건의 당사자, 참가인 및 법무부 장관은 헌법재판소에 법률이나 법률조항의 위헌 여부에 대한 의견서를 제출할 수 있다(헌법재판소법 제44조, '헌법재판소 심판 규칙' 제56조). 재판부는 결정으로 다른 국가기관이나 공공단체의 기관에 심판에 필요한 사실을 조회하거나 기록 송부나 자료 제출을 요구할 수 있다(헌법재판소법 제32조 본문). 그리고 제청법원은 위헌법률심판을 제청한 후에도 심판에 필요한 자료 등을 헌법재판소에 제출할 수 있다('헌법재판소 심판 규칙' 제55조).

법원이 위헌제청결정을 하고 나서 헌법재판소가 다른 사건에서 해당 법률을 위헌이라고 결정하거나 그 법률이 폐지되거나 당사자의 소송 종료를 초래하는 행위(소·항소·상고 등의 취하, 화해, 청구 포기, 인낙 등)가 있거나 소송수계가 불가능한 사건에서 당사자가 사망하는 것 등의 사유로 위헌제청 사유가 소멸하면 위헌제청법원은 위헌제청결정을 취소하고 그 취소결정 정본을 헌법재판소에 송부함으로써 위헌여부심판 제청을 철회한다('위헌법률심판제청사건의 처리에 관한 예규' 제7조 제4항). 이러한 위헌제청 철회에 대해서 헌법재판소는 예외적으로 헌법적 해명을 위해서 본안 판단을 하는 때가 아닌 한 별다른 절차 없이 위헌법률심판절차가 종료된 것으로 처리한다. 그러나 이러한 제한적인 사유에 해당하지 않는 한 위헌 여부에 관한 견해 변경 등으로 법원이 임의로 제청 신청을 철회하는 것은 허용되지 않는다. 철회 사유가 있는데도 법원이 제청을 철회하지 않으면 헌법재판소는 재판의 전제성 소멸을 이유로 그 위헌제청을 각하한다(헌재 1989. 4. 17. 88헌가4). 다만, 예외적으로 해당 법률의 위헌 여부에 대한 헌법적 해명이 필요하면 헌법재판소는 심리를 진행하여 본안 판단을 할 수 있다.

3. 제청대상: '법률'

① 국회에서 제정한 (형식적) '법률': 원칙적으로 국회가 헌법과 법률이 정한 입법절차에 따라 의결을 거쳐 제정한 이른바 '형식적 (의미의) 법률'만 법원의 위헌제청 대상이 될 수 있는 법률에 해당한다(헌재 1996. 6. 13. 94헌바20). 그리고 여기서 법률은 대한민국 국회가 제정한

법률만을 말한다. 위헌법률심판은 최고규범인 헌법 해석을 통해서 헌법에 어긋나는 법률의 효력을 상실시키는 것이므로, 특별한 사정이 없는 한 현재 시행 중이거나 과거에 시행되었던 것이어야 하고 제청 당시에 공포는 되었으나 시행되지 않은 법률은 위헌여부심판의 대상법률에서 제외된다(헌재 1997. 9. 25. 97헌가4). 위헌제청 대상이 될 수 있는 법률은 헌법재판소가 위헌법률심판을 할 때 '유효한 법률'이어야 함이 원칙이다. 그러므로 헌법재판소에서 이미 위헌결정이 선고된 법률조항에 대한 위헌법률심판은 부적법하다(헌재 1989. 9. 29. 89헌가86). 그러나 헌법재판소가 위헌으로 선언한 법률과 같거나 비슷한 내용을 담은 새로운 법률을 국회가 제정하면, 새로운 법률은 위헌으로 선언된 법률과 형식상 다른 법률이므로 위헌법률심판 대상이 된다. 헌법재판소가 위헌으로 선언한 법률로 개정하기 이전 법률도 형식상 다른 법률이므로 위헌법률심판 대상이 된다.

② 입법부작위: 위헌법률심판제도는 국회가 제정한 법률이 헌법에 위반되는지를 심사하는 것이므로 국회의 입법부작위는 위헌여부심판 제청 대상이 될 수 없다. 다만, 법률이 불완전·불충분하게 제정된 이른바 '부진정입법부작위'는 입법부작위로 다룰 것이 아니라 불완전한 법률조항 자체를 대상으로 위헌여부심판을 제청하여야 한다(헌재 1996. 3. 28. 93헌바27).

③ 위헌제청 당시 없었던 신법의 경과규정: 위헌제청 당시 없었던 신법의 경과규정에 대해서도 그에 대한 단순위헌결정이나 헌법불합치결정과 그에 따른 법률 개선으로 권리구제가 가능하다고 하면서, 이러한 경과규정도 위헌여부심판을 해주는 것이 법질서의 정합성과 소송경제 측면에서도 바람직하므로 이를 심판대상에 포함한 판례도 있다(헌재 2000. 8. 31. 97헌가12).

④ 법률대위명령: 법률대위명령은 법률의 효력이 있는 법규범이므로

실질적 법률이고, 위헌법률심판 대상이 된다. 1972년 헌법에 근거한 대통령 긴급조치의 위헌 여부와 관련하여 대법원은 헌법재판소의 위헌심사 대상이 되는 '법률'은 '국회의 의결을 거친 이른바 형식적 의미의 법률'을 뜻하고, 위헌심사 대상이 되는 규범이 형식적 의미의 법률이 아니면 그러한 효력이 있는데 국회의 승인이나 동의가 필요한 것 등 국회의 입법권 행사라고 평가할 실질을 갖추어야 하는데, 긴급조치는 사전적으로는 물론 사후적으로도 그 효력을 발생하거나 유지하는 데 국회의 동의나 승인 등을 얻지 않으므로, 긴급조치는 국회의 입법권 행사라는 실질이 전혀 없는 것으로서 헌법재판소의 위헌법률심판 대상이 되는 '법률'에 해당하지 않고, 긴급조치의 위헌 여부에 대한 심사권은 최종적으로 대법원에 속한다고 하면서 긴급조치 제1호가 헌법에 위배되어 무효라고 하였다(대법원 2010. 12. 16. 선고 2010도5986 전원합의체 판결). 그러나 헌법재판소는 헌법 제107조 제1항과 제2항은 법원의 재판에 적용되는 규범의 위헌 여부를 심사할 때, '법률'의 위헌 여부는 헌법재판소가, 법률의 하위 규범인 '명령·규칙 또는 처분' 등의 위헌이나 위법 여부는 대법원이 그 심사권한을 갖는 것으로 권한을 분배하는데, 이 조항에 규정된 '법률'인지는 그 제정 형식이나 명칭이 아니라 규범의 효력을 기준으로 판단하여야 하고, '법률'에는 국회 의결을 거친 이른바 형식적 의미의 법률은 물론이고 그 밖에 조약 등 '형식적 의미의 법률과 동일한 효력'이 있는 규범들도 모두 포함되므로, 최소한 법률과 같은 효력이 있는 긴급조치의 위헌 여부 심사권한도 헌법재판소에 전속한다고 하면서, 대통령긴급조치 제1호와 제2호 그리고 '국가안전과 공공질서의 수호를 위한 대통령긴급조치'는 위헌이라고 선언하였다(헌재 2013. 3. 21. 2010헌바132등).

⑤ 조약과 일반적으로 승인된 국제법규: 조약도 국내법적 효력이 있는 이상 그 위헌성에 관한 사법심사는 가능하다고 보아야 한다(헌재

2013. 3. 21. 2010헌바132등). 즉 헌법은 조약에 대해서 우월적 효력이 있고, 조약은 헌법에 따라서 체결·공포되므로, 조약이 헌법에 합치하는지가 의심스러우면 사법심사 대상이 된다고 보아야 한다(헌재 1995. 12. 28. 95헌바3). 일반적으로 승인된 국제법규도 국내법적 효력이 있으므로 다른 국내법과 마찬가지로 그 위헌성에 대한 사법심사도 가능하다고 보아야 한다(헌재 2013. 3. 21. 2010헌바132등).

⑥ 관습법: 법률의 규범시열이 있는 관습법이 당사자의 기본권을 직접 그리고 현재 침해하여 헌법소원이 허용되면 헌법재판소가 그에 대한 위헌 여부를 심사할 수 있다. 헌법재판소도 위헌법률심판 대상인 '법률'은 국회 의결을 거친 이른바 형식적 의미의 법률뿐 아니라 법률과 같은 효력이 있는 조약 등도 포함되는데, 법률과 동일한 효력이 있는 조약 등을 위헌법률심판 대상으로 삼음으로써 헌법을 최고규범으로 하는 법질서의 통일성과 법적 안정성을 확보할 수 있을 뿐 아니라, 합헌적인 법률에 따른 재판을 가능하게 하여 궁극적으로는 국민의 기본권 보장에 이바지할 수 있다고 하면서, 법률과 같은 효력이 있는 관습법도 당연히 헌법소원심판 대상이 되고, 단지 형식적인 의미의 법률이 아니라는 이유로 그 예외가 될 수는 없다고 하였다(헌재 2013. 2. 28. 2009헌바129). 그러나 대법원은 헌법 제111조 제1항 제1호와 헌법재판소법 제41조 제1항에서 규정하는 위헌심사 대상이 되는 법률은 국회 의결을 거친 이른바 형식적 의미의 법률을 의미하고, 민사에 관한 관습법은 법원이 발견하고 성문 법률에 반하지 아니하는 때만 보충적인 법원이 되는 것에 불과하여(민법 제1조) 관습법이 헌법에 위반되면 법원이 그 관습법의 효력을 부인할 수 있으므로, 결국 관습법은 헌법재판소의 위헌법률심판 대상이 아니라고 하면서, 관습법에 대한 위헌제청 신청이 부적법하다고 각하하였다(대법원 2009. 5. 28.자 2007카기134 결정).

⑦ 헌법(규정): 헌법재판소는 "헌법 제111조 제1항 제1호, 제5호 및

헌법재판소법 제41조 제1항, 제68조 제2항은 위헌심사의 대상이 되는 규범을 '법률'로 명시하며, 여기서 '법률'이라 함은 국회의 의결을 거쳐 제정된 이른바 형식적 의미의 법률을 의미한다. 따라서 위와 같은 형식적 의미의 법률과 같은 효력을 갖는 조약 등이 위헌심사의 대상이 포함되는 것은 별론으로 하고 헌법의 개별규정 자체가 위헌심사의 대상이 될 수 없음은 위 각 규정의 문언에 의하여 명백하다."라고 한다(헌재 1996. 6. 13. 94헌바20).

⑧ 법규명령: (ⅰ) 법규명령만을 심판 대상으로 위헌법률심판을 제청하면 법규명령은 법률이 아니므로 헌법재판소는 부적법 각하결정을 내려야 한다(헌재 1996. 10. 4. 96헌가6). 법규명령이 헌법에 위반되는지가 재판의 전제가 되면 대법원이 최종적으로 심사할 권한이 있으므로(헌법 제107조 제2항), 법원 스스로 이것을 판단할 수 있다. (ⅱ) 법률과 시행령·규칙 등이 결합하여 전체로서 하나의 완결된 법적 효력을 발휘하면 법률 위임에 따른 시행령·규칙 등 하위법규범이 부수적으로 법률 내용을 판단하는 자료가 될 수 있다(헌재 1992. 6. 26. 90헌가23). 이때 법률과 하위법규범을 따로 심사하면 법률에 대해서는 위임의 형식과 내용을, 하위법규범에 대해서는 위임 범위 준수 여부를 각각 심사하게 되어 규율내용 전체의 의미 있는 판단이 어려울 수 있기 때문이다.

⑨ 조례: 헌법 제117조 제1항은 지방자치단체는 "법령의 범위 안에서 자치에 관한 규정을 제정할 수 있다."라고 규정하여, 법률과 조례는 성질과 효력에서 구별될 뿐 아니라 조례는 상위의 법률과 명령에 구속되어 법률과 동위의 성격이 없다. 따라서 지방의회가 제정한 조례는 위헌법률심판 대상이 될 수 없다(헌재 1998. 10. 15. 96헌바77).

⑩ 폐지된 법률(실효된 법률 포함): 폐지되어 이미 효력을 상실한 법률에 대해서 헌법재판소가 위헌결정을 통하여 다시 효력을 상실시킬 실익이 없다. 위헌으로 결정된 법률이나 법률조항은 그 결정이 있는 날부

터 효력을 상실한다(헌법재판소법 제47조 제2항). 따라서 이러한 법률이나 법률조항은 위헌법률심판 대상이 될 수 없다(헌재 1989. 9. 29. 89헌가86). 법률이 폐지되어도 그 법률 시행 당시에 발생한 구체적 사건에서 국민의 기본권이 침해되고 그 침해상태가 계속되면 (법률의 성질상 더는 적용될 수 없거나 특별한 구제절차 규정이 없는 한) 폐지된 법률에 따라서 재판이 진행될 수밖에 없다. 이때 폐지된 법률의 위헌 여부가 문제로 제기될 수밖에 없고, 그 위헌여부심판은 헌법재판소가 할 수밖에 없다. 만약 이것을 거부하거나 회피하면 구체적 사건에 대한 법적 분쟁을 해결하여야 하는 법원으로서는 법률에 대한 위헌결정권이 없다는 것을 이유로 위헌문제가 제기된 법률을 그대로 적용할 수밖에 없는 불합리한 결과가 생긴다(헌재 1989. 12. 18. 89헌마32).

⑪ 공포되고 나서 시행된 적 없이 폐지된 법률: 위헌인 법률의 효력을 상실시키는 위헌법률심판 제도의 기능 속성상 법률의 위헌여부심판의 제청대상 법률은 특별한 사정이 없는 한 현재 시행중이거나 과거에 시행되었던 것이어야 한다. 따라서 제청 당시에 공포는 되었으나 시행되지 않았고 결정 당시에는 이미 폐지되어 효력이 상실된 법률은 위헌여부심판의 대상법률에서 제외된다(헌재 1997. 9. 25. 97헌가4).

⑫ 1948년 헌법 이전의 법령: 1948년 헌법이 제정되기 전에도 미국군정청이 발한 법령과 대일항쟁기(이른바 일본강점기) 조선총독이 발한 법령처럼 시행되던 법령이 있었다. 이러한 법령들은 대한민국이 제정한 것이 아닐뿐더러 절차적·형식적으로 법률로 보기 어려운 때가 잦다. 그러나 이러한 법령들도 1948년 헌법 시행 후에는 "현행법령은 이 헌법에 저촉되지 아니하는 한 효력을 가진다."라고 규정한 1948년 헌법 제100조에 따라서 대한민국 법령으로서 효력이 부여되었다. 이러한 법령들이 위헌법률심판 대상이 되는지가 문제 된다. 이러한 법령이 법률과 같은 기능을 수행하는 한 위헌법률심판 대상으로 인정하여야 할 것이

다. 헌법재판소는 당시 과도기적 상황에서 법체계가 정비되지 않았던 점을 고려하여 형식과 명칭보다는 입법사항을 규정하면 위헌법률심판 대상이 된다고 하였다(헌재 2001. 4. 26. 98헌바79등).

4. 제청요건(적법요건)

제청요건은 청구가 적법한 취급을 받으려면 갖추어야 하는 소송요건을 말한다. 제청요건이 흠결되면 부적법 각하하여야 하고, 본안심리 중에 흠결이 드러나면 심리를 중단하고 부적법 각하하여야 한다.

(1) 재판의 전제성

재판의 전제성은 원칙적으로 ① 구체적인 사건이 법원에 계속 중이어야 하고, ② 위헌 여부가 문제 되는 법률이 해당 소송사건 재판에 적용되는 것이어야 하며, ③ 그 법률이 헌법에 위반되는지에 따라 해당 사건을 담당하는 법원이 다른 내용의 재판을 하게 되는 때를 말한다(헌재 1993. 12. 23. 93헌가2).

① 사건의 법원계속성: 구체적인 사건이 법원에 계속 중일 것

'구체적인 사건이 계속 중이어야' 한다는 것은 헌법재판소법 제41조 소정의 위헌법률심판제청사건에서 위헌제청결정 당시는 물론이고 헌법재판소가 결정을 내릴 때까지 구체적 사건이 법원에 계속 중이어야 한다는 뜻이다. 해당 사건이 법원에 원칙적으로 '적법'하게 계속되어야 한다. 그러므로 해당 사건이 부적법한 것이어서 법률의 위헌 여부를 따져 볼 필요조차 없이 각하를 면할 수 없으면 위헌여부심판 제청 신청을 적법요건인 '재판의 전제성' 흠결을 이유로 각하하여야 한다(헌재 1992. 8. 19. 92헌바36). 해당 소송사건이 법원에 일단 적법하게 계속되었더라도 위헌제청 이후 헌법재판소 심리기간 중의 사후적인 사정변경, 예를 들어 해당 사건이 소 취하(취하 간주 포함)로 말미암아 종료되면(민사소송

법 제267조 제1항 참조) 재판의 전제성이 인정되지 않는다.

② 법률의 사건관련성: 위헌 여부가 문제 되는 법률이 해당 소송사건
의 재판에 적용될 것

어떤 법률 규정이 위헌 의심이 있더라도 그것이 해당 사건에 적용될
것이 아니라면, 재판의 전제성 요건은 충족되지 않는다(헌재 1995. 7.
21. 93헌바46). 해당 사건에 적용된다는 것은 법률이 해당 사건을 해결
하는 기준이 된다는 것으로 법률이 해당 사건을 직접 규율대상으로 하
는 때는 물론 해당 사건을 직접 규율대상으로 하지 않아도 유추를 통해
서 규율하는 때도 포함한다. 형사소송법은 재심 절차를 재심 청구에 대
한 심판과 본안사건에 대한 심판으로 구분한다. 따라서 해당 재심사건
에서 아직 재심 개시 결정이 확정되지 않았을 때 위헌법률심판 제청이
적법하려면 심판 대상 법률조항의 위헌 여부가 본안사건에 대한 심판에
앞서 재심 청구에 대한 심판의 전제가 되어야 한다(헌재 1993. 11. 25.
92헌바39).

심판 대상이 되는 법률은 법원의 해당 사건에 직접 적용되는 법률인
때가 대부분이겠지만, 해당 재판에 적용되는 법률이라면 반드시 직접
적용되는 법률이어야 하는 것은 아니고, 양 규범 사이에 내적 관련이
있으면 간접 적용되는 법률 규정에 대해서도 재판의 전제성이 인정될
수 있다(헌재 2000. 1. 27. 99헌바23). 재판에 직접 적용되는 시행령 위헌
여부가 위임규정 위헌 여부에 달렸다면 위임규정을 심판 대상으로 삼는
때도 여기에 포함할 수 있다(헌재 1994. 6. 30. 92헌가18). 그리고 해당
법률 규정의 해석기준이 되거나 해석방향을 지시하는 때도 여기에 포함
할 수 있다.

③ 심판 필요성: 그 법률이 헌법에 위반되는지에 따라 해당 사건을

담당하는 법원이 다른 내용의 재판을 하게 되는 때일 것

다른 내용의 재판을 하게 되는 때는 원칙적으로 법원이 심리 중인 해당 사건 재판의 결론이나 주문에 어떤 영향을 주는 때뿐 아니라 문제가 된 법률의 위헌 여부가 비록 재판 주문 자체에는 아무런 영향을 주지 않더라도 재판의 결론을 이끌어 내는 이유를 달리하는 데 관련되거나 재판의 내용과 효력에 관한 법률적 의미가 달라지는 때도 포함된다(헌재 1993. 12. 23. 93헌가2). 그러나 최근에 헌법재판소는 법률의 위헌 여부가 재판의 전제가 된다고 하려면, 그 법률이 법원의 재판에 적용되고, 그 위헌 여부에 따라 해당 사건 재판의 주문이 달라지거나 재판의 내용과 효력에 관한 법률적 의미가 달라져야 한다고 하여(헌재 2016. 3. 31. 2013헌바190) '재판의 결론을 이끌어 내는 이유를 달리하는 데 관련되거나'를 언급하지 않는다.

④ 평등원칙 위반과 재판의 전제성

해당 소송의 원고를 평등원칙에 어긋나게 특정한 급부 수혜대상에서 제외하는 법률 규정에서는 그 법률 규정이 합헌으로 선언되는 때뿐 아니라 그 법률 규정이 위헌이나 헌법불합치로 선언되는 때도 해당 소송의 원고는 아무것도 요구할 수 없다. 이처럼 법률 규정이 평등원칙에 위반된다는 의심이 있으면 재판의 전제성이 있다고 볼 수 있는지에 관해서 헌법재판소는 처음에 재판의 전제성이 없다고 하기도 하였다. 즉 '1980년 해직공무원의 보상 등에 관한 특별조치법' 제2조와 제5조에 대한 헌법소원에서 5명의 재판관이 재판의 전제성을 인정하여 본안 판단을 하였으나(헌재 1993. 5. 13. 90헌바22등), 동 법률에 대한 유사한 유형의 다른 사건에서는 재판관 6명이 재판의 전제성을 부인하여 각하한 바 있다(헌재 1993. 11. 25. 90헌바47등). 그러나 그 후 이러한 유형의 사건에서 평등원칙 위반 의심을 받는 법률에 대해서 재판의 전제성을 인정

한다(헌재 1999. 7. 22. 98헌바14).

수혜적·수익적 법률의 피적용자가 법원에 제소한 사건에서 그 법률이 제소자를 포함한 특정집단에만 적용되는 것은 헌법에 위반된다는 이유로 법원이 직권으로 위헌제청을 할 수 있는지가 문제 된다. 이러한 위헌상태를 제거하는 방법이 다른 집단에 대해서도 그 법률이 적용되도록 개정하는 것밖에 없다면 재판의 전제성은 부정하여야 할 것이다. 하지만 위헌상태를 제거하는 방법으로 제소자를 포함하는 수혜집단에 대해서까지 법률 적용을 배제하는, 즉 해당 법률을 폐지하는 것을 생각할 수 있다면 재판의 전제성은 인정될 수 있다.

⑤ 제청법원 견해 존중

법원의 위헌여부심판 제청에서 위헌 여부가 문제 되는 법률이나 법률조항이 재판의 전제성 요건을 갖추는지는 되도록 이것에 관한 제청법원의 법률적 견해를 존중함이 원칙이다(헌재 1996. 10. 4. 96헌가6). 제청 기초가 되는 법률 해석에서 그 이유가 일부 명시되지 않은 점이 있더라도 먼저 나서서 법률해석을 확정하여 제청법원 판단을 명백히 불합리하여 유지될 수 없는 것이라고 단정하기보다는 제청법원의 제청취지를 존중하여 재판의 전제성을 긍정하여야 할 것이다(헌재 2007. 4. 26. 2004헌가29). 재판의 전제성 요건 판단에는 문제가 되는 법률조항이 해당 사건에 적용되는지, 그 위헌 여부에 따라 담당법원이 다른 내용의 재판을 하게 되는지가 검토되어야 하는데, 이것은 해당 사건에서 법률의 해석·적용 권한이 있는 법원의 1차적 권한이기 때문이다.

헌법재판소는 재판의 전제성에 관한 제청법원의 법률적 견해가 명백히 유지될 수 없으면 이것을 직권으로 조사할 수 있다(헌재 1993. 5. 13. 92헌가10등). 그 결과 전제성이 없다고 판단되면 그 제청을 각하할 수 있다. 재판에 적용되는 법률에 대한 해석·적용의 문제를 넘어 헌법문제가 선결문제가 되는 때나 헌법재판소가 그 판례를 통해서 구체화한 헌법 규정 내용이 해당 사건에서 적용되면 그러한 범위에서 헌법재판소는 제청법원 견해에 구속되지 아니한다. 따라서 헌법재판소는 이 문제들에 관한 제청법원 판단을 전면적으로 심사할 수 있다. 즉 재판의 전제성 유무가 헌법과 헌법재판소법이 정한 헌법소송의 기능·본질 및 효력 등 헌법재판제도에 관한 헌법적 선결문제 해명에 따라 전적으로 좌우되면 헌법재판소는 법원의 법률적 견해에 구애받지 아니하고 법원의 위헌법률심판 제청이 적법한 것인지를 독자적으로 결정한다. 실체법에 관한 것이든 절차법에 관한 것이든 헌법이나 헌법재판제도 문제에 관한 해명은 헌법재판소의 독자적 판단사항이기 때문이다(헌재 1994. 6. 30. 92헌가18).

⑥ '재판'의 의미

재판이란 인적·물적으로 독립한 제3자인 법원이 법률이 정한 절차에 따라 구체적인 분쟁이나 법위반 여부를 법규범을 기준으로 하여 유권적으로 판단하는 작용이다. 따라서 법원이 하는 사법행정은 재판이 아니다. 헌법재판소법 제41조 제1항에서 말하는 '재판'은 원칙적으로 그 형식 여하와 본안에 관한 재판이거나 소송절차에 관한 것인지를 불문한다. 판결과 결정 그리고 명령이 여기에 포함된다. 심급을 종국적으로 종결시키는 종국재판뿐 아니라 중간재판도 이것에 포함된다. 법률이 위헌으로 심판되는지가 법원이 앞으로 진행될 소송절차와 관련한 중요한 문제점을 선행결정하여야 하는지에 관한 판단에 영향을 주는 때도 헌법재판소법 제41조 제1항에서 요구하는 '재판'의 전제성이 있다고 보아야 한다(헌재 1994. 2. 24. 91헌가3).

(i) 체포·구속·압수·수색영장, 구속적부심사 청구, 보석허가에 관한 재판도 여기서 말하는 재판의 개념에 포함한다. (ii) 본안에 관한 재

판뿐 아니라 소송비용이나 가집행에 관해서도 그리고 종국재판이 아니라 중간재판에서도 위헌제청이 가능하다. (iii) 해당 사건이 재심사건일 때 재판의 전제성이 인정되려면, '재심 청구에 관한 심판'에 적용되는 법률조항이거나 재심 사유가 있으면 '본안사건에 관한 재심심판'에 적용되는 법률조항이어야 한다(헌재 1993. 11. 25. 92헌바39). (iv) 형사소송법은 재심 절차를 '재심 청구에 대한 심판'과 '본안사건에 대한 심판'이라는 두 단계 절차로 구별한다. 따라서 확정된 유죄판결에서 처벌 근거가 된 법률조항은 원칙적으로 '재심 청구에 대한 심판', 즉 재심의 개시 여부를 결정하는 재판에서는 재판의 전제성이 인정되지 않고, 재심의 개시결정 이후의 '본안사건에 대한 심판'에서만 재판의 전제성이 인정된다(헌재 2018. 3. 29. 2016헌바99).

⑦ 전제성 판단 기준 시점과 사정변경

재판의 전제성은 법원이 위헌법률심판을 제청할 때뿐 아니라 헌법재판소의 위헌법률심판 시점에도 충족되어야 함이 원칙이다(위헌법률심판의 제청·존속·결정요건)(헌재 1993. 12. 23. 93헌가2).

해당 사건 당사자는 해당 법원에 계속된 소송 종료를 가져오는 소송행위(소·항소·상고 등의 취하, 화해, 인낙 등)를 함으로써 해당 소송절차를 종료시킬 수 있다. 이때 법원에 계속된 구체적 사건 존재를 전제로 하는 그 '구체적' 규범통제절차로서 본질상 헌법재판소에 계속된 위헌법률심판절차도 의미가 없어진다. 따라서 제청법원은 이때 그 위헌제청을 철회하여야 한다. 비슷한 문제는 제청법원이 위헌제청 이후에 새롭게 발생하거나 확인된 사실, 법률 개정, 법률 위헌 여부에 대한 헌법재판소 결정에 따라 헌법재판소법 제41조 제1항의 위헌제청 요건이 더는 충족되지 않는다는 판단에 이른 때도 발생한다. 가령 제청법원은 위헌제청 이후에 해당 소송의 당사자가 사망하거나 법률이 개정·폐지되면 제청

요건이 아직도 존재하는지를 검토하여야 하고, 만일 그 요건이 더는 존재하지 않으면 그 위헌제청을 철회하여야 한다. 실무상으로는 제청법원이 그 위헌제청을 철회하면 헌법재판소는 예외적으로 헌법적 해명을 위해서 본안 판단을 하는 때가 아닌 한 별다른 재판 없이 위헌법률심판절차가 종료된 것으로 처리한다. 만일 제청법원이 재판의 전제성이 제청이후의 사정변경으로 소멸하였는데도 그 제청을 철회하지 않으면 헌법재판소가 그 위헌제청을 전제성이 없어 부적법한 것으로 각하하여야 할것이다(헌재 1989. 4. 17. 판례집 1).

(2) 일사부재리원칙

헌법재판소법 제39조는 "헌법재판소는 이미 심판을 거친 동일한 사건에 대하여는 다시 심판할 수 없다."라고 규정하여 헌법재판소 결정에 대한 일사부재리원칙을 명문으로 규정한다. 따라서 같은 법원이 같은 법률이나 법률조항에 대해서 사정변경이 없는데도 다시 헌법재판소에 위헌제청하는 것은 허용되지 아니한다.

(3) 제청결정기간

위헌제청 신청에 대한 법적인 결정의무나 어느 정도 기간 안에 제청여부결정을 내려야 하는지에 관한 명문 규정은 없다. 따라서 법원은 제청 여부뿐 아니라 언제 제청 여부를 결정할 것인지를 재판 선고를 하기전까지 자유롭게 결정할 수 있다.

(4) 위헌제청에 따른 재판 정지

법원이 위헌법률심판을 제청하면 해당 소송사건 재판은 헌법재판소의 위헌여부심판 결정이 있을 때까지 정지된다. 다만, 법원이 긴급하다고 인정하면 종국재판 외의 소송절차를 진행할 수 있다(헌법재판소법 제

42조 제1항). 그리고 당사자의 소송 종료를 초래하는 행위가 있으면 제청 철회가 가능하다. 그런데 이러한 소송행위가 절차적으로 허용되어야 비로소 제청 철회가 가능하다. 따라서 제청결정이 있어도 당사자의 소송 종료를 초래하는 행위(소·항소·상고 등 취하, 화해, 포기, 인낙 등)와 위헌제청결정 취소는 가능하다('위헌법률심판제청사건의 처리에 관한 예규' 제4조 제4호와 제7조 제4항). 재판정지기간 기산점은 법원이 헌법재판소에 제청한 때이고, 만료점은 헌법재판소의 위헌 여부 결정이 있는 때이다. 법원은 재판정지기간의 기산점을 법원이 위헌제청결정을 한 때로, 그 만료점을 헌법재판소의 위헌여부결정서 정본이 위헌제청법원에 송달된 때로 보고, 위헌제청결정에 대한 취소결정을 하면 재판정지기간이 만료된 것으로 본다('위헌법률심판제청사건의 처리에 관한 예규' 제9조의2). 재판정지기간은 형사소송절차에서 구속기간(형사소송법 제92조 제1항과 제2항, 군사법원법 제132조 제1항과 제2항)과 민사소송절차에서 종국판결 선고기간(민사소송법 제199조)에 이를 산입하지 아니한다(헌법재판소법 제42조 제2항).

Ⅲ. 헌법재판소법 제68조 제2항에 따른 헌법소원(위헌소원)

1. 법적 성격

헌법재판소법 제68조 제2항에 따른 헌법소원심판은 법원이 위헌법률심판 제청 신청을 기각한 때의 구제수단으로서 법원이 위헌법률심판을 무력화하는 것을 방지하기 위한 것이다. 따라서 그 본질은 위헌법률심판으로 보아야 한다. 헌법재판소도 헌법재판소법 제68조 제2항에 따른 헌법소원심판의 본질을 위헌법률심판으로 본다(헌재 1997. 7. 16. 96헌바36등).

2. 위헌소원(심판청구)권자

위헌소원(심판청구)권자는 일반 법원의 재판절차에서 재판의 전제가 되는 법률에 대해서 위헌여부심판 제청 신청을 하였다가 법원에서 이러한 신청이 이유 없다고 하여 기각결정을 받은 (소송)당사자이다. 그런데 해당 법원이 실질적으로 헌법문제에 관한 판단을 하였으므로 제청 신청을 기각하여야 하는데도 각하결정이라는 재판형식으로 배척한 때도 당사자는 위헌소원심판을 청구할 수 있다(헌재 1989. 12. 18. 89헌마32등). 청구인이 해당 소송법원에 위헌여부심판 제청 신청을 하지 않아서 법원의 기각결정도 없는 부분에 대한 심판 청구는 그 요건을 갖추지 못하여 적법하지 않다(헌재 1997. 8. 21. 93헌바51). 해당 사건의 보조참가인은 피참가인의 소송행위와 저촉되지 아니하는 한 소송에 관해서 공격·방어·이의·상소, 그 밖의 소송행위를 할 수 있으므로 위헌소원심판을 청구할 수 있다(헌법재판소법 제40조, 민사소송법 제76조 제1항 본문)(헌재 2003. 5. 15. 2001헌바98). 이때 청구인은 사인에 한정되지 않는다. 행정처분 주체인 행정청도 해당 사건의 당사자나 보조참가인으로서 위헌여부심판 제청 신청을 할 수 있고, 그 신청이 기각되면 위헌소원심판을 청구할 수 있다(헌재 2008. 4. 24. 2004헌바44).

3. 위헌소원절차

위헌제청신청기각결정을 받은 당사자가 (대리인 변호사를 선임하여) 직접 헌법재판소에 헌법소원심판을 청구한다(헌법재판소법 제68조 제2항). 헌법소원심판을 청구하려면 청구서를 헌법재판소에 제출하여야 한다(헌법재판소법 제26조 제1항). 전자문서로도 청구서를 제출할 수 있다(헌법재판소법 제76조). 심판청구서 기재사항은 법원이 헌법재판소에 제출하는 제청서와 같다. 이때 '제청법원의 표시'는 청구인 및 '대리인의 표시'로 본다(헌법재판소법 제71조 제2항, 제43조). 다만, '헌법재판소 심판 규칙' 제68조 제2항은 위헌소원의 특성에 비추어 몇 가지 사항을 추가한다. 결국 위헌소원의 심판청구서에는 ① 청구인과 대리인의 표시, ② 사건과 당사자의 표시, ③ 위헌이라고 해석되는 법률이나 법률조항, ④ 위헌이라고 해석되는 이유, ⑤ 법률이나 법률조항의 위헌 여부가 재판의 전제가 되는 이유, ⑥ 청구기간 준수에 관한 사항을 기재하여야 한다. 그리고 청구서를 제출할 때 ① 위헌법률심판제청신청서 사본, ② 위헌법률심판제청신청 기각결정서 사본, ③ 위헌법률심판제청신청 기각결정서 송달증명원, ④ 당해사건의 재판서를 송달받으면 그 재판서 사본도 함께 제출하여야 한다('헌법재판소 심판 규칙' 제69조 제2항).

4. 위헌소원 대상

위헌법률심판 대상과 같다. 위헌소원은 '법률'의 위헌성을 적극적으로 다투는 제도이므로, '법률의 부존재' 즉, 입법부작위를 다투는 것은 그 자체로 허용되지 아니한다(헌재 2001. 1. 27. 98헌바12). 다만, 법률이 불완전·불충분하게 규정되었음을 근거로 법률 자체의 위헌성을 다투는 취지로 이해되면 그 법률이 해당 사건의 재판 전제가 된다는 것을 요건으로 허용될 수 있다(헌재 2004. 1. 29. 2002헌바36). 헌법재판소가 불완전·불충분한 법률을 위헌성을 확인하여 그 적용을 배제하더라도 그 법률을 적용하였을 때와 다른 내용의 재판을 하기 어려울 때도 있기 때문이다.

5. 위헌소원요건

(1) 위헌제청 신청

헌법재판소법 제68조 제2항에 따른 헌법소원심판은 위헌법률심판 제청 신청을 하였다가 기각당한 당사자가 청구할 수 있다. 헌법재판소법

제40조에 따라 준용되는 민사소송법을 따르면 보조참가인은 피참가인의 소송행위와 저촉되지 아니하는 한 소송에 관하여 공격·방어·이의·상소, 그 밖의 소송행위를 할 수 있으므로 제청 신청을 하였다가 기각되면 헌법소원심판을 청구할 수 있다(헌재 2003. 5. 15. 2001헌바98). 이때 청구인은 사인(私人)에 한정되지 않는다. 따라서 공권력 행사 주체인 행정청도 법원 재판의 당사자인 이상 제청 신청을 할 수 있고, 신청이 기각되면 헌법재판소법 제68조 제2항에 따른 헌법소원심판을 청구할 수 있다(헌재 2008. 4. 24. 2004헌바44). 행정처분 주체인 행정청도 해당 사건의 당사자나 보조참가인으로서 위헌여부심판 제청 신청을 할 수 있고, 그 신청이 기각되면 헌법재판소법 제68조 제2항에 따른 헌법소원을 제기할 수 있다(헌재 2008. 4. 24. 2004헌바44). 이것은 헌법재판소법 제68조 제1항에 따른 헌법소원에서는 기본권주체로서 일반 사인만이 헌법소원심판을 청구할 수 있고, 국가기관이나 지방자치단체 또는 공법인은 원칙적으로 청구인이 될 수 없는 것과 다르다. 헌법재판소는 법원이 실질적으로 제청 신청된 법률조항의 위헌 여부에 관해서 판단한 결과인 기각결정에 대해서만 적법한 청구로 받아들이는 것이 아니라, 기각결정인지 각하결정인지의 형식에 구애됨이 없이 해당 청구의 적법성을 직권으로 심사하여 청구의 적법성이 인정되면 재판의 전제성 등 적법요건을 갖춘 것으로 보고 본안 판단으로 나아간다.

헌법재판소법 제68조 제2항에 따른 헌법소원은 위헌여부심판 제청 신청을 하여 그 신청이 기각된 때만 청구할 수 있다. 따라서 청구인이 해당 소송법원에 위헌여부심판 제청 신청을 하지 않아서 법원의 기각결정도 없었던 부분에 대한 심판 청구는 그 심판청구요건을 갖추지 못하여 부적법하다(헌재 1994. 4. 28. 89헌마221). 그러나 당사자가 위헌법률심판 제청 신청 대상으로 삼지 않았고 법원이 기각결정 대상으로도 삼지 않았음이 명백한 법률조항이더라도, 예외적으로 위헌제청 신청을 기각이나 각하한 법원이 해당 조항을 실질적으로 판단하였거나 해당 조항이 명시적으로 위헌제청 신청을 한 조항과 필연적 연관관계를 맺어서 법원이 이러한 조항을 묵시적으로 위헌제청 신청 대상으로 판단한 것으로 볼 수 있으면 이러한 법률조항에 대한 심판 청구도 적법하다(헌재 1998. 3. 26. 93헌바12).

(2) 기각결정

헌법재판소법 제68조 제2항에 따른 헌법소원은 해당 사건에 적용되는 법률의 위헌 여부에 관한 법원의 1차적 위헌심사에 대해서 당사자가 불복하는 것이다. 따라서 헌법재판소법 제68조 제2항에 따른 헌법소원은 당사자의 위헌제청을 법원이 거부하였을 것을 요건으로 한다. 기각결정이 아직 내려지지 않았다면 제청 여부 결정이 지연되더라도 바로 헌법재판소법 제68조 제2항에 따른 헌법소원심판을 청구할 수 없다(헌재 1999. 4. 29. 98헌바29등). 복수의 법률조항에 대한 헌법소원심판 청구가 있으면 제청 신청이나 기각결정 대상이 되지 않았던 법률에 대한 청구 부분은 부적법하다(예를 들어 헌재 1997. 11. 27. 96헌바12). 다만, 명시적으로 기각결정 대상에 포함되지 않은 법률조항이라도 법원이 그에 대해서 실질적·묵시적으로 위헌 여부에 관해서 판단하였다면 그 조항에 대한 헌법소원심판 청구는 적법하다(헌재 1998. 3. 26. 93헌바12).

기각결정에는 문제가 된 법률의 위헌 여부에 관한 법원의 실체적 판단뿐 아니라 제청 신청이 적법한 것인지에 관한 판단도 포함한다. 그리고 법원의 재판형식이 기각인지 각하인지도 중요하지 않다(헌재 1989. 12. 18. 89헌마32등). 따라서 법원이 헌법소원심판 대상적격이 없다거나 재판의 전제성이 없거나 한정위헌청구라는 이유로 제청 신청이 부적법하다고 결정하여도 당사자는 헌법소원심판을 청구할 수 있다. 이렇게 청구된 헌법소원심판을 (법원과 같은 이유로 혹은 법원과 다른 이유로) 헌법재판소가 각하할 수도 있지만, 법원 판단과 달리 적법요건을 갖춘 것으로 보아 본안 판단을 할 수도 있다(예를 들어 헌재 1989. 12. 18. 89헌마3등).

(3) 재판의 전제성

헌법재판소법 제68조 제2항에 따른 헌법소원은 실질이 위헌법률심판제도이므로, 여기서도 구체적인 사건에 적용될 법률의 위헌 여부가 재판의 전제가 되어야 한다(헌재 1995. 7. 21. 93헌바46). 여기서 재판의 전제성은 위헌법률심판의 재판 전제성과 같다. 다만, 재판의 전제성 요건 중 '구체적인 사건이 법원에 계속 중일 것'은 부분적으로 적용되지 않을 수 있다. 판결이 확정되어도 재판의 전제성이 소멸한다고 볼 수 없다(헌재 1998. 7. 16. 96헌바33등). 즉 헌법재판소법 제68조 제2항에 따른 헌법소원에서 재판의 전제성은 최소한 당사자가 위헌제청을 신청할 때 구체적 사건이 법원에 계속 중이어야 함을 뜻한다(헌재 1995. 2. 23. 92헌바18). 헌법재판소법 제68조 제2항에 따른 헌법소원에서는 해당 소송사건이 헌법소원 제기로 정지되지 않으므로 헌법소원심판의 종국결정 이전에 해당 소송사건이 확정되어 종료될 수 있다. 그러나 헌법소원이 인용되면 해당 사건이 이미 확정된 때라도 당사자는 재심을 청구할 수 있으므로(헌법재판소법 제75조 제7항), 판결이 확정되었더라도 재판의 전제성이 소멸되지 않는다(헌재 1998. 7. 16. 96헌바33등). 따라서 1심 법원에 소송 계속 중에 위헌제청 신청을 하였으나 상소를 하지 않아 해당 사건의 재판이 확정되고 나서 헌법재판소법 제68조 제2항에 따른 헌법소원을 제기하여도 재판의 전제성이 인정된다(헌재 2002. 7. 18. 2000헌바57). 이와 달리 항소심에서 유죄판결을 선고받고 나서 위헌법률심판제청 신청을 하였으나 상고를 하지 않아 위 유죄판결이 확정되었고, 그 이후 제청 신청이 각하되자 헌법소원심판을 청구한 사건에서 헌법재판소는 재판의 전제성이 없어 부적법하다고 하였다(헌재 2000. 6. 1. 99헌바73). 대법원 판결까지 선고되고 나서 법원에 위헌여부심판 제청 신청을 하였다면 재판의 전제성이 없다(헌재 1996. 5. 16. 96헌바23). 위헌소원심판 청구 후 법원의 해당 소송에서 청구인의 승소가 확정되면 헌법재판소가 위헌결정을 내리더라도 이미 청구인 승소로 확정된 해당 사건 재판의 결론이나 주문에 영향을 미칠 수 없어서 재판의 전제성은 소멸한다(헌재 2000. 7. 20. 99헌바61).

⑷ 동일한 사유를 이유로 한 재청 재신청 금지(반복제청신청 금지)

위헌여부심판 제청을 신청하였으나 그 신청을 법원이 기각하면 해당 사건의 소송절차에서 동일한 사유를 이유로 한 위헌여부심판 제청 신청을 할 수 없다(헌법재판소법 제68조 제2항 후문). 여기서 해당 사건의 소송절차에는 상소심 소송절차(헌재 2007. 7. 26. 2006헌바40)는 물론 파기환송되기 전후의 소송절차(헌재 2008. 5. 6. 2008헌바29)도 포함된다. 따라서 같은 심급뿐 아니라 다른 심급에서도 다시 동일한 사유로 위헌여부심판 제청 신청을 하는 것은 허용되지 않는다. 대법원(대법원 2000. 4. 11.자 98카기137 결정)과 헌법재판소(헌재 2007. 7. 26. 2006헌바40)도 같은 견해이다. 그러나 제청 신청이 기각되고 나서 사정변경으로 말미암아 이전 제청 때와 상황이 달라지면 다시 제청 신청하는 것이 허용된다. 이러한 반복제청신청에는 ① 반복된 두 개의 위헌소원심판이 계속 중일 때 동일한 사건이 전·후 양 심판으로 반복 청구되고 나서 어느 청구에 대해서도 아직 종국결정이 내려지지 않은 때(중복제소 금지와 겹치는 영역), ② 반복청구된 위헌소원심판의 선행청구와 후행청구 중 어느 청구에 대해서 헌법재판소가 종국결정을 내렸을 때(일사부재리와 겹치는 영역), ③ 위헌제청 신청을 하였다가 기각결정을 받았지만, 위헌소원심판을 청구하지 않았던 당사자가 해당 사건 소송절차에서 다시 동일한 사유로 위헌제청 신청을 하였다고 기각결정을 받고 나서 위헌소원심판을 청구한 때(고유영역)를 아우른다. 헌법재판소법 제68조 제2항 후문은 오로지 위헌소원심판에만 적용되는 특별규정이므로, 중복제소 금지와 일사부재리에 우선한다. 따라서 중복제소 금지나 일사부재리와 겹치는 영역에서도 헌법재판소는 반복제청신청 금지를 이유로 해당 청구에 대해서 각하결정을 내려야 한다. 이처럼 중복제소 금지와 일사부재리를 아우르는 반복제청신청 금지 때문에 일사부재리를 규정하는 헌법재판소법 제39조는 위헌소원심판에 적용되지 않을 뿐 아니라 중복제소를 규정하는 민사소송법 제259조를 준용할 필요는 없다. 이러한 점에서 이미 계속 중인 헌법소원심판사건에 대해서 당사자가 다시 동일한 헌법소원심판을 청구하는 것은 중복제소로서 허용되지 아니한다고 하면서 헌법재판소법 제68조 제2항이 아니라 헌법재판소법 제40조 제1항과 민사소송법 제259조를 근거로 드는 헌법재판소 결정(헌재 2006. 7. 27. 2005헌바58)은 문제가 있다.

6. 청구기간

위헌소원심판은 위헌여부심판 제청 신청을 기각하는 결정을 통지받은 날부터 30일 이내에 청구하여야 한다(헌법재판소법 제69조 제2항). 이때 기각된 날은 특별한 사정이 없는 한 제청 신청에 대한 기각결정을 송달받은 날이다(헌재 1989. 7. 21. 89헌마38). 이 기간은 불변기간이 아니어서 기간 준수에 관한 소송행위 추후보완이 허용되지 않는다(헌재 2001. 4. 26. 99헌바96). 그러나 헌법재판소는 형사소송법 제42조 전문은 "재판의 선고 또는 고지는 공판정에서는 재판서에 의하여야" 한다고 규정하므로, 공판정에서 위헌법률심판 제청 신청에 대한 기각 결정을 형사사건에 대한 판결과 동시에 선고할 때 이를 별도의 재판서가 아닌 하나의 판결문으로도 가능하고, 이때 그 통지는 형사사건에 대한 판결과 마찬가지로 위헌법률심판제청신청에 대한 기각 취지의 주문을 낭독하는 방법으로 하여야 한다고 하면서(형사소송법 제43조), 공판정에서 청구인이 출석한 가운데 재판서에 따라서 위헌법률심판 제청 신청을 기각하는 취지의 주문을 낭독하는 방법으로 재판 선고를 하였다면, 청구인은 이를 통해서 위헌법률심판 제청 신청에 대한 기각 결정을 통지받은 것이라고 한다(헌재 2018. 8. 30. 2016헌바316). 결정을 통지받은 날부터 30일이 지나서 청구된 심판 청구는 부적법하다. 다만, 헌법소원심판을 청구하려는 사람이 국선대리인 선임 신청을 하면, 그 신청이 있는 날을 기준으로 청구기간을 정하므로(헌법재판소법 제70조 제1항), 국선대리인 선임 신청이 있으면 비록 헌법소원심판 청구가 청구인에 대한 제청 신청 기각결정을 통지받은 날부터 30일이 경과한 후에 이루어졌더라도 청구인이 그 결정을 통지받은 날부터 30일 이내에 국선대리인 선임 신청을 하였다면 청구기간은 준수된 것이다(헌재 1994. 12. 29. 92헌바31). 국선대리인 선임 신청이 기각되면 신청인이 선임 신청을 한 날부터 기각통지를 받은 날까지의 기간은 헌법재판소법 제69조의 청구기간에 이것을 산입하지 않는다(헌법재판소법 제70조 제4항).

법률의 위헌여부심판 제청 신청절차는 해당 소송사건과 전혀 다른 별개의 절차라기보다는 해당 사건에서 부수·파생하는 절차로 보아야 할 것이어서 해당 소송사건의 공동소송대리인은 특별한 사정이 없는 한 위헌여부심판 제청 신청에 관해서도 소송대리권이 있으므로, 이들 중 1명에게 한 위헌제청 신청 기각결정 송달은 적법하게 송달된 것으로 본다(헌재 1993. 7. 29. 91헌마150). 한편, 헌법재판소법 제68조 제2항에 따라 법률조항의 위헌 확인을 구하는 헌법소원심판을 청구하였다가 이후 청구취지 변경을 통해서 심판 대상 조항을 추가하면 청구기간 준수 여부를 헌법재판소법 제40조 제1항과 민사소송법 제265조에 따라 추가된 청구서가 제출된 시점을 기준으로 하여 판단한다(헌재 2008. 10. 30.

2007헌바109등).

헌법소원심판이 비록 청구기간을 지나 청구된 것이라도 정당한 사유가 있으면 이것을 허용하는 것이 헌법재판소법 제40조에 따라 준용되는 행정소송법 제20조 제2항 단서에 부합하는 해석이다. 여기서 '정당한 사유'는 청구기간 도과 원인 등 여러 가지 사정을 종합하여 지연된 심판 청구를 허용하는 것이 사회통념상 상당한 경우를 뜻한다. 헌법재판소는 청구인이 위헌제청 신청 기각결정의 송달을 알지 못한 점에 과실이 없다는 점을 들어 정당한 사유가 있다고 주장한 것에 대하여, 같은 날 송달된 본안사건에 대해서는 항소기간을 준수하여 항소를 제기하면서 통상 본안판결과 같이 송달되는 위헌제청 신청 기각결정 정본을 챙겨보지 않은 것은 쉽사리 납득하기 어렵다고 하여 정당한 사유에 해당하지 않는다고 하였다(헌재 1993. 3. 11. 91헌바22). 그리고 위헌법률심판 제청 신청에 대한 각하결정에 대상조항이 재판의 전제가 되지 못한다는 이유가 제시되어 있어 이것을 믿고 헌법소원을 제기하지 않다가 해당 사건의 상고심 판결에서 비로소 재판의 전제가 됨이 확인되어 심판 청구에 이르러도, 헌법재판소법 제69조 제2항에 대해서는 이것을 불변기간이라고 규정하는 법규정이 없어서 그 기간 준수에 대하여 추후보완이 허용되지 않을 뿐 아니라, 불변기간이더라도 이때는 당사자가 책임질 수 없는 사유가 사라진 후 2주일 안에 해태된 소송행위를 추후보완하여야 하는데, 대법원 판결을 송달받은 날부터 2주일이 지나 헌법소원심판 청구를 한 것은 부적법하다고 하였다(헌재 2001. 4. 26. 99헌바96).

7. 변호사강제주의

위헌소원심판에서는 당사자가 사인이므로 그가 변호사 자격이 없으면 변호사를 대리인으로 선임하여야 한다(헌법재판소법 제25조 제3항).

8. 사전심사

헌법재판소법 제68조 제2항에 따른 헌법소원심판이 청구되면 헌법재판소법 제68조 제1항에 따른 헌법소원심판과 마찬가지로 지정재판부의 사전심사절차가 진행된다. 사전심사 결과 해당 헌법소원심판이 재판부의 심판에 회부되면, 그 사실은 법무부 장관과 청구인이 아닌 해당 사건의 당사자에게 즉시 통지되고(헌법재판소법 제73조 제2항 제2호), 법무부 장관과 해당 사건의 당사자에게 청구서 등본이 송달된다(헌법재판소법 제74조 제2항, 제27조 제2항).

9. 해당 소송사건의 재판 부정지

위헌소원심판에는 헌법재판소법 제42조가 준용되지 않는다(헌법재판소법 제75조 제6항). 따라서 위헌소원심판이 청구되어도 해당 소송사건의 재판은 정지되지 않는다.

10. 재심

위헌소원심판이 청구되어도 해당 소송사건의 재판이 정지되지 않으므로, 위헌소원이 인용된 때에 해당 헌법소원과 관련된 소송사건이 이미 확정되면 당사자는 재심을 청구할 수 있다(헌법재판소법 제75조 제7항). 헌법재판소법 제68조 제2항에 따른 헌법소원심판을 청구하여 인용결정을 받은 당사자만 재심을 청구할 수 있다(헌재 2000. 6. 29. 99헌바66). 그래서 헌법재판소는 헌법재판소법 제68조 제2항에 따른 헌법소원 계속 중 심판 대상이 된 법률조항이 이미 다른 사건에서 위헌으로 결정된 사안에서, 청구인의 권리 구제를 도모하려는 의도에서 위헌확인결정을 한 적이 있다(헌재 1999. 6. 24. 96헌바67). '해당 헌법소원과 관련된 소송사건'은 해당 헌법소원의 전제가 된 해당 소송사건만을 가리킨다

(헌재 2000. 6. 29. 99헌바66등). 그리고 '헌법소원이 인용된 경우'는 단순 위헌결정은 물론 헌법불합치결정과 한정위헌결정도 포함한다. 그러나 대법원은 '헌법소원이 인용된 경우'는 법원에 기속력이 있는 위헌결정이 선고된 경우인데 한정위헌결정이 내려지면 재심을 청구할 수 없다고 한다(대법원 2001. 4. 27. 선고 95재다14 판결). 이러한 재심에서 형사사건에 대해서는 형사소송법 규정을, 그 외의 사건에 대해서는 민사소송법 규정을 준용한다(헌법재판소법 제75조 제8항).

제2절 헌법소원심판

Ⅰ. 헌법소원제도 일반론

헌법소원은 모든 국가작용의 기본권 합치성을 확보하기 위해서 국민에게 주어진 특별한(예외적인) 법적 권리구제수단이다. 헌법재판소법을 따르면 헌법소원은 공권력의 행사나 불행사로 말미암아 헌법이 보장한 기본권이 침해되면 헌법재판소에 심판을 청구하여 그 침해 원인이 된 공권력 행사를 취소하거나 그 불행사가 위헌임을 확인받는 법적 권리구제방법이다(제68조 제1항, 제75조 제3항). 헌법재판소법 제68조 제1항에 따른 헌법소원과 헌법재판소법 제68조 제2항에 따른 헌법소원은 별개의 심판유형이다. 그래서 헌법재판소는 하나의 헌법소원으로 헌법재판소법 제68조 제1항에 따른 청구와 헌법재판소법 제68조 제2항에 따른 청구를 병합하여 청구할 수 있다고 한다(헌재 2010. 3. 25. 2007헌마933).

헌법소원제도는 개인이 직접 헌법재판소에 공권력이 침해한, 헌법이 보장한 자신의 권리(기본권) 구제를 청구할 수 있는 권리구제제도이다. 헌법소원은 주관적 권리구제 기능 이외에도 객관적 헌법을 수호하고 그것의 해석과 형성에 봉사하는 기능이 있다(헌재 1992. 1. 28. 91헌마111).

Ⅱ. 헌법소원(심판 청구)요건

1. 헌법소원심판 대상 - 공권력의 행사나 불행사

(1) 공권력의 개념

공권력은 헌법이 창설한 모든 권력을 말한다. 여기에는 입법·집행·사법작용이 모두 포함된다. 헌법재판소는 헌법소원심판 대상이 되는 공권력을 입법권·행정권·사법권을 행사하는 모든 국가기관·공공단체 등의 고권적 작용을 말하고, 그 행사나 불행사로 국민의 권리와 의무에 대해서 직접적인 법률효과를 발생시켜 청구인의 법률관계 내지 법적 지위를 불리하게 변화시키는 것이라고 한다(헌재 2008. 1. 17. 2007헌마700). 행사는 작위를, 불행사는 부작위를 뜻한다.

헌법소원심판 대상이 되는 공권력의 행사나 불행사는 헌법소원의 본질에 비추어 대한민국 국가기관의 공권력작용을 가리키고, 외국이나 국제기구의 공권력작용은 헌법소원심판을 청구할 수 있는 공권력에서 제외된다(헌재 1997. 9. 25. 96헌마159). 공권력에는 간접적인 국가행정(공법상 사단, 재단, 국립대학교와 같은 영조물, 공무수탁사인)도 포함된다(헌재 1992. 10. 1. 92헌마68등). 따라서 공권력 행사 주체가 반드시 국가기관이어야 하는 것은 아니다.

(2) 입법작용

① 헌법 개정: 헌법개정권력은 헌법제정권력과 달리 헌법이 창설하고 조직하는 권력이고 국가내적인 권력으로서 이것을 행사하는 국민을 일종의 국가기관으로 볼 수 있으므로 헌법 개정을 공권력 행사로 볼 수 있다. 따라서 헌법 규정도 헌법소원심판 대상이 될 수 있다. 그러나 헌법재판소는 "헌법은 그 전체로서 주권자인 국민의 결단 내지 국민적 합의의 결과라고 보아야 할 것으로, 헌법의 개별규정을 헌법재판소법 제

68조 제1항 소정의 공권력 행사의 결과라고 볼 수도 없다."(헌재 1996. 6. 13. 94헌바20)라고 하여 부정하는 견해에 서 있다.

② 법률(국회가 제정한 형식적 법률): 모든 법률이 헌법소원심판 대상이 되는 것이 아니다. 헌법소원심판 대상인 법률은 별도의 구체적 집행행위를 기다리지 않고 직접 그리고 현재 헌법이 보장한 기본권을 침해하는 것에 한정됨을 원칙으로 한다. 헌법재판소법 제68조 제1항 단서는 다른 법률에 구제절차가 있으면 그 절차를 모두 거치고 나서가 아니면 헌법소원심판을 청구할 수 없도록 규정한다. 그러나 법률 자체의 기본권 침해가 문제가 되면 그 법률 자체의 효력을 직접 다투는 것을 소송물로 하여 일반 법원에 소를 제기할 길이 없어 구제절차가 있는 때에 해당하지 않아서 다른 구제절차를 거치지 아니하고 곧바로 헌법소원심판을 청구할 수 있다(헌재 1990. 6. 25. 89헌마220). 집행행위가 있어도 그 집행행위를 대상으로 하는 구제절차가 없거나 구제절차가 있다고 하더라도 권리구제 기대 가능성이 없는 것 등 해당 법률에 대한 전제 관련성이 확실하다고 인정되면 그 법률에 대해서 헌법소원심판을 청구할 수 있다. 법률안은 대통령이 거부권을 행사하지 않는 한 정부에 이송되고 나서 15일 안에 공포하여야 하고 만일 공포하지 않는다면 법률로서 확정되는 바(헌법 제53조 제5항), 법률안이 거부권 행사로 최종적으로 폐기되었다면 모르되, 그렇지 아니하고 공포되었다면 법률안은 그 동일성을 유지하여 법률로 확정되는 것이라고 보아야 한다고 하면서 헌법재판소는 헌법소원심판 대상성을 인정한 바 있다(헌재 2001. 11. 29. 99헌마494).

③ 입법부작위: 진정입법부작위는 입법자가 헌법상 입법의무가 있는 어떤 사항에 관해서 전혀 입법하지 아니함으로써 '입법행위 흠결이 있는 때'(즉 입법권 불행사)이다(헌재 1996. 10. 31. 94헌마108). 언제 어떠한 입법을 할 것인지 말 것인지의 판단은 원칙적으로 국회 재량에 속한

다. 입법하지 않은 채 방치되는 진정입법부작위가 헌법소원심판 대상이 되려면 (ⅰ) 헌법에서 기본권 보장을 위해서 명시적인 입법위임을 하였는데도 입법자가 이것을 이행하지 않은 명시적 입법위임이나 (ⅱ) 헌법 해석상 특정인에게 구체적인 기본권이 생겨 이것을 보장하기 위한 국가의 작위의무나 보호의무가 발생하였음이 명백한데도 입법자가 아무런 입법조치를 취하지 않은 묵시적 입법위임이어야 한다(헌재 1989. 3. 17. 88헌마1). 입법자가 입법의무를 진다고 하여서 그 불이행 모두가 헌법 위반인 것은 아니다. 즉 입법자에게는 형성의 자유나 입법재량이 인정되므로 입법 시기도 원칙적으로 입법자가 자유롭게 결정할 수 있다. 그러나 입법자는 헌법이 구체적으로 위임한 입법을 거부하거나 자의적으로 입법을 지연시킬 수는 없다. 따라서 입법자가 입법을 하지 않기로 결의하거나 상당한 기간 안에 입법을 하지 않으면 입법재량 한계를 넘어 이러한 입법부작위는 위헌이 된다(헌재 1994. 12. 29. 89헌마2). 부진정입법부작위는 입법자가 어떤 사항에 관해서 입법은 하였으나, 그 입법의 내용·범위·절차 등이 해당 사항을 불완전, 불충분 또는 불공정하게 규율함으로써 '입법행위에 결함이 있는 때'이다(헌재 1996. 10. 31. 94헌마108). 부진정입법부작위에서는 그 불완전한 법규범 자체를 대상으로 하여 그것이 헌법 위반이라는 적극적인 헌법소원은 별론으로 하고, 부진정입법부작위는 입법부작위로서 헌법소원심판 대상으로 삼을 수는 없다(헌재 1987. 7. 28. 89헌마1등).

④ 법률대위명령: 법률의 효력이 있는 명령인 대통령의 긴급명령(헌법 제76조 제2항)과 긴급재정경제명령(헌법 제76조 제1항)의 제정행위는 공권력 행사에 해당하여 헌법소원심판 대상이 된다. 헌법재판소도 대통령의 긴급재정경제명령을 헌법소원심판 대상으로 인정하였다(헌재 1996. 2. 29. 93헌마186).

⑤ 조약과 일반적으로 승인된 국제법규: 헌법 제6조 제1항에 따라 국

내법과 같은 효력이 있는 조약의 체결행위는 고권적 행위로서 공권력 행사에 해당하여 헌법소원심판 대상이 된다(헌재 2001. 3. 21. 99헌마139 등). 조약에는 자기집행적 조약과 비자기집행적 조약이 있다. 자기집행성은 별도 국내입법 없이도 조약 그 자체로 국내법적 효력이 발생하는 것을 가리킨다. 자기집행적 조약이든 비자기집행적 조약이든 헌법 제6조 제1항에 따라 국내법적 효력이 있다면 헌법소원심판 대상이 된다. 다만, 비자기집행적 조약은 국내이행 입법이 있어야 비로소 국내법 일부가 되므로 직접성이 인정되지 않는다. 일반적으로 승인된 국제법규도 국내법과 같은 효력이 있다(헌법 제6조 제1항). 일반적으로 승인된 국제법규는 국제법의 법원(法源) 중에서 세계의 의미 있는 다수국가가 승인한 국제법규를 말한다. 여기서 '승인된'이란 말은 한국 승인과 상관없이 일반적으로 승인된 때를 말한다. 일반적으로 승인된 국제법규의 성립과 효력 발생에는 한국 공권력 작용이 전혀 개입하지 않는다는 점에 비추어, 일반적으로 승인된 국제법규는 공권력 행사가 아니므로 헌법소원심판 대상이 되지 않는다는 견해가 있으나, 일반적으로 승인된 국제법규가 국내에 적용되려면 한국 공권력이 매개되어야 하므로 일반적으로 승인된 국제법규도 헌법소원심판 대상이 된다.

⑥ 법규명령: 법규명령은 위임에 따라 또는 법률을 집행하기 위해서 성립되고 법률과 같은 법규적 구속력이 있는 실질적 의미의 법률에 속하는 법규이다. 이것에는 대통령령(헌법 제75조), 총리령·부령(헌법 제95조), 국회규칙(헌법 제64조 제1항), 대법원규칙(헌법 제108조), 헌법재판소규칙(헌법 제113조 제2항), 중앙선거관리위원회규칙(헌법 제114조 제6항)이 속한다.

헌법재판소는 "헌법 제107조 제2항이 규정한 명령·규칙에 대한 대법원의 최종심사권이란 구체적인 소송사건에서 명령·규칙의 위헌 여부가 재판의 전제가 되었을 경우 법률의 경우와는 달리 헌법재판소에 제청할 것 없이 대법원이 최종적으로 심사할 수 있다는 의미이며, 명령·규칙 그 자체에 의하여 직접 기본권이 침해되었음을 이유로 하여 헌법소원심판을 청구하는 것은 위 헌법 규정과는 아무런 상관이 없는 문제이다. 따라서 입법부·행정부·사법부에서 제정한 규칙이 별도의 집행행위를 기다리지 않고 직접 기본권을 침해하는 것일 때에는 모두 헌법소원심판의 대상이 될 수 있는 것이"라고 한다(헌재 2008. 12. 26. 2006헌마384). 대법원 판례 중에는 "원래 대통령령은 법령의 효력을 가진 것으로서 행정처분이라 할 수 없으므로 행정소송의 대상이 되지 아니한다 할 것이나, 법령의 효력을 가진 명령이라도 그 효력이 다른 행정행위를 기다릴 것이 없이 직접적으로 또 현실적으로 그 자체로서 국민의 권리 훼손 기타 이익침해의 효과를 발생케 하는 성질의 것이라면 행정소송법상 처분이라고 보아야 할 것이고, 따라서 그에 관한 이해관계자는 그 구체적 관계사실과 이유를 주장하여 그 명령의 취소를 법원에 구할 수 있을 것이다."라고 한 것이 있다(대법원 1954. 8. 19. 선고 4286행상37 판결). 법규명령이 별도의 집행행위를 기다리지 않고 직접 기본권을 침해할 때 명령과 규칙에 대한 헌법소원을 부정하면 이것에 대한 구제수단이 없고, 헌법 제107조 제2항에서 최종성은 일반 법원 안에서 등장하는 최종성이므로 명령과 규칙에 대한 헌법소원은 인정되어야 한다.

⑦ 행정입법부작위: 3권분립원칙과 법치행정원칙을 당연한 전제로 하는 한국 헌법에서 행정권의 행정입법 등 법집행의무는 헌법적 의무이다. 행정입법 자체가 위법이 되어 그에 대한 법적 통제가 가능하려면 (ⅰ) 행정청에 시행명령을 제정(개정)할 법적 의무가 있어야 하고, (ⅱ) 상당한 기간이 지났는데도, (ⅲ) 명령제정(개정)권이 행사되지 않아야 한다(헌재 1998. 7. 16. 96헌마246). 따라서 행정입법의무가 인정되지 않는 단순한 행정입법 부존재는 헌법소원심판 대상이 되지 않는다(헌재 2003. 7. 24. 2002헌마378). 행정청의 입법의무는 헌법에서 직접 도출되

는 의무뿐 아니라 법률 규정에 따라서 인정되는 행정입법의무도 포함한다. 법률 위임에 따라 행정규칙이나 조례를 제정할 의무가 있는데도 행정규칙이나 조례를 제정하지 않는 것도 행정입법부작위에 해당한다(헌재 2002. 7. 18. 2000헌마707). 상위법령에서 하위 행정입법 제정을 예정하였더라도 그 행정입법의 제정·시행이 필수불가결한 것이 아니라서 상위법령만으로도 법집행을 할 수 있으면 행정입법을 하여야 할 헌법적 작위의무가 인정되지 않는다(헌재 2005. 12. 22. 2004헌마66). 행정입법부작위에서도 그것이 부진정입법부작위에 해당하면 불완전한 행정입법에 대해서 적극적으로 헌법소원을 제기하여야 한다(헌재 1998. 11. 26. 97헌마310). 헌법에서 유래하는 행정입법의무를 이행하지 않았다고 하여서 바로 행정입법부작위가 위헌인 것은 아니다. 행정입법부작위에 정당한 이유가 있으면 합헌이 될 수도 있다. 정당한 이유가 인정되려면 그 위임입법 자체가 헌법에 위반된다는 것이 누가 보아도 명백하거나, 위임입법에 따른 행정입법의 제정이나 개정이 당시 실시되는 전체적인 법질서 체계와 조화되지 아니하여 그 위임입법에 따른 행정입법의무 이행이 오히려 헌법질서를 파괴하는 결과를 가져올 것이 명백할 정도가 되어야 한다(헌재 2004. 2. 26. 2001헌마718).

⑧ 조례와 규칙: 조례는 지방자치단체가 그 자치입법권에 근거하여 자주적으로 지방의회 의결을 거쳐 제정한 법규이다. 그러므로 조례 자체로 말미암아 직접 그리고 현재 자기의 기본권을 침해받은 사람은 그 권리구제 수단으로서 조례에 대한 헌법소원심판을 청구할 수 있다(헌재 1995. 4. 20. 92헌마264등). 이에 대해서 대법원은 조례가 집행행위 개입 없이 그 자체로서 직접 국민의 구체적인 권리의무나 법적 이익에 영향을 미치는 것 등의 법률상 효과를 발생하면 그 조례는 항고소송 대상이 되는 행정처분에 해당한다고 판시한 바 있다(대법원 1996. 9. 20. 선고 95누8003 판결). 지방자치단체장은 법령이나 조례가 위임한 범위에서

그 권한에 속하는 사무에 관하여 규칙을 제정할 수 있다(지방자치법 제23조). 이러한 규칙이 기본권을 제한하면 헌법소원심판 대상이 된다(헌재 2009. 10. 29. 2009헌마127).

⑨ 행정규칙(행정명령): 고시의 법적 성질은 일률적으로 판단할 것이 아니라 고시에 담겨진 내용에 따라 구체적인 경우마다 달리 결정된다. 즉 고시가 일반·추상적인 성격이 있으면 법규명령이나 행정규칙에 해당하지만, 고시가 구체적인 규율 성격이 있으면 행정처분에 해당한다(헌재 1998. 4. 30. 97헌마141). 이른바 행정규칙은 일반적으로 행정조직 내부에서만 효력이 있고 대외적인 구속력이 있는 것이 아니어서 원칙적으로 헌법소원심판 대상이 아니다(헌재 1991. 7. 8. 91헌마42). 그러나 법령의 직접적인 위임에 따라 수임행정기관이 그 법령을 시행하는 데 필요한 구체적 사항을 정한 것이면(이른바 법률보충적 행정규칙), 그 제정형식은 비록 법규명령이 아닌 고시·훈령·예규 등과 같은 행정규칙이더라도 그것이 상위법령의 위임한계를 벗어나지 아니하는 한, 상위법령과 결합하여 대외적인 구속력이 있는 법규명령으로 기능하므로, 청구인이 법령과 예규의 관계규정으로 말미암아 직접 기본권 침해를 받았다면, 이에 대해서 바로 헌법소원심판을 청구할 수 있다(헌재 1990. 9. 3. 90헌마13). 그리고 행정규칙이 재량권 행사의 준칙으로서 그 정한 바에 따라 되풀이 시행되어 행정관행을 이루게 되어 평등원칙이나 신뢰보호원칙에 따라 행정기관이 그 상대방에 대한 관계에서 그 규칙에 따라야 할 자기구속을 당하면 대외적인 구속력이 있게 되어 헌법소원심판 대상이 된다(헌재 1990. 9. 3. 90헌마13). 그런데 대법원은 어떠한 고시가 일반적·추상적 성격이 있으면 법규명령이나 행정규칙에 해당하지만, 다른 집행행위 매개 없이 그 자체로서 직접 국민의 구체적인 권리의무나 법률관계를 규율하는 성격이 있으면 항고소송 대상이 되는 행정처분에 해당한다고 한다(대법원 2003. 10. 9.자 2003무232 결정). 그런데도 헌법

재판소는 고시에 대한 헌법소원심판 청구를 허용한다(헌재 2009. 9. 24. 2007헌마1092).

⑩ 예산: 예산도 법규범에 해당하고, 법률과 마찬가지로 국회 의결을 거쳐 제정된다. 하지만 예산은 법률과 달리 국가기관만을 구속하고 일반 국민을 구속하지 않는다. 따라서 국회가 의결한 예산이나 국회의 예산안 의결은 헌법소원심판 대상이 아니다(헌재 2006. 4. 25. 2006헌마409).

⑪ 입법절차 하자: 헌법재판소는 법률의 입법절차가 헌법이나 국회법에 어긋나더라도 그러한 사유만으로는 해당 법률로 말미암아 청구인이 현재·직접 기본권을 침해받은 것으로 볼 수 없다고 하여 입법절차 하자를 다투는 헌법소원 가능성을 부정한다(헌재 1998. 8. 27. 97헌마8등).

(3) 집행작용

① 정치문제(이른바 통치행위): 정치문제(이른바 통치행위)를 포함하여 모든 국가작용은 국민의 기본권적 가치를 실현하기 위한 수단이라는 한계를 반드시 지켜야 한다. 그리고 헌법재판소는 헌법의 수호와 국민의 기본권 보장을 사명으로 하는 국가기관이다. 그러므로 비록 고도의 정치적 결단에 따라 하는 국가작용이라도 그것이 국민의 기본권 침해와 직접 관련되면 당연히 헌법재판소 심판 대상이 될 수 있다. 대통령의 긴급재정경제명령은 국가긴급권의 일종으로서 고도의 정치적 결단을 통해서 발동되는 행위이고 그 결단을 존중하여야 할 필요성이 있는 행위라는 의미에서 정치문제(이른바 통치행위)에 속한다고 할 수 있다(헌재 1996. 2. 29. 93헌마186). 다만, 헌법재판소는 대통령과 국회의 외국에 대한 국군 파병결정은 고도의 정치적 결단이 요구되는 사안이므로 될 수 있으면 존중되어야 하고 헌법재판소가 사법적 기준만으로 이것을 심판하는 것은 자제하여야 한다고 하였다(헌재 2004. 4. 29. 2003헌마814).

② 검사 처분

(i) 범죄피해자인 고소인이 청구하는 헌법소원심판: 고소인은 불기소처분 대상이 된 범죄에 대해서 재정 신청을 할 수 있다. 따라서 이것을 거치지 않은 헌법소원심판 청구는 보충성원칙(헌법재판소법 제68조 제1항 단서) 위반으로 부적법하다(헌재 2008. 8. 12. 2008헌마508). 그리고 재정 신청을 거쳐 기각결정을 받고 나서 헌법소원심판을 청구하더라도 법원의 재판을 거친 행정처분으로시 역시 부적법하다. 결국 범죄피해자인 고소인의 불기소처분에 대한 헌법소원심판 청구 가능성은 사라졌다. 고소인의 재정 신청은 검사에게서 공소를 제기하지 아니한다는 통지를 받은 때에 할 수 있다. 그러므로 검찰사건사무규칙상 협의의 불기소처분뿐 아니라 검사의 공소제기가 없는 기소중지, 참고인중지, 공소보류, 공람종결 처분도 재정 신청이 가능하고, 이에 대한 헌법소원심판 청구는 인정되지 않는다. 다만, 범죄피해자가 구체적으로 범죄사실을 적시하여 고소하였고, 그 고소가 부적법하다고 볼 만한 특별한 사정이 없는데도 적법한 절차에 따라 고소사건으로 처리하지 아니하고 진정사건으로 공람종결처분을 하면 이에 대해서 헌법소원심판을 청구할 수 있다(헌재 1999. 1. 28. 98헌마85).

(ii) 고소하지 않은 범죄피해자가 청구하는 헌법소원심판: 범죄피해자는 그가 고소를 제기한 바 없어도 헌법상 재판절차진술권과 평등권의 주체로서 검사의 불기소처분에 대해서 헌법소원심판을 청구할 자격이 있고, 고소인이 아니어서 불기소처분에 대한 검찰법상 항고, 재항고나 형사소송법상 재정 신청 절차에 따른 구제를 받을 방법이 없으므로 헌법소원심판을 청구할 수 있다(헌재 1992. 1. 28. 90헌마227). 형사소송법 개정으로 재정 신청 대상이 확대되었지만, 그러한 절차로 보호되지 않으면 헌법소원심판 청구가 제한되지 않는다.

(iii) 피의자가 청구하는 헌법소원심판: 피의자는 재정 신청을 할 수

없다. 따라서 피의자는 여전히 기소유예처분이나 기소중지처분 등에 대해서 헌법소원심판을 청구할 수 있다. ⓐ 기소유예처분은 공소를 제기할 충분한 혐의가 있고 소송조건이 구비되었는데도 검찰관이나 검사가 제반사항을 고려하여 공소를 제기하지 않는다는 내용의 처분이다. 범죄혐의가 없음이 명백한 사안을 놓고 자의적이고 타협적으로 기소유예처분을 하였다면 헌법이 금하는 차별적인 공권력 행사가 되어 그 처분을 받은 사람은 평등권 침해를 이유로 헌법소원심판을 청구할 수 있다(헌재 1989. 10. 27. 89헌마56). 검사의 재량권 행사에는 스스로 합리적인 한계가 있어야 한다. 따라서 기소하여 법원의 심판을 받도록 함이 마땅한 사안을 자의적으로 기소유예처분을 내리는 것은 형사피해자의 재판절차진술권과 평등권을 침해한다고 볼 수 있다(헌재 1999. 3. 25. 98헌마303). ⓑ 기소중지처분은 검사가 피의자의 소재불명 등을 이유로 수사를 종결할 수 없으면 그 사유가 해소될 때까지 수사를 일시 중지하는 처분으로 이 처분 역시 재정 신청 대상이 되지 아니하고 다른 법률에 그 구제절차가 마련되어 있지 않아서 피의자는 헌법소원심판을 청구할 수 있다(헌재 1997. 2. 20. 95헌마362). 그러나 ⓒ '공소권 없음' 처분과 '죄가 안 됨' 처분은 피의자에게 범죄혐의가 있음을 확정하는 것이 아니어서 검사가 청구인(피의자)에게 '공소권 없음'이나 '죄가 안 됨' 처분을 내렸더라도 이것을 가리켜 피의자인 청구인의 헌법상 기본권을 침해하는 공권력 행사라고 할 수 없다. 따라서 이러한 처분을 대상으로 한 헌법소원심판 청구는 부적법하다(헌재 1996. 11. 28. 93헌마229).

(ⅳ) 고발인이 청구하는 헌법소원심판: 고발인은 불기소처분에 대해서 검찰청법 제10조에 따른 항고·재항고를 할 수 있다. 그러나 고발인은 재정 신청을 할 수는 없다. 그러므로 고발인이 항고·재항고를 거쳐 헌법소원심판을 청구하였다면 이것은 적법하다(헌재 2011. 12. 29. 2011헌마2). 그리고 고소인의 지위에 있지 아니한 사람, 즉 형사피해자가 아

닌 사람의 고소는 고발과 다르지 않다. 따라서 피해자가 아닌 고소인은 자신에 대한 불기소처분이더라도 항고, 재항고를 거쳐 헌법소원심판을 청구할 수 있다(헌재 2014. 3. 27. 2013헌마750).

(ⅴ) 기소처분: 검사의 공소 제기가 청구인(피고인)의 기본권을 침해하였는지는 해당 형사재판절차를 통해서 권리구제가 가능하다. 그러므로 형사재판을 위한 사전준비행위로서 기소처분은 독립하여 헌법소원심판 대상이 될 수 없다(헌재 1992. 12. 24. 90헌마158). 검사의 약식명령 청구도 공소제기의 일종이다. 따라서 검사의 약식명령 청구에 대한 헌법소원심판 청구도 부적법하다(헌재 1993. 6. 2. 93헌마104).

③ 행정지도: 행정지도는 행정기관이 그 소관 사무 범위에서 일정한 행정목적을 실현하려고 특정인에게 일정한 행위를 하거나 하지 아니하도록 지도, 권고, 조언 등을 하는 행정작용을 말한다(행정절차법 제2조 제3호)(헌재 2008. 10. 30. 2006헌마1401등). 행정지도라도 그에 따르지 않으면 일정한 불이익조치를 예정하는 것 등 단순한 행정지도로서 가지는 한계를 넘어 규제적·구속적 성격이 있으면 헌법소원심판 대상이 되는 공권력 행사에 해당한다(헌재 2003. 6. 26. 2002헌마337등).

④ 권력적 사실행위: 행정상 사실행위는 법적 효과 발생을 의도하는 행위가 아니라 단순히 사실상 결과 실현을 목적으로 하는 모든 행위형식이다. 행정상 사실행위는 경고, 권고, 시사와 같은 정보제공행위나 단순한 지식표시행위인 행정지도와 같이 대외적 구속력이 없는 '비권력적 사실행위'와 행정청이 우월적 지위에서 일방적으로 강제하는 '권력적 사실행위'로 나눌 수 있다. 이 중에서 권력적 사실행위는 헌법소원심판 대상이 되는 공권력 행사에 해당한다(헌재 1994. 5. 6. 89헌마35). 권력적 사실행위는 공권력 행사 중, 행정주체의 행정행위 그 밖의 일정한 법적 효과 발생을 목적으로 하는 행위가 아니라 직접적으로 일정한 사실상 결과 발생만을 목적으로 하는 행정상 사실행위이다(헌재 1994. 5. 6. 89

헌마35). 일반적으로 어떤 행정행위가 헌법소원심판 대상이 되는 권력적 사실행위에 해당하는지는 해당 행정주체와 상대방의 관계, 그 사실행위에 대한 상대방의 의사·관여 정도·태도, 그 사실행위의 목적·경위, 법령에 따른 명령·강제수단 발동 가부 등 그 행위를 할 당시의 구체적 사정을 종합적으로 고려하여 개별적으로 판단하여야 한다(헌재 1994. 5. 6. 89헌마35).

⑤ 행정부작위: 행정청의 부작위는 헌법재판소법 제68조 제1항에 따라서 헌법소원심판 대상이 된다. 공권력 주체에 헌법에서 유래하는 작위의무가 특별히 구체적으로 규정되어 이에 따라서 기본권주체가 행정행위를 청구할 수 있는데도 공권력 주체가 그 의무를 해태하면 허용된다(헌재 1996. 6. 13. 94헌마118등). 여기서 작위의무는 (ⅰ) 헌법상 명문으로 공권력 주체의 작위의무가 규정되어 있을 때뿐 아니라 (ⅱ) 헌법의 해석상 공권력 주체의 작위의무가 도출되거나 (ⅲ) 공권력 주체의 작위의무가 법령에 구체적으로 규정되어 있을 때도 포함한다(헌재 2004. 10. 28. 2003헌마898). 그러므로 기본권 침해가 없는 행정청의 단순한 부작위는 헌법소원심판 대상이 될 수 없다(헌재 1991. 9. 16. 89헌마163). 그런데 법원은 당사자의 법규상 또는 조리상 권리에 따른 신청에 대해서 행정청이 상당한 기간 안에 일정한 처분을 하여야 할 법규상 또는 조리상 의무가 있는데도, 그 신청을 인용하는 적극적 처분이나 기각하는 소극적 처분 등을 하지 않으면 행정소송 대상이 되는 부작위가 성립한다고 한다(대법원 1990. 9. 25. 선고 89누4758 판결). 따라서 일반 국민 신청에 따른 것으로서 이러한 요건에 해당하는 부작위는 헌법소원의 보충성 요건에 따라 사실상 헌법소원심판 대상에서 배제될 것이다. 그러나 신청에 따르지 않은 행정부작위는 부작위위법확인소송 대상이 될 수 없어서 헌법재판소는 헌법에서 유래하는 작위의무 존부를 심사하고 나서 이것이 긍정되면 본안 판단에 나갈 수 있다. 국가가 공권력을 행사

하였더라면 사인(私人)에 의한 기본권 침해 상태가 제거될 수 있었는데도 이를 행사하지 아니하여 사인에 의한 기본권 침해 상태가 계속되는 것도 공권력의 불행사로 말미암은 기본권 침해에 해당한다(헌재 1997. 3. 27. 94헌마277).

⑥ 행정청의 사법상 행위: 행정기관 행위라도 사법상 행위는 헌법소원심판 대상이 되지 아니한다. 따라서 '공공용지의 취득 및 손실보상에 관한 특례법'에 따른 토지 등의 협의취득에 따르는 보상금 지급행위(헌재 1992. 11. 12. 90헌마160)와 폐천부지 교환행위(헌재 1992. 11. 12. 90헌마160)는 헌법소원심판 대상이 되는 공권력 행사라고 볼 수 없다. 그리고 헌법재판소는 특별한 공법적 규제 없이 한국방송공사 자율에 맡긴 셈이 되는 한국방송공사 직원 채용관계는 사법적인 관계에 해당한다고 봄이 상당하고 그러한 채용에 필수적으로 따르는 사전절차로서 채용시험의 응시자격을 정한 공고도 사법적인 성격이 있으므로 공권력 행사에 해당하지 않는다고 보았다(헌재 2006. 11. 30. 2005헌마855).

⑦ 행정계획: 행정계획이란 행정에 관한 전문적·기술적 판단을 기초로 특정한 행정목표를 달성하려고 서로 관련되는 행정수단을 종합·조정함으로써 앞날의 일정한 시점에 일정한 질서를 실현하기 위한 활동기준으로 설정된 것을 말한다(대법원 1996. 11. 29. 선고 96누8567 판결). 이러한 행정계획이 헌법소원심판 대상이 되는 공권력 행사에 해당하는지는 일률적으로 말할 수 없다. 대외적 구속력이 있는 행정계획은 공권력 행사로 볼 수 있다. 하지만 구속력이 없고 사실상 준비행위나 사전 안내 또는 행정기관 내부 지침에 지나지 않는 행정계획은 원칙적으로 헌법소원심판 대상이 되는 공권력 행사라고 할 수 없다. 다만, 비구속적 행정행위라도 국민의 기본권에 직접적으로 영향을 끼치고, 앞으로 법령의 뒷받침으로 그대로 실시될 것이 틀림없을 것으로 예상되면, 공권력 행사로서 헌법소원심판 대상이 된다(헌재 2000. 6. 1. 99헌마538등).

⑧ 공고: 공고는 일반적으로 특정 사실을 불특정 다수에게 알리는 행위로서 그것이 어떠한 법률효과가 있는지는 일률적으로 말할 수 없고, 개별 공고 내용과 관련 법령 규정에 따라 구체적으로 판단하여야 한다(헌재 2000. 1. 27. 99헌마123). 공고가 법령에 근거하여 법령 내용을 구체적으로 보충하거나 세부적인 것을 확정하면 공권력 행사에 해당한다(헌재 1996. 4. 25. 94헌마119). 그러나 공고가 법령에 정해지거나 이미 다른 공권력 행사를 통해서 결정된 사항을 단순히 알리는 것 혹은 대외적 구속력이 없는 행정관청 내부의 해석지침에 불과하면 공권력 행사에 해당하지 않는다(헌재 1997. 7. 16. 97헌마70). 헌법재판소는 해당 공고가 기존 법령 내용을 단순히 알리는 것에 지나지 않으면 공권력 행사성을 부정하여 헌법소원심판 대상성을 인정하지 않고, 공고를 통해서 세부 내용이 비로소 확정되면 헌법소원심판 대상이 된다고 본다(헌재 2000. 1. 27. 99헌마123). 해당 공고가 확인적 의미만 있을 뿐이고, 청구인의 법적 지위에 아무런 영향을 미치지 않으면 헌법소원심판 대상성이 부정된다.

⑨ 단순한 사실 고지: 행정청이 한 행위라도 그것이 단순한 사실 고지에 불과하면 공권력 행사에 해당하지 않는다. 따라서 행정안전부 장관이 사법시험 제1차 시험의 불합격처분을 직권으로 취소하면서 추가 합격한 사람에게 그가 부여받게 되는 사법시험 제2차 시험 응시자격 범위를 통보한 것은, 대법원 판결에 따라 관련 규정을 해석하고 이것을 근거로 청구인들에게 제1차 시험의 불합격처분을 취소하고 추가 합격 조치를 하였음과 추후 치러질 제2차 시험에 응시할 자격이 부여되었음을 알려준 단순한 사실 고지에 불과하여 기본권을 침해하는 공권력 행사로는 볼 수 없다(헌재 1999. 11. 30. 99헌마625).

⑩ 각종 위원회 결정: 각종 위원회 결정은 그것이 법상 부여받은 권한에 근거하여 공권력 행사로 하였다면 행정소송으로 다툴 수 있다. 다만, 그 여부가 불분명하거나 다툴 수 없으면 헌법소원심판을 청구할 수

있다. 공정거래위원회 심사불개시결정은 공권력 행사에 해당하고, 그 결정이 자의적이면 '독점규제 및 공정거래에 관한 법률' 위반 행위로 말미암아 피해자(신고인)의 평등권을 침해할 수 있어서 헌법소원심판 대상이 되고(헌재 2004. 3. 25. 2003헌마404), 공정거래위원회 무혐의처분도 헌법소원심판 대상이 된다(헌재 2002. 6. 27. 2001헌마381). 그리고 부패방지법(제40조)상 국민감사청구제도는 일정한 요건을 갖춘 국민이 감사 청구를 하면 감사원장이 감사청구권 사항에 대해서 감사 실시 여부를 결정하고 그 결과를 감사청구인에게 통보하도록 의무를 지우므로 (부패방지법 제42조와 제43조), 이러한 국민감사 청구에 대한 기각결정은 공권력 주체의 고권적 처분이라는 점에서 헌법소원심판 대상이 될 수 있는 공권력 행사라고 보아야 할 것이다(헌재 2006. 2. 23. 2004헌마414). 그런데 헌법재판소는 국가인권위원회의 진정 각하 결정(헌재 2004. 4. 29. 2003헌마538)과 진정 기각 결정(헌재 2010. 12. 28. 2010헌마101)이 헌법소원심판 대상이 되고 보충성 예외에 해당한다고 하였다가, 이들 결정이 항고소송 대상이 되는 행정처분에 해당하므로 행정소송을 거쳐야 한다고 판례를 변경하였다(헌재 2015. 3. 26. 2013헌마214등).

⑪ 간접적인 국가행정: 헌법소원심판 대상이 되는 공권력은 입법·집행·사법 등의 모든 국가기관뿐 아니라 간접적인 국가행정, 예를 들어 공법상 사단, 재단 등의 공법인, 국립대학교와 같은 영조물 등의 작용도 포함된다. 따라서 대통령선거방송위원회는 공직선거법 규정에 따라 설립되고 같은 법에 따른 법적 업무를 수행하는 공권력 주체이므로, 대통령선거방송토론위원회가 공영방송과 일체가 되어 대통령후보자를 초청하여 합동방송토론회를 개최하기로 정한 결정과 그 공표행위는 헌법소원심판 대상이 되는 공권력 행사이다(헌재 1998. 8. 27. 97헌마372등).

⑫ 행정청의 거부행위: 국민 신청에 대한 행정청의 거부행위가 헌법소원심판 대상인 공권력 행사가 되려면 국민이 행정청에 대해서 신청에

따른 행위를 해 달라고 요구할 권리가 있어야 한다(헌재 1999. 6. 24. 97 헌마315). 그런데 법원은 행정청의 거부행위가 거부처분이 되려면 국민이 행정청에 그 신청에 따른 처분을 해 줄 것을 요구할 법규상 또는 조리상 권리가 있어야 한다고 한다(대법원 1990. 9. 28. 선고 89누8101 판결). 따라서 신청권에 근거한 신청에 대한 거부행위는 거부처분으로서 행정소송 대상이 되므로 그에 대한 헌법소원은 보충성 요건 흠결로 부적법하다(헌재 2007. 10. 25. 2003헌마95). 결국 법원에서는 거부처분에 해당하지 않는다고 보지만, 헌법재판소는 공권력 행사에 해당한다고 보는 거부행위만 헌법소원심판 대상이 될 수 있다(헌재 2000. 2. 24. 97헌마13등).

⑬ 행정기관 서로 간의 내부적 의사결정: 행정기관의 내부적 의사결정에 불과하여 직접 국민의 권리의무에 어떠한 영향을 미치지 않으면 헌법소원심판 대상이 되는 행정관청의 처분으로 볼 수 없어서, 결국 헌법소원심판 대상이 되지 아니한다. 그러나 헌법재판소는 세무대학장이 인사위원회 동의를 얻어 재무부 장관에게 청구인의 재임용을 추천하였다가 청구인이 전국교직원노동조합 활동을 하고 그 탈퇴약속을 지키지 아니하였다고 하여 이것을 일방적으로 철회하고 청구인의 재임용추천을 하지 아니한 '재임용추천거부행위'와 같은 총·학장의 임용 제청이나 그 철회는 행정기관 서로 간의 내부적인 의사결정과정일 뿐이고 행정소송 대상이 되는 행정처분이라고 볼 수 없다는 것이 대법원의 일관된 판례임을 확인한 뒤, 세무대학장이 청구인의 조교수 재임용 추천을 하지 아니한 공권력 불행사가 헌법소원심판 대상이 됨을 전제로 본안 판단을 하였다(헌재 1993. 5. 13. 91헌마190).

⑭ 내부적 행위: 헌법재판소는 정부의 법률안 제출권 행사는 공권력성이 있으나, 제출된 법률안이 법률로서 확정되려면 국회 의결과 대통령의 공포절차를 거쳐야 하므로, 법률안 제출은 국가기관 서로 간의 내

부적 행위에 불과하고 국민에 대해서 직접적인 법률효과를 발생시키는 행위가 아니라서 공권력 불행사에 해당하지 않는다고 판시하였다(헌재 1994. 8. 31. 92헌마174). 그리고 헌법재판소는 예산편성 행위는 국무회의 심의, 대통령 승인과 국회의 예산안 심의·확정을 위한 전 단계 행위로서 국가기관 사이의 내부적 행위에 불과하므로, 헌법소원 대상이 되는 '공권력 행사'에 해당하지 않는다고 하였다(헌재 2017. 5. 25. 2016헌마383).

⑮ 법원의 재판을 거친 원행정처분(원처분소원의 허용 가능성): 헌법재판소는 원행정처분에 대해서 법원에 행정소송을 제기하여 패소판결을 받고 그 판결이 확정되면 당사자는 그 판결의 기판력에 따른 기속을 받게 되므로, 별도 절차에 따라서 이러한 판결의 기판력이 제거되지 않는 한, 행정처분의 위법성을 주장하는 것은 확정판결의 기판력에 어긋나므로 원행정처분은 헌법소원심판 대상이 되지 않는다고 판시한 바 있다(헌재 1998. 5. 28. 91헌마98등). 다만, 예외적으로 원행정처분을 심판 대상으로 삼았던 법원의 재판이 헌법소원심판 대상이 되어 그 재판이 취소되면 원행정처분에 대한 헌법소원심판 청구를 받아들여 이것을 취소할 수 있다고 하였다(헌재 1997. 12. 24. 96헌마172등).

⑯ 정부투자기관에 대한 감독작용: 헌법재판소는 경제기획원 장관이 정부투자기관에 통보한 1993년도 정부투자기관예산편성공통지침은 각 정부투자기관의 출자자인 정부가 정부투자기업의 경영 합리화와 정부 출자의 효율적인 관리를 도모하려고 예산편성에 관한 일반적 기준을 제시하여 출자자로서 의견을 개진하는 것에 지나지 아니한다고 할 것이고, 이러한 예산편성공통지침의 통보행위는 성질상 정부의 그 투자기관에 대한 내부적 감독작용에 해당할 뿐이고 국민에 대해서 구체적으로 어떠한 권리를 설정하거나 의무를 명하는 법률적 규제작용으로서 공권력작용에 해당한다고 볼 수 없으며 나아가 이러한 예산편성지침에 임금

에 관한 부분이 포함되더라도 이것은 사용자 측이라고 할 수 있는 정부가 그 투자기관에 대해서 내부적 지표로서 임금에 관한 예산편성의 공통지침을 시달하여 임금협상에 관한 유도적 기준을 제시한 것이지 단체교섭에 직접 개입하거나 이를 강제하는 것이 아니므로 헌법소원심판 대상이 되는 공권력 행사라고 볼 수 없다고 하였다(헌재 1993. 11. 25. 92헌마293). 이와 비슷한 결정으로, 기획예산처 장관의 정부투자기관에 대한 예산편성지침 통보행위와 예산배정유보방침 통보행위가 헌법소원심판 대상이 되는 공권력 행사에 해당하지 않는다고 한 사례가 있다(헌재 2002. 1. 31. 2001헌마228).

(4) 사법작용

① 법원의 재판: 헌법 제111조 제1항 제5호는 '법률이 정하는 헌법소원'이라고 하여 헌법소원의 구체화를 입법에 포괄적으로 위임하고, 헌법재판소법 제68조 제1항은 법원의 재판을 헌법소원심판 대상에서 제외한다. 헌법재판소법 제68조 제1항이 규정하는 '법원의 재판'은 소송사건을 해결하려고 법원이 내리는 종국적 판단 표시인 종국결정과 같은 의미로 사용되기도 하나, 소송법상으로는 법원이 하는 공권적 법판단이나 의사표현을 지칭하는 것이고, 이러한 의미에서는 사건을 종국적으로 해결하기 위한 종국판결 외에 본안전 종국판결과 중간판결이 모두 포함되고 그 밖에 소송절차의 파생적·부수적인 사항에 대한 공권력 판단도 포함한다고 봄이 일반적이다(헌재 1992. 12. 24. 90헌마158). 일반 법원의 재판뿐 아니라 군사법원의 재판도 포함한다(헌재 2008. 4. 15. 2008헌마267).

헌법재판소는 원칙적으로 재판소원을 인정하지 않으면서도, "헌법재판소법 제68조 제1항의 '법원의 재판'에 헌법재판소가 위헌으로 결정하여 그 효력을 상실한 법률을 적용함으로써 국민의 기본권을 침해하는 재판도 포함되는 것으로 해석하는 한도 안에서 헌법재판소법 제68조 제1항은 헌법에 위반된다."라는 한정위헌결정을 내림으로써 예외적으로 재판소원을 인정한다(헌재 1997. 12. 24. 96헌마172등). 최근 소수의견은 예외적으로 헌법소원심판 대상이 되는 법원의 재판은 '헌법재판소가 위헌으로 결정한 법령을 적용한 재판'에만 한정되는 것이 아니며, 헌법재판소가 위헌결정에 이르게 된 핵심직인 논증, 즉 헌법재판소의 위헌이라는 결론을 뒷받침하는 핵심직인 이유의 논리를 부인하는 법원의 재판도 여기에 포함되어야 한다고 한다(헌재 2018. 8. 30. 2015헌마861등 재판관 김이수, 재판관 안창호의 이 사건 대법원 판결들에 대한 반대의견; 헌재 2019. 2. 28. 2016헌마56 재판관 이석태, 재판관 김기영의 반대의견). 그리고 국가가 권력을 남용해 국민의 자유와 권리를 '의도적이고 적극적으로' 침해하는 '총체적' 불법행위를 자행한 사안에 대해서도 법원이 국가의 불법행위를 부임함으로써 도지히 묵과할 수 없는 부정의한 결과가 발생하면 이러한 판결도 국가와 헌법이 상정해 둔 사법의 본질에 비추어 재판소원 금지에 관한 또 다른 예외가 되어야 한다는 소수의견도 있다(헌재 2019. 2. 28. 2016헌마56 재판관 이석태, 재판관 김기영의 반대의견). 헌법재판소의 법률에 대한 위헌결정(한정합헌결정, 한정위헌결정, 헌법불합치결정 포함)에 어긋나는 법원의 재판에 대해서는 헌법소원심판을 청구할 수 있으나, 위헌으로 결정된 법률조항은 그 결정이 있는 날부터 효력을 상실하므로(헌법재판소법 제47조 제2항), 원칙적으로 동 위헌결정일 이후의 재판이 이에 해당할 것이다(헌재 1998. 4. 30. 92헌마239). 그리고 헌법재판소가 위헌이라고 결정한 법령에 따른 행정처분이 당연무효가 아니라 취소할 수 있는 행정행위에 불과하다고 판단한 법원의 재판은 헌법소원심판 대상이 되는 재판에 해당하지 아니한다(헌재 1998. 4. 30. 95헌마93등).

② 재판장의 소송지휘 또는 재판진행: 재판장의 소송지휘권 행사에

관한 사항은 그 자체가 명령으로서 법원의 재판에 해당하거나 재판형식이 아닌 권력적 사실행위로 하였더라도 종국판결이 선고되고 나서는 종국판결에 흡수·포함되어 그 불복방법은 그 판결에 대한 상소를 통해서만 가능하므로 재판장이 변론지휘권을 부당하게 행사한 것을 대상으로 하는 헌법소원심판 청구나 재판장의 소송지휘 또는 재판진행에 관한 헌법소원심판 청구는 결국 법원의 재판을 직접 그 대상으로 하여 청구한 때에 해당하므로 적법하지 않다(헌재 1992. 6. 26. 89헌마271).

③ 재판부작위(재판 지연): 헌법소원심판 대상에서 제외되는 '법원의 재판'에는 재판 자체뿐 아니라 '재판절차에 관한 법원의 판단'도 포함되므로, '재판 지연'은 결국 법원의 재판절차에 관한 것이라서 헌법소원심판 대상이 아니다(헌재 1998. 5. 28. 96헌마46).

④ 법원행정처장의 법령 질의에 대한 회신: 법원행정처장의 민원인에 대한 법령 질의 회신은 법규나 행정처분과 같은 법적 구속력이 있는 것이 아니므로 이에 대한 헌법소원심판 청구는 적법하지 않다(헌재 1992. 6. 26. 89헌마132).

⑤ 헌법재판소 결정: 헌법재판소 결정은 그 결정의 자기기속력이나 법적 안정성 때문에 이것을 취소·변경할 수 없으므로 헌법소원심판 대상으로는 적합하지 않다(헌재 1989. 7. 24. 89헌마141).

2. 헌법상 보장된 기본권을 침해받은 자

(1) 헌법상 보장된 기본권

헌법상 보장된 기본권이란 '헌법이 직접 국민에게 부여한 주관적 권리, 즉 국민의 국가에 대한 헌법적 권리'이다(헌재 2001. 3. 21. 99헌마139등). 이 기본권은 주로 국민의 권리와 의무에 관한 제2장에 포함될 것이지만, 거기에만 국한된 것은 아니다. 예를 들면 헌법 제8조의 정당조항, 제116조의 평등한 선거운동, 공영선거원칙도 기본권의 근거가 될 수 있다. 그러므로 어떤 헌법규범이 개인의 기본권을 보장하는지는 결국 개별 헌법 규정 해석을 통해서 밝혀야 할 것이다(헌재 2001. 3. 21. 99헌마139등). 헌법재판소는 "제도적 보장은 객관적 제도를 헌법에 규정하여 당해 제도의 본질을 유지하려는 것으로서 헌법제정권자가 특히 중요하고도 가치가 있다고 인정되고 헌법적으로도 보장할 필요가 있다고 생각하는 국가제도를 헌법에 규정함으로써 장래의 법발전, 법형성의 방침과 범주를 미리 규율하려는 데 있다. 이러한 제도적 보장은 주관적 권리가 아닌 객관적 법규범이라는 점에서 기본권과 구별된다."라고 하였다(헌재 1997. 4. 24. 95헌바48). 물론 문제가 된 제도적 보장이 보호하는 주관적 권리인 기본권 침해를 주장하여 헌법소원을 제기할 수 있으나, 이것은 별개 문제이다. 나아가 '헌법에 의해 직접 보장된' 개인의 주관적 권리만을 뜻한다. 여기서 '직접' 보장된다는 것은 헌법에서 명문 규정으로 보장한 것만을 가리키는 것이 아니라 헌법에서 도출된 것도 포함한다.

(2) 헌법소원심판 청구인능력

헌법소원심판은 헌법이 보장한 기본권을 '침해받은 자'가 청구할 수 있다. 그러므로 기본권주체가 될 수 있는 사람이 헌법소원심판청구인이 될 수 있다. 즉 기본권능력이 있는 사람만 헌법소원심판을 청구할 수 있다.

① 자연인: 대한민국 국적이 있는 모든 자연인은 기본권주체가 된다. 따라서 대한민국 국적이 있는 모든 국민이 헌법소원심판을 청구할 수 있다(헌재 1994. 12. 29. 93헌마120). 아동이나 미성년자도 청구인능력이 있다. 다만, 이들은 원칙적으로 소송능력이 없어서(헌법재판소법 제40조, 민사소송법 제51조, 제55조), 이들의 헌법소원심판 청구는 친권자 등의 법정대리인이 수행한다. 대통령도 국민의 한 사람으로서 제한적으로나

마 기본권주체가 될 수 있으므로, 그러한 범위에서 헌법소원심판을 청구할 수 있다(헌재 2008. 1. 17. 2007헌마700). 외국인이나 무국적자는 기본권의 성질에 따라 기본권주체가 될 수 있는 때만 헌법소원심판을 청구할 수 있다(헌재 2001. 11. 29. 99헌마494).

자연인은 원칙적으로 살아 있는 동안에 기본권주체이다. 태아도 기본권의 성질에 비추어 기본권주체가 될 수 있으면 대리인을 통해서 헌법소원심판을 청구할 수 있다. 헌법재판소는 생명권에 관해서 태아의 기본권능력을 인정하였으나(헌재 2008. 7. 31. 2004헌바81), 수정 후 14일이 지나서 원시선이 나타나기 전의 수정란 상태, 즉 일반적인 임신이면 수정란이 모체에 착상되어 원시선이 나타나는 그 시점의 배아 상태에 이르지 않은 배아, 즉 초기배아의 청구인능력은 인정하지 않았다(헌재 2010. 5. 27. 2005헌마346). 사망으로 심판청구인이 될 능력도 소멸하는 것이 원칙이다. 따라서 헌법소원심판청구인이 사망하면 기본권은 일반적으로 일신전속적이므로 보통 헌법재판소에 계속된 헌법소원은 종료된다(헌재 1992. 11. 12. 90헌마33). 그러나 재산권과 같이, 일신전속성이 상대적으로 약한 기본권에서는 심판청구인 사망 이후에도 그 상속인의 헌법소원심판절차 수계가 가능하다(헌재 1993. 7. 29. 92헌마234). 헌법재판소는 "수계할 당사자가 없거나 수계의사가 없는 때에는 청구인의 사망에 의하여 헌법소원심판절차는 원칙적으로 종료된다고 할 것이고, 다만, 수계의사표시가 없는 때에도 이미 결정을 할 수 있을 정도로 사건이 성숙되어 있고, 그 결정에 의하여 유죄판결을 받은 자의 이익을 위하여 결정의 필요성이 있다고 판단되는 때에 한하여 종국결정을 할 수 있다."라고 판시하였다(헌재 1994. 12. 29. 90헌바13). 그리고 헌법재판소는 인격권과 관련하여 사자의 기본권능력을 인정하는 듯한 견해를 보인 적이 있다(헌재 2010. 10. 28. 2007헌가23).

② 단체: 법인격이 있는 사법상 사단이나 재단이 성질상 기본권주체

가 될 수 있는 범위 안에서 청구인능력이 있다. 헌법재판소는 '사단법인 한국영화인협회'는 민법상 비영리 사단법인으로서 성질상 법인이 누릴 수 있는 기본권에 관한 한 그 이름으로 헌법소원심판을 청구할 수 있다고 하였다(헌재 1991. 6. 3. 90헌마56). 법인 아닌 사단·재단이라도 대표자의 정함이 있고 독립된 사회적 조직체로서 활동하면 성질상 법인이 누릴 수 있는 기본권을 침해당할 때 그의 이름으로 헌법소원심판을 청구할 수 있다(헌재 1991. 6. 3. 90헌마56). 헌법재판소는 노동조합은 법인 아닌 사단으로서 기본권능력이 인정되고, 특히 헌법 제33조가 정하는 바에 따라 기본권주체성이 인정되므로, 그 범위에서는 헌법소원심판을 청구할 수 있다고 하였고(헌재 1999. 11. 25. 95헌마154), 권리능력 없는 사단의 일종인 정당에 대해서 심판청구능력을 인정하였으며(헌재 1991. 3. 11. 91헌마21), 대한예수교장로회 총회신학연구원 이사회에 대해서도 장로회총회의 단순한 내부기구가 아니라 그와는 별개의 비법인 재단에 해당한다고 하여 심판청구능력을 인정하였다(헌재 2000. 3. 30. 99헌바14). 그러나 한국영화인협회 감독위원회는 영화인협회에서 독립된 별개의 단체가 아니고, 영화인협회 내부에 설치된 8개의 분과위원회 가운데 하나에 지나지 아니하며, 달리 단체로서 실체를 갖추어 당사자능력이 인정되는 법인 아닌 사단으로 볼 자료가 없으므로 헌법소원심판의 청구능력이 있다고 할 수 없다고 하여 단체의 부분기관에는 청구인능력을 부인하였다(헌재 1991. 6. 3. 90헌마56).

기본권 보장 규정인 헌법 제2장의 제목이 '국민의 권리와 의무'이고 그 제10조 내지 제39조에서 "모든 국민은 …… 권리를 가진다."라고 규정하므로 이러한 기본권 보장에 관한 각 헌법 규정 해석상 국민만 기본권주체라고 할 것이고, 공권력 행사자인 국가, 지방자치단체나 그 기관 또는 국가조직 일부나 공법인은 기본권의 '수범자'이지 기본권주체가 아니고 오히려 국민의 기본권을 보호하거나 실현하여야 할 '책임'과 '의무'

를 지닐 뿐이다(헌재 1994. 12. 29. 93헌마120). 헌법재판소는 이러한 견지에서 국회의 노동위원회(헌재 1994. 12. 29. 93헌마120), 국회의원(헌재 1995. 2. 23. 90헌마125), 공법인인 지방자치단체의 장(헌재 1997. 12. 24. 96헌마365)이나 의결기관(헌재 1998. 3. 26. 96헌마345)은 기본권주체가 될 수 없다고 하여 헌법소원심판 청구능력을 부인하였다. 그리고 교육위원은 기본권주체가 아니라 공법인인 지방자치단체의 합의체기관인 교육위원회 구성원으로서 공법상 권한을 행사하는 공권력 행사의 주체일 뿐이라고 하여 청구인능력을 부인하였고(헌재 1995. 9. 28. 92헌마23 등), 농지개량조합에 대해서도 공익적 목적을 위해서 설립되어 활동하는 공법인이라고 봄이 상당하다고 하여 헌법소원심판 청구능력을 부인하였다(헌재 2000. 11. 30. 99헌마190). 공권력 주체라고 할지라도 국·공립대학이나 공영방송국과 같이 국가에 대해서 독립성이 있는 독자적인 기구로서 해당 기본권 영역에서 개인의 기본권 실현에도 이바지하면 예외적으로 기본권주체가 될 수 있으므로, 헌법소원심판을 청구할 수 있다. 헌법재판소도 영조물인 국립서울대학교에 대해서 학문의 자유 및 대학의 자치와 관련한 기본권주체성을 인정한 적이 있다(헌재 1992. 10. 1. 92헌마68등). 그리고 축산업협동조합중앙회는 회원의 임의탈퇴나 임의해산이 불가능한 점 등 공법인적 특성이 많이 있지만, 그 존립목적과 설립형식에서 드러나는 자주적 성격에 비추어 사법인성도 겸유한 특수한 법인으로서 기본권주체가 된다고 인정하였고, 다만 예외적으로 공법인적 성질이 있는 법인이 기본권주체가 되어도 그 공법인적 성격으로 말미암아 제한을 받지 않을 수 없다고 하였다(헌재 2000. 6. 1. 99헌마553).

(3) 기본권 침해 가능성

기본권 침해란 공권력 주체가 기본권규범이 보장한 기본권의 내용이나 보호영역에 가하는 위법한 제약을 말한다. 그러므로 원칙적으로 기본권규범의 수범자가 아닌 사인, 즉 기본권의 구속을 당하지 아니하는 사인은 기본권적 보호법익에 사실적 제약을 가할 수는 있으나, '침해'할 수 없다. 여기서 유의할 것은 적법요건으로서 헌법재판소법 제68조 제1항의 '헌법상 보장된 기본권을 침해받은 자'는 '헌법상 보장된 기본권을 침해받았다고 주장하는 자'로 해석하여야 하며, 심판청구인은 자기 기본권에 대한 공권력 주체의 제약행위가 위헌임을 어느 정도 구체적으로 주장하여야 한다. 그러므로 심판청구인이 기본권 침해 가능성을 확인할 정도의 구체적 주장을 하지 않고 막연한 주장만 하면 그 심판 청구는 부적법한 것이 될 것이다(헌재 2005. 2. 3. 2003헌마544). 헌법소원심판이 청구되면 헌법재판소는 청구인 주장에 얽매여 판단을 한정하지 않고 가능한 한 모든 범위에서 헌법상 기본권 침해 여부를 직권으로 심사한다(헌재 1989. 9. 4. 88헌마22). 그리고 헌법재판소법 제68조 제1항 본문은 "공권력의 행사 또는 불행사로 인하여 헌법상 보장된 기본권을 침해받은 자는 …… 헌법재판소에 헌법소원심판을 청구할 수 있다."라고 규정하는바, 이것은 공권력의 행사나 불행사로 말미암아 헌법상 보장된 자신의 기본권을 현재 직접 침해당한 사람만 헌법소원심판을 청구할 수 있다는 뜻이다. 따라서 공권력 행사로 말미암아 헌법소원심판을 청구하고자 하는 사람의 법적 지위에 아무런 영향이 미치지 않는다면 기본권 침해의 가능성이나 위험성이 없으므로 그 공권력 행사를 대상으로 헌법소원심판을 청구하는 것은 허용되지 아니한다(헌재 1999. 5. 27. 97헌마368).

(4) 헌법소원심판 청구인적격(법적 관련성)

헌법재판소법 제68조 제1항을 따르면 헌법소원은 공권력의 행사나 불행사로 말미암아 헌법상 보장된 기본권을 침해받은 사람이 그 심판을 구하는 제도로서, 이때 심판을 구하는 사람은 심판 대상인 공권력의 행사나 불행사로 말미암아 자기 기본권이 현재 그리고 직접 침해받는 사람이어야 한다(헌재 1992. 9. 4. 92헌마175).

① 자기관련성

청구인은 공권력 작용에 자기 스스로 법적으로 관련되어야 한다. 원칙적으로 기본권을 침해당하는 사람만 헌법소원심판을 청구할 수 있고, 제3자는 특별한 사정이 없는 한 기본권 침해에 직접 관련되었다고 볼 수 없다(헌재 1997. 3. 27. 94헌마277). 자기관련성은 헌법소원제도가 민중소송 형태로 흐르는 것을 차단하려는 방편이다(헌재 1994. 6. 30. 91헌마162). 법률에 따른 기본권 침해에서 어떠한 때에 제3자인 청구인의 자기관련성을 인정할 수 있는지의 문제는 무엇보다도 법의 목적과 실질적인 규율대상, 법규정의 제한이나 금지가 제3자에게 미치는 효과나 진지함의 정도 등을 종합적으로 고려하여 판단하여야 한다(헌재 1997. 9. 25. 96헌마133). 공권력작용이 단지 간접적, 사실적 또는 경제적인 이해관계로만 관련되는 제3자, 나아가 반사적으로 불이익을 받은 사람에게는 자기관련성이 인정되지 않는다(헌재 1993. 3. 11. 91헌마233). 그러나 공권력 작용이 제3자의 기본권을 직접적이고 법적으로 침해하면 제3자에게도 자기관련성이 인정된다(헌재 1993. 3. 11. 91헌마233).

법률에 대한 헌법소원심판 청구는 해당 법률이 청구인 자신의 기본권을 침해할 가능성이 없는 때, 즉 자기관련성이 없는 때는 허용되지 않는다. 하지만 평등권 침해를 주장하는 헌법소원사건에서는 비교집단에 혜택을 부여하는 법규정이 위헌이라고 선고되어 그러한 혜택이 제거된다면 비교집단과 맺는 관계에서 청구인의 법적 지위가 상대적으로 향상된다고 볼 여지가 있으면 청구인이 그 법규정의 직접적인 적용을 받는 사람이 아니더라도 그의 자기관련성을 인정할 수 있다(헌재 2001. 11. 29. 2000헌마84). 헌법재판소는 일반 법원과는 달리 일반 법률해석이나 사실 인정의 문제를 다루는 기관이 아니라 사실문제에 깊이 관여할 수 없는 헌법해석기관이고, 헌법소원에는 주관적 기본권 보장기능과 객관적 헌법 보장기능이 함께 있으므로, 권리귀속에 대한 소명만으로써 자기관련성 구비 여부를 판단할 수 있다(헌재 1994. 12. 29. 89헌마2). 헌법재판소는 단체가 단체구성원을 위해서 자신의 이름으로 헌법소원심판을 청구한 것을 부적법한 것으로 각하하였다(헌재 1991. 6. 3. 90헌마56).

② 현재(관련)성

청구인은 현재 기본권이 침해되어야 한다. 법률에 대한 헌법소원심판청구가 적법하려면 청구인에게 해당 법률에 해당되는 사유가 발생함으로써 그 법률이 청구인의 기본권을 명백히 구체적으로 현재 침해하였거나 침해가 확실히 예상되는 경우에 한정된다(헌재 1994. 6. 30. 91헌마162). 다만, 기본권 침해가 앞날에 발생하더라도 그 침해가 틀림없을 것으로 현재 확실히 예측된다면 기본권구제 실효성을 위해서 침해의 현재성이 인정된다(헌재 1992. 10. 1. 92헌마68등). 법률이 헌법소원심판 대상이 되려면 현재 시행 중인 유효한 법률이어야 함이 원칙이다. 그러나 법률이 일반적 효력을 발생하기 전이라도 공포되고, 그로 말미암아 사실상 위험성이 이미 발생하면 예외적으로 침해의 현재성을 인정하여, 이에 대해서 곧 헌법소원심판을 청구할 수 있다. 그렇게 보지 않고 법률이 시행된 다음에야 비로소 헌법소원심판을 청구할 수 있다면, 장기간의 구제절차 등으로 말미암아 기본권을 침해받는 사람에게 회복불능이거나 중대한 손해를 강요하는 결과가 될 수도 있기 때문이다(헌재 1994. 12. 29. 94헌마2). 지난날에 기본권 침해가 있었더라도 그 침해가 청구 당시에도 계속 유지되면 현재성이 인정된다. 헌법재판소는 심판청구 시점을 기준으로 아직 발생하지 않은 기본권 침해를 현재성 흠결로 각하할 것인지 아니면 확실한 예측 가능성을 이유로 예외적으로 현재성 충족을 인정할 것인지만을 현재성과 관련하여 심사하고, 심판을 청구하고 나서 기본권 침해가 종료한 사안은 현재성이 아닌 권리보호이익과 관련하여 심사한다(예를 들어 헌재 2001. 6. 28. 2000헌마111).

③ 직접(관련)성

청구인은 공권력 작용으로 말미암아 직접 기본권이 침해되어야 한다. 이 직접성 요건은 법령에 대한 헌법소원에서는 특히 중요한 의미가 있다. 즉 법령에 따른 구체적인 집행행위를 기다리지 아니하고 직접·현재·자기의 기본권을 침해받아야 하는 것을 요건으로 한다. 여기서 말하는 기본권 침해의 직접성이란 집행행위를 통하지 아니하고 법령 자체가 직접 자유 제한, 의무 부과, 권리나 법적 지위 박탈을 일으킨다는 것을 뜻한다(헌재 1992. 11. 12. 91헌마192). 정의규정·선언규정과 같이 그 법령 조항 자체로 기본권 침해가 발생할 수 없거나 법령이 구체적인 집행행위를 예정하면 직접성 요건이 결여된다. 그러므로 법률에 따라서 기본권을 침해받으면 법률에 따라서 자신의 기본권을 직접 침해당하는 사람만 헌법소원심판을 청구할 수 있고, 법률의 직접적인 규율당사자가 아닌 제3자는 기본권 침해에 직접 관련되었다고 볼 수 없어서 헌법소원심판을 청구할 수 없다(헌재 1997. 3. 27. 94헌마277). 법령에 대한 헌법소원에서 '기본권 침해의 직접성'을 요구하는 이유는 법령은 일반적으로 구체적인 집행행위를 매개로 비로소 기본권을 침해하므로 기본권 침해를 받은 개인은 먼저 일반쟁송의 방법으로 집행행위를 대상으로 기본권 침해에 대한 구제절차를 밟는 것이 헌법소원의 성격상 요청되기 때문이다(헌재 1998. 4. 30. 97헌마141).

법률이나 법률조항이 구체적 집행행위를 예정하면 직접성 요건인 결여된다. 그러나 국민에게 행위의무나 금지의무를 부과하고 나서 그 위반행위에 대한 제재로서 형벌이나 행정벌 등을 부과할 것을 정하면 그 형벌이나 행정벌 부과를 직접성에서 말하는 집행행위라고 할 수 없다.

국민은 별도의 집행행위를 기다릴 필요 없이 제재 근거가 되는 법률 시행 자체로 행위의무나 금지의무를 직접 부담하기 때문이다(헌재 1996. 2. 29. 94헌마213). 여기의 집행행위에는 입법행위도 포함하므로 법령이 그 규정의 구체화를 위해서 하위규범 시행을 예정하면 해당 법령의 직접성은 부인된다(헌재 1996. 2. 29. 94헌마213). 그러나 하위규범 시행을 예정하더라도 권리 제한·의무 부과가 법률 자체에서 직접 이루어지면 기본권 침해의 직접성은 인정된다(헌재 2004. 1. 29. 2001헌마894). 다만, 최근에 헌법재판소는 형벌 조항을 위반하여 기소되고 나서는 재판 과정에서 구체적 규범절차를 통해서 구제받을 수 있다는 이유로 구성요건 규정의 직접성을 인정하지 않았다(헌재 2016. 11. 24. 2013헌마403). 집행행위는 공권력 행사로서 집행행위를 뜻하므로 사인의 행위는 집행행위가 아니다(헌재 1996. 4. 25. 95헌마331).

구체적 집행행위가 있다고 언제나 반드시 법률 자체에 대한 헌법소원심판 청구의 직접성이 부정되는 것은 아니다. 즉 (ⅰ) 집행행위가 있어도 그 집행행위를 대상으로 하는 구제절차가 없거나 구제절차가 있더라도 권리구제의 기대 가능성이 없고, 다만 기본권 침해를 당한 청구인에게 불필요한 우회절차를 강요하는 것밖에 되지 않으면 해당 법률을 직접 헌법소원심판 대상으로 삼을 수 있다(헌재 1992. 4. 14. 90헌마82). 그러나 명령이나 규칙을 합헌으로 판단하는 대법원 판례가 형성되어서 행정소송절차를 밟더라도 기각될 것이 뻔한 때에 곧바로 처분의 근거인 법령에 대하여 헌법소원을 제기하면 부적법 각하된다. 명령이나 규칙에 따른 구체적인 집행행위가 있고 그 집행행위를 통해서 비로소 기본권 침해가 현실적으로 발생하면 헌법재판소가 명령이나 규칙의 위헌성을 판단할 수 있는 때에 해당하지 않아서 해당 명령이나 규칙에 대해서는 직접성이나 보충성 요건의 예외를 인정할 여지가 없기 때문이다(헌재 1998. 5. 28. 96헌마151). 그리고 (ⅱ) 법규범이 집행행위를 예정하더라도 법규범 내용이 집행행위 이전에 이미 국민의 권리관계를 직접 변동시키거나 국민의 법적 지위를 결정적으로 정하는 것이어서 국민의 권리관계가 집행행위의 유무나 내용에 따라서 좌우될 수 없을 정도로 확정된 상태라면 그 법규범의 권리 침해 직접성이 인정된다(헌재 1997. 7. 16. 97헌마38). 그러나 최근에는 일의적으로 명백한 법률 규정일지라도 법규범이 집행행위를 법률사실로 규정하는 한 그 법규범의 직접성을 부인하는 헌법재판소 결정이 있었다(헌재 2006. 4. 27. 2004헌마562; 헌재 2013. 7. 25. 2012헌마934). 또한, (iii) 헌법소원심판 대상이 되는 법령은 그 법령에 따른 다른 집행행위를 기다리지 않고 직접 국민의 기본권을 침해하는 법령이어야 하지만, 예외적으로 법령이 일의적이고 명백한 것이어서 집행기관이 심사와 재량의 여지없이 그 법령에 따라 일정한 집행행위를 하여야 하면 해당 법령을 헌법소원심판의 직접대상으로 삼을 수 있다(헌재 1995. 2. 23. 90헌마214). 다만, 집행행위가 법령이 정한 요건이 충족되면 집행기관의 '재량' 없이 이루어지는 기속행위라는 것과 집행기관이 법령이 정한 요건 충족 여부를 '심사'할 여지도 없이 일의적이라는 것은 구분되어야 한다. 즉 집행행위가 조세의 부과처분 등과 같이 집행기관의 재량이 없는 기속행위라고 하더라도 집행기관에 적극적·소극적 과세요건의 충족 여부에 관한 심사가 예정되어 있으면 해당 법령의 직접성을 인정할 수 없다(헌재 2020. 10. 20. 2017헌마498). 통상 법률조항이 정관에 위임할 때 그 조항 자체가 기본권을 침해하는 것으로 볼 수 없지만, 청구인이 그 조항의 규정 형식 자체를 문제 삼고, 입법부가 정관에 기본권 관련 사항을 위임할 수 있는지는 특수한 헌법적 성격이 있어서, 헌법소원의 직접성 요건을 인정할 수 있다(헌재 2001. 4. 26. 2000헌마122). 직접성 요건을 충족시키는 규정과 직접성 요건이 결여된 규정이 그 내용상 서로 내적인 연관관계에 있으면서 통일적인 청구취지를 구성하여서, 후자 규정 내용을 고려하지 않고

서는 전자 규정의 위헌 여부를 판단할 수 없으면 후자 규정이 직접성 요건을 충족시키는지와 상관없이 후자의 위헌 여부도 판단할 수 있다(헌재 2000. 6. 29. 99헌마289). 직접성 요건 불비는 사후에 치유될 수 없다(헌재 2009. 9. 24. 2006헌마1298).

3. 보충성

헌법소원은 다른 법률에 구제절차가 있으면 그 절차를 모두 거치고 나서 심판을 청구하여야 한다(헌법재판소법 제68조 제1항 단서). 이것을 헌법소원의 보충성이라고 한다. 헌법재판소법 제68조 제1항 단서의 뜻은 헌법소원이 그 본질상 헌법상 보장된 기본권 침해에 대한 예비적이고 보충적인 최후의 구제수단이므로 공권력 작용으로 말미암아 기본권 침해가 있으면 먼저 다른 법률이 정한 절차에 따라 침해된 기본권의 구제를 받기 위한 모든 수단을 다하였는데도 그 구제를 받지 못한 때에 비로소 헌법소원심판을 청구할 수 있다는 것을 밝힌 것이다(헌재 1993. 12. 23. 92헌마247). 다만, 먼저 헌법소원을 제기하고 나서 종국결정 전에 권리구제절차를 거쳤다면 사전에 구제절차를 거치지 않은 하자가 치유될 수 있다(헌재 1996. 3. 28. 95헌마211). 그러나 여기서 말하는 권리구제절차는 공권력의 행사나 불행사를 직접 대상으로 하여 그 효력을 다툴 수 있는 권리구제절차를 의미하는 것이지, 사후적·보충적 구제수단인 손해배상청구나 손실보상청구를 뜻하는 것은 아니다(헌재 1989. 4. 17. 88헌마3). 청원제도(헌재 1998. 10. 29. 98헌마4)나 진정서·탄원서 제출(헌재 1992. 11. 12. 91헌마146)도 사전권리구제절차에 해당하지 않는다. 그리고 '다른 법률에 의한 구제절차를 거친 후'란 다른 법률에 따른 구제절차를 '적법하게' 거친 때를 말하므로, 과세처분 취소를 구하는 행정소송을 제기하였다가 그 소송을 취하하였거나 취하간주하면 그 과세처분 취소를 구하는 헌법소원심판 청구는 다른 법률에 따른 적법한 구제절차를 거쳤다고 볼 수 없어 부적법하다(헌재 1999. 9. 16. 98헌마 265).

법령 자체의 직접적인 기본권 침해가 문제 되면 그 법령 자체의 효력을 다투는 것을 소송물로 하여 일반 법원에 소송을 제기하는 길이 없어(대법원 1994. 4. 26.자 93부32 결정), 구제절차가 있는 때가 아니므로 바로 헌법소원심판을 청구할 수 있다(헌재 1996. 10. 4. 94헌마68등). 그러나 대법원은 조례가 집행행위 개입 없이 그 자체로서 직접 국민의 구체적인 권리의무나 법적 이익에 영향을 미치는 것 등의 법률상 효과를 발생시키면 그 조례는 항고소송 대상이 되는 행정처분에 해당한다고 판시한 바 있다(대법원 1996. 9. 20. 선고 95누8003 판결). 그리고 헌법재판소는 고시가 행정규칙 형식의 법규명령으로서 일반적·추상적인 성격이어서 처분성이 결여된 법규명령이라면 법령 자체에 의한 직접적인 기본권 침해가 문제 될 때 그 법령 자체의 효력을 직접 다투는 것을 소송물로 하여 일반 법원에 그 소송을 제기하는 길이 없어 구제절차가 있는 때가 아니므로, 다른 구제절차를 거치지 아니한 채로 바로 헌법소원심판을 청구할 수 있다고 한다(헌재 2010. 9. 30. 2008헌마758). 그러나 대법원은 고시가 일반적·추상적 성격이 있으면 법규명령이나 행정규칙에 해당하지만, 다른 집행행위 매개 없이 그 자체로서 직접 국민의 구체적인 권리의무나 법률관계를 규율하는 성격이 있으면 항고소송 대상이 되는 행정처분에 해당한다고 보았다(대법원 2003. 10. 9.자 2003무23 결정). 진정입법부작위에 대해서는 법률상 다른 구제절차가 없다. 따라서 진정입법부작위에 대한 헌법소원에서 보충성원칙은 문제 되지 않는다.

① 헌법소원심판청구인이 그의 불이익으로 돌릴 수 없는 정당한 이유 있는 착오로 전심절차를 밟지 않은 때, ② 전심절차로 권리가 구제될 가능성이 거의 없거나 ③ 권리구제절차가 허용되는지가 객관적으로 불확실하여 전심절차 이행 가능성이 없을 때는 보충성의 예외로서 바로

헌법소원을 제기할 수 있다(헌재 1995. 12. 28. 91헌마80).

4. 청구기간

(1) 청구기간의 의의

청구기간이란 법정기간으로서 해당 기간 안에 특정한 심판 청구를 하여야 하는 것으로 정한 행위기간이다. 청구기간의 입법목적은 법률이 정한 기간 안에 헌법재판을 신속하고 명확하게 처리함으로써 개인의 권리구제와 더불어 법적 안정성을 신속히 확보하자는 것이다(헌재 2001. 9. 27. 2001헌마152). 청구인이 청구기간 중에 소정의 소송행위를 하지 않고 그 기간이 지나면 청구인은 심판청구권을 상실한다.

(2) 청구기간 계산

기간 계산에 관한 법의 일반원칙에 따른다(헌법재판소법 제40조 제1항, 민사소송법 제170조). 기간이 오전 0시부터 시작하는 때를 제외하고는 일로 정한 기간은 초일을 산입하지 아니하므로, 송달을 받으면 그 다음 날부터 기간이 진행된다(민법 제157조). 기간 말일 종료로 청구기간이 만료된다(민법 제159조). 그리고 1년의 청구기간을 계산할 때는 역에 따라서 계산한다(민법 제160조). 기간 말일이 토요일이나 공휴일이면 청구기간은 그 다음 날로 만료된다(민법 제161조). 국가 변란 등 부득이한 사태로 심판청구서 제출이 늦어지면 그 기간은 제출할 수 있는 날까지 연장된다고 보아야 한다.

헌법소원심판 청구기간은 헌법이나 헌법재판소법에 특별한 규정이 없는 이상 일반원칙인 도달주의에 따라 헌법재판소에 심판청구서가 접수된 날부터 기산하여야 하고, 예외적으로 법률에 규정이 있을 때 인정되는 발신주의에 따라 심판청구서 발송일을 기준으로 할 것은 아니다(헌재 1990. 5. 21. 90헌마78). 그러므로 청구인이 심판청구서를 발송한 시점을 기준으로 하면 청구기간 안이더라도 동 심판청구서가 헌법재판소에 도달한 시점에 이미 청구기간이 지나면 부적법한 청구이다(헌재 1990. 4. 10. 90헌마50). 그러나 기본권 침해가 헌법재판소 발족하기 이전의 일이면 그 청구기간 기산점은 헌법재판소가 구성된 1988년 9월 19일이라는 것이 헌법재판소의 확립된 판례이다(헌재 1991. 9. 16. 89헌마151).

헌법재판소에 국선대리인 선임을 신청할 때는 국선대리인 선임 신청이 있는 날을 기준으로 청구기간을 계산한다(헌법재판소법 제70조 제1항 후문)(헌재 1998. 7. 16. 96헌마268). 심판청구서를 제출하기 전에 먼저 국선대리인 선임 신청을 할 때 헌법재판소가 국선대리인을 선정하지 아니한다는 결정을 하면 신청인이 선임 신청을 한 날부터 이러한 결정통지를 받은 날까지의 기간은 청구기간에 산입하지 않는다(헌법재판소법 제70조 제4항). 그리고 대리인 선임 없이 심판청구서가 먼저 제출되거나 국선대리인신청서와 함께 제출되면 청구기간은 심판청구서가 접수된 날을 기준으로 한다. 청구기간 안에 청구인 본인 명의로 헌법소원심판을 청구하여 대리인을 선임하라는 보정명령을 받고 대리인을 선임하여 그 대리인 명의의 심판청구서가 청구기간이 지나고 나서 다시 제출되면 그 사건 심판 청구가 청구기간 안에 적법하게 청구된 것으로 본다.

(3) 다른 법률에 따른 구제절차가 있을 때의 청구기간

다른 법률에 따른 구제절차(예를 들어 불기소처분에 대한 검찰청법상 항고·재항고)를 거치면 헌법소원심판은 그 최종결정을 통지받은 날부터 30일 이내에 청구하여야 한다(헌법재판소법 제69조 제1항 단서)(헌재 1992. 7. 23. 92헌마103). '다른 법률에 따른 구제절차'는 적법한 구제절차이어야 한다. 그렇게 보지 않으면 청구인이 일부러 부적법한 구제절차를 거침으로써 부당하게 청구기간을 연장할 수 있어서 청구기간 한정취지가 몰각될 우려가 있기 때문이다(헌재 1993. 7. 29. 91헌마47). 따라서 행정소송 대상이 아닌 행정작용에 대해서 행정소송절차를 거치는 것은 무익한 절차를 거친 것에 불과하고, 그 청구기간은 헌법재판소법 제69조 제1항 단서가 아닌 본문에 따라서 산정된다(헌재 2003. 9. 25. 2002헌마789). 통지가 있었는지는 통지에 관한 법령 규정에 따라서 판단한다. 문서로 된 최종결정을 송달받았다면 송달받은 날이 통지를 받은 날이다. 따라서 최종결정을 송달받은 다음 날부터 기간을 계산한다. 불기소처분은 검사의 수사종결처분으로서 재판이 아니므로 불복기간이 지나더라도 확정력이 발생하지 않는다. 따라서 형사피해자라고 주장하는 사람이 고소를 제기하였다가 혐의 없음의 불기소처분이 있고 나서 바로 검찰청법에 따른 항고를 제기하지 아니하고 그 항고기간이 지나고 나서 다시 고소를 제기하여 다시 내려진 불기소처분을 대상으로 검찰 항고를 거쳐 헌법소원심판을 청구하였더라도 헌법재판소법 제69조가 정한 청구기간 제한의 입법목적에 어긋나는 부적법한 심판 청구라고 보기는 어렵다(헌재 1993. 3. 11. 92헌마142).

(4) 다른 법률에 따른 구제절차가 없는 때의 청구기간

다른 법률에 따른 구제절차가 없거나 보충성 요건에 대한 예외가 인정되어 다른 법률에 따른 구제절차를 거칠 필요가 없으면 그 사유가 있음을 안 날부터 90일 이내에, 그 사유가 있는 날부터 1년 이내에 청구하여야 한다(헌법재판소법 제69조 본문). 그러므로 헌법소원심판 청구의 사유, 즉 기본권 침해가 있음을 안 날부터 90일이 지나거나 그 사유가 있은 날부터 1년이 지나면(즉 둘 중 어느 하나의 기간이 지나면) 그 심판 청구는 적법하지 않다(헌재 2004. 4. 29. 2004헌마93).

그 사유가 있음을 '안 날'은 적어도 공권력 행사에 따른 기본권 침해의 사실관계를 특정할 수 있을 정도로 현실적으로 인식하여 심판 청구가 가능해진 때를 뜻한다(헌재 1993. 7. 29. 89헌마31). 그리고 헌법소원심판 청구기간의 기산점인 '사유가 있음을 안 날'은 '법령의 제정 등 공권력 행사에 따른 기본권 침해의 사실관계를 안 날'을 뜻하는 것이지 법률적으로 평가하여 그 위헌성 때문에 헌법소원심판 대상이 됨을 안 날을 뜻하는 것이 아니므로, 헌법소원심판 대상이 됨을 안 날은 '청구기간을 도과한 헌법소원을 허용할 정당한 사유'의 평가자료로 참작됨은 별론으로 하고 청구기간 기산점과는 무관하다(헌재 1993. 11. 25. 89헌마36). 법률에 따라서 기본권 침해 사유가 발생하였음을 안 후 부적법한 구제절차를 거치면, 이러한 구제절차 이행은 법적으로 아무런 의미가 없으므로 그로 말미암아 '기본권 침해 사유가 발생하였음을 안 날'이 '부적법한 구제절차의 결과를 안 날'로 바뀌지 않는다(헌재 1993. 7. 29. 92헌마6).

그 사유가 '있은 날'은 공권력 행사를 통해서 기본권 침해가 발생한 날을 말한다. 예를 들면 법률이 정한 요건을 그 법률 시행 당시 이미 충족하여 그 법률로 말미암아 기본권을 침해받은 사람은 법률이 시행된 날, 법률이 시행된 뒤 비로소 동 법률이 정한 요건을 충족하게 되어 기본권을 침해받게 된 사람은 법정요건을 충족하게 된 날이나 기본권을 침해하는 권력적 사실행위를 실제로 한 날을 말한다.

청구인이 고소인이나 고발인이 아니어서 검사의 불기소처분에 대해서 다른 법률에 구제절차가 인정되지 아니한 때나 형사피의자로 입건되어 기소유예 처분이나 공소권 없음 처분을 받은 사람을 위한 법률상 구제절차는 없다. 그러므로 헌법재판소에 직접 제소하려면 그 불기소처분이 있은 사실을 안 날부터 90일 이내에, 늦어도 검사가 불기소처분을 한 날부터 1년 이내에 헌법소원심판을 청구하여야 한다(헌재 1998. 8. 27. 97헌마79). 그리고 기소유예 처분의 결과통지를 받아 그 처분이 있은 사실을 알았다면 그날부터 90일 이내에 헌법소원심판을 청구하여야 한다(헌재 1993. 7. 29. 92헌마217).

(5) 부작위에 대한 헌법소원심판의 청구기간

공권력 불행사로 말미암은 기본권 침해는 그 불행사가 계속되는 한 기본권 침해의 부작위가 계속된다. 그러므로 가령 입법권 불행사, 즉 진정입법부작위에 대한 헌법소원심판은 그 불행사가 계속되는 한 기간 제약 없이 적법하게 청구할 수 있고, 이것은 행정입법부작위도 마찬가지이다(헌재 1994. 12. 29. 89헌마2). 그러나 부진정입법부작위, 즉 결함이 있는 입법권 행사를 다툴 때는 입법부작위 위헌 확인의 심판 청구가 아니라 그 불완전한 입법규정 자체가 헌법 위반이라는 적극적인 헌법소원을 제기하여야 하고, 이때는 헌법재판소법 제69조 제1항의 적용을 받는다(헌재 1996. 10. 31. 94헌마204).

(6) 일정 기간 계속되는 공권력 행사에 대한 헌법소원심판의 청구기간

일반적으로 헌법재판소는 기본권 침해 상태가 계속되면 최초 기본권 침해가 발생한 때를 청구기간 기산점으로 삼는다(예를 들어 헌재 2010. 10. 28. 2009헌마438). 다만, 경찰청장이 주민등록증발급신청서에 날인된 지문정보를 보관·전산화하고 보관일 무렵부터 이것을 범죄수사 목적에 이용한 행위와 관련하여서는, 이러한 경찰청장 행위는 보관 또는 전산화한 날 이후 헌법소원심판 청구 시점까지 계속되었다고 할 것이므로, 이러한 계속되는 권력적 사실행위를 대상으로 하는 심판 청구의 청구기간 도과 문제는 발생하지 않는다고 한 바 있다(헌재 2005. 5. 26. 99헌마513등).

(7) 기본권 침해가 계속되거나 주기적으로 반복되는 때

헌법재판소는 청구기간 기산점이 되는 '법령에 해당하는 사유가 발생한 날'이란 법령의 규율을 구체적이고 현실적으로 적용받게 된 최초의 날을 뜻하는 것으로 보아, 일단 '법령에 해당하는 사유가 발생'하면 그 때부터 해당 법령에 대한 헌법소원심판 청구기간이 진행되고, 그 이후에 새로이 '법령에 해당하는 사유가 발생'하더라도 새로운 청구기간 진행이 개시된다고 볼 수는 없다고 판단한다(헌재 2004. 4. 29. 2003헌마484). 일정 기간을 두고 주기적으로 반복되는 공직선거와 관련하여서는 사안에 따라 청구기간 기산일이 다르다. 예를 들어 대한민국에 주민등록이 되어 있지 아니한 국외거주자는 부재자 투표권을 행사할 수 없도록 한 '공직선거 및 선거부정 방지법'에 대한 헌법소원 사건에서는, 국회의원선거가 이미 실시되었고 그로부터 90일이 지나고 나서 심판이 청구되었지만, 주기적으로 반복되는 선거에서는 매번 새로운 후보자들이 입후보하고 매번 새로운 범위의 선거권자들이 투표를 할 뿐 아니라 선거 효과도 차기 선거에 따른 효과가 발생할 때까지로 한정되므로 매 선거는 새로운 선거에 해당하고, 헌법소원의 진정한 취지도 앞날에 실시될 선거에서 발생할 수 있는 기본권 침해를 문제 삼는 것으로 볼 수 있으므로 청구기간 도과 문제가 발생할 여지가 없다고 하였다(헌재 2007. 6. 28. 2004헌마644등). 그런데 이와는 달리 선거가 주기적으로 이루어지는 행위인데도 형이 확정된 사람에 대한 선거권이나 피선거권 제한과 관련하여서는 형이 확정된 때를 기본권 침해 사유가 발생한 날로 본 때도 있고(헌재 2004. 1. 6. 2003헌마915), 형 확정 후 처음 실시되는 선거일에 기본권 침해 사유가 발생하는 것으로 본 때도 있다(헌재 2009. 10. 29. 2007헌마1462).

(8) 법령에 대한 헌법소원심판의 청구기간

헌법재판소는 법령에 대한 헌법소원심판의 청구기간을 해석을 통해서 법령 시행과 동시에 기본권을 침해받는 때와 법령이 시행된 때로 나누어 기산함으로써, 결과적으로 법령에 대한 헌법소원심판의 청구기간을 확장한다. 즉 법령에 대한 헌법소원심판의 청구기간은 그 법률 시행과 동시에 기본권 침해를 받게 되면 그 법률이 시행된 사실을 안 날부터 90일 이내에, 법률이 시행된 날부터 1년 이내에 헌법소원을 제기하여야 한다(헌재 1999. 4. 29. 96헌마352등). 법률이 시행되고 나서 비로소 그 법률에 해당하는 사유가 발생하여 기본권 침해를 받게 되면 그 사유가 발생하였음을 안 날부터 90일 이내에(헌재 1996. 8. 29. 94헌마113), 그 사유가 발생한 날부터 1년 이내에(헌재 1998. 7. 16. 95헌바19등) 헌법소원심판을 청구하여야 한다.

법령 시행 후 어느 시점에 청구인의 기본권이 구체적으로 침해받거나 그 침해가 확실히 예상되었다고 볼 수 있는지에 관하여 기록상 이것을 인정할 명백한 자료가 없으면, 권리구제 및 헌법질서의 수호·유지라는 헌법소원제도 기능에 비추어 가능한 한 청구인에게 유리하게 해석하여야 할 것이다(헌재 2001. 6. 28. 2000헌마111). 한편, 심판 대상 조항이 그 자구만 수정되었을 뿐이지 이전의 조항과 비교하여 실질적인 내용에 변화가 없어 청구인이 기본권을 침해당하고 있다고 주장하는 내용에 전혀 영향을 주지 않는다면, 법령조항이 일부 개정되었더라도 청구기간 기산은 이전 법령을 기준으로 한다(헌재 2011. 11. 24. 2009헌마415). 다만, 법령조항 개정 전부터 청구인의 기본권이 침해되었는지를 판단할 자료가 충분하지 않다면 가능한 한 청구인에게 유리한 해석을 하여야 할 것이다. 그러나 개정을 통해서 규제 실질에 변화가 있다면 청구기간 기산은 이전 법령으로 소급하지 않고, 문제가 된 법령을 기준으로 한다(헌재 2007. 2. 22. 2003헌마428등).

'법령에 해당하는 사유가 발생'하여 청구기간 진행이 개시되고 나서 다시 '법령에 해당하는 사유'가 발생하면 새로이 청구기간 진행이 개시되는지와 관련하여 헌법재판소는 법령에 대한 헌법소원심판에서 청구기간 기산점이 되는 '법령에 해당하는 사유가 발생한 날'이란 법령의 규율을 구체적이고 현실적으로 적용받게 된 최초의 날을 뜻하는 것으로 보는 것이 상당하다고 보아, 일단 '법령에 해당하는 사유가 발생'하면 그때부터 해당 법령에 대한 헌법소원심판의 청구기간이 진행되기 시작하여 그 이후에 새로이 '법령에 해당하는 사유가 발생'한다고 하여서 일단 개시된 청구기간 진행이 정지되고 새로운 청구기간 진행이 개시된다고 볼 수 없다고 판단하였다(헌재 2004. 4. 29. 2003헌마484).

여기의 사유가 발생한 날이란 해당 법률이 청구인의 기본권을 명백히 구체적이고 현실로 침해한 때를 말한다. 헌법재판소는 초기에 상황성숙이론에 따라 상황성숙 시점이 마치 청구기간 기산점이 되는 것으로 보는 듯한 결정을 내린 바 있다(헌재 1990. 6. 25. 89헌마220). 그러나 이러한 판례를 따르면 청구기간 기산점이 앞당겨지므로 청구기간이 단축되는 부작용이 발생한다. 이에 헌법재판소는 이러한 오해를 불식시키려고 상황성숙이론과 청구기간의 기산점을 분리하는 방향으로 판례를 변경하였다(헌재 1996. 3. 28. 93헌마198). 그래서 아직 기본권 침해가 없으나 앞날에 확실히 기본권 침해가 예측되어서 미리 앞당겨 현재성을 인정하여도 청구기간 도과 문제가 발생할 여지가 없다(헌재 1999. 12. 23. 98헌마363). 그러나 헌법재판소는 기본권 침해가 앞날에 예정되어도 이미 법령 적용을 받아 자신의 지위가 변동하면 법령 시행일이 청구기간 기산점이 되는 것으로 본다(헌재 2002. 1. 31. 2000헌마274).

헌법재판소는 개정된 법령이 종전에 허용하던 영업을 금지하는 규정을 신설하면서 부칙에서 유예기간을 두면 그 법령 시행 전부터 영업해 오던 사람은 그 법령 시행일에 이미 유예기간 이후부터는 영업할 수 없도록 기간을 제한받는 것이므로, 부칙에 따른 유예기간과 관련 없이 그 법령 시행일에 기본권 침해를 받은 것으로 보았다(헌재 1996. 3. 28. 93헌마198). 그러나 헌법재판소는 시행유예기간에는 청구인이 기본권 행사에서 어떠한 구체적·현실적 제약도 받지 않으므로 이러한 해석은 지나치게 관념적일 뿐 아니라, 시행유예기간을 두지 않은 법령은 기본권 행사에 구체적이고 현실적인 제약을 받는 시점이 청구기간 기산점이 되는 것과 차별이 생기고, 나아가 시행유예기간이 아니라 시행일을 청구기간 기산점으로 본다면 시행유예기간이 지나 정작 기본권 침해가 실제로 발생할 때는 이미 청구기간이 지나버려 위헌성을 다툴 기회가 부여되지 않는 불합리한 결과가 초래될 위험이 있는 점, 일반 국민에 대해 법규정 개폐에 적시에 대처할 것을 기대하기가 사실상 어렵고, 헌법소원의 본질은 국민의 기본권을 충실히 보장하는 데 있으므로 법적 안정성을 해하지 않는 범위 안에서 청구기간에 관한 규정을 기본권 보장이 강화되는 방향으로 해석하는 것이 바람직한 점을 종합해 보면, 시행유예기간 적용 대상인 청구인에 대해서도 청구기간 기산점은 시행일인 것으로 해석하는 것은 헌법소원심판청구권을 보장하는 취지에 어긋날 뿐 아니라, 시행유예기간 경과일을 청구기간 기산점으로 보더라도 청구기간이 무한히 확장되는 것이 아니라 시행유예기간 경과일부터 1년이 지나면 헌법소원심판을 청구할 수 없으므로 법적 안정성을 확보할 수 있는 점, 시행유예기간에도 현재성 요건의 예외에 따라 적법하게 헌법소원심판을 청구할 수 있고, 이러한 시행유예기간에 헌법소원심판 청구를 허용하더라도 아직 법령의 효력이 발생하기 전인 이상 그로 말미암아 헌법소원심판 청구 대상이 된 법령의 법적 안정성이 곧바로 저해되지는 않는 점을 아울러 고려하면, 시행유예기간 경과일을 청구기간 기산점으로 해석함으로써 헌법소원심판청구권 보장과 법적 안정성 확보 사이의 균형을 달성할 수 있다고 하여 선례를 변경하였다(헌재 2020. 4. 23. 2017헌마479).

(9) 처벌조항과 청구기간

헌법재판소는, 처벌조항에 따른 기본권 침해 사유가 발생한 시점은 청구인의 행위로 형사처벌을 받을 가능성이 발생하는 시점, 즉 해당 법령 위반을 이유로 검사가 공소를 제기한 시점이고, 공소장에는 반드시 적용 법조를 기재하여야 하고(형사소송법 제254조 제3항 제4호) 법원은 공소 제기가 있으면 즉시 공소장 부본을 피고인이나 변호인에게 송달하여야 한다는 점에서(형사소송법 제266조) 기본권 침해 사유가 발생하였음을 안 날이란 공소장 부본을 송달받은 날을 해당 법령에 따라서 기본권 침해 사유가 발생하였음을 안 날이라고 본다(헌재 2011. 7. 28. 2010헌마432). 그리고 청구인에게 적용될 법률이 공소장 변경으로 바뀌면 공소장 변경 시점이 청구기간 기산점이 된다(헌재 2007. 10. 4. 2005헌마1148). 다만, 헌법재판소는 해당 법령 위반 시를 기준으로 청구기간을 계산한 때도 있는데, 무면허의료행위 처벌과 관련해서는 그 위반행위를 한 때를(헌재 2010. 7. 29. 2008헌마664등), 모의총포 소지와 관련하여서는 모의총포를 구입함으로써 소지한 때를(헌재 2009. 9. 24. 2007헌마949) 기본권 침해사유가 발생한 날로 보았다. 한편, 처벌규정과 관련하여 기본권 침해 사유가 발생하였음을 안 날을 기준으로 청구기간을 계산한 결정 중에는 해당 처벌조항 위반으로 유죄판결을 선고받았을 때(헌재 1999. 9. 16. 99헌마275)나 1심 유죄판결에 대한 항소제기일(헌재 2011. 3. 31. 2008헌마738)을 기준으로 한 때도 있다.

⑽ 당연퇴직 조항과 청구기간

공무원이 형사처벌을 받으면 그 직에서 당연퇴직하도록 정하는 법령에서 청구기간 기산점인 법률에 해당하는 '사유가 있는 날'은 당연퇴직 사유로서 확정판결을 받은 날을 말하고, '사유가 있음을 안 날'은 그 확정판결이 있음을 안 날이다(헌재 1998. 4. 30. 96헌마7). 당연퇴직 조항과 관련한 청구기간 계산은 판결확정일이 기준이 된다.

(11) '정당한 사유가 있는' 청구기간 도과

정당한 사유가 있으면 제소기간이 지난 행정소송을 허용하는 행정소송법 제20조 제2항 단서가 헌법소원심판에도 준용된다. 따라서 '정당한 사유'가 있으면 청구기간이 지나도 헌법소원심판 청구는 적법하다고 해석하여야 할 것이다. 여기의 '정당한 사유'는 청구기간 경과의 원인 등 여러 가지 사정을 종합하여 지연된 심판 청구를 허용하는 것이 사회통념상으로 보아 상당한 때를 뜻한다(헌재 1993. 7. 29. 89헌마31). 다만, 기본권을 침해받은 사람이 어떤 경위로든 기본권 침해 사유가 있었음을 알았거나 쉽게 알 수 있었던 때라면 청구기간 도과에 대해서 정당한 사유를 주장하기 어렵다(헌재 2001. 7. 19. 2001헌마335).

(12) 청구취지 변경과 청구기간

헌법소원심판 청구에 대한 청구취지 변경(추가적 또는 교환적 변경 모두 포함)이 이루어지면 청구기간 준수 여부는 헌법재판소법 제40조 제1항과 민사소송법 제265조에 따라서 추가 또는 변경된 청구서 등이 제출된 시점을 기준으로 판단한다(헌재 1992. 6. 26. 91헌마134). 다만, 청구취지 변경 등 청구서 내용이 기존 청구를 유지하면서 내용을 보충하는 것이면 기존 청구 시가 청구기간 기산점이 된다.

5. (일반적) 권리보호이익

헌법소원제도는 국민의 기본권 침해를 구제하는 제도이다. 그러므로 그 제도의 목적상 권리보호이익이 있을 때 비로소 헌법소원을 제기할 수 있다. 즉 권리보호이익이 없는 헌법소원심판 청구는 부적법하여 각하를 면할 수 없다(헌재 1997. 1. 16. 90헌마110). 권리보호이익은 심판 청구 당시는 물론 헌법재판소 결정 당시에도 있어야 한다(헌재 1999. 11. 25. 95헌마154). 그러므로 헌법소원심판 청구 당시 권리보호이익이 인정되더라도 심판 계속 중에 사실관계나 법률관계 변동으로 말미암아 청구인이 주장하는 기본권 침해가 종료되면 원칙적으로 권리보호이익이 없다(헌재 1997. 3. 27. 93헌마251). 청구인이 비록 심판절차 계속 중에 사망하였더라도 헌법재판소가 헌법소원을 인용하였다면 형사소송법상 그 배우자나 직계친족 등은 확정된 유죄판결에 대해서 재심을 청구할 수 있으므로 권리보호이익이 있다(헌재 1997. 1. 16. 89헌마240). 침해행위가 이미 종료되어서 이것을 취소할 여지가 없으므로 헌법소원이 주관적 권리구제에 별 도움이 안 되는 때라도 그러한 침해행위가 앞으로도 반복될 위험이 있거나 해당 분쟁 해결이 헌법질서의 수호·유지를 위해서 긴요한 사항이어서 그 해명이 헌법적으로 중대한 의미가 있으면 헌법소원 이익을 인정하여야 할 것이다(헌재 1992. 1. 28. 91헌마111). 여기서 침해반복 위험성이란 단순히 추상적·이론적인 가능성이 아닌 구체적·실제적이어야 하고, 이 점은 청구인이 입증할 책임이 있다(헌재 1991. 7. 8. 89헌마181).

6. 변호사강제주의

헌법소원심판에서 청구인은 변호사를 대리인으로 선임하지 아니하면 심판 청구를 하거나 심판 수행을 하지 못한다(헌법재판소법 제25조 제3항). 대리인 선임 없이 헌법소원심판이 청구되면 헌법재판소는 지정재판부의 사전심사 단계에서 상당한 기간(7－10일)을 정하여 대리인을 선임하도록 보정명령을 발한다. 변호사 자격이 없는 사인인 청구인이 한 헌법소원심판 청구나 주장 등 심판수행은 변호사인 대리인이 추인하면 적법한 헌법소원심판 청구와 심판수행으로서 효력이 있고 헌법소원심판 대상이 된다.

7. 일사부재리

헌법재판소는 이미 심판을 거친 같은 사건에 대해서는 다시 심판할 수 없다(헌법재판소법 제39조). 헌법재판소가 이미 한 결정에 대해서는 자기기속력 때문에 이것을 취소·변경할 수 없다. 이것은 법적 안정성을 위해서 불가피한 일이기 때문이다. 헌법재판소 결정에 대해서는 상급심이 없으므로 불복신청도 허용될 수 없을 뿐 아니라 즉시항고는 헌법재판소법상 인정되지 아니한다. 불복신청이 허용되지 아니하므로 당사자는 확정된 해당 심판은 물론이고, 후행 심판에서 같은 사항에 대해서 다시 심판을 청구할 수 없다(헌재 2005. 12. 22. 2005헌마330). 헌법재판소가 심판한 사건에 대해서 다시 헌법소송을 제기하거나 헌법재판소 결정에 대해 불복을 하는 헌법소송을 제기하게 되면, 이것은 헌법소송 요건을 갖추지 못한 것으로서 부적법하여 각하된다(헌재 2005. 12. 22. 2005헌마330 참조). 헌법소원심판 청구가 부적법하다고 하여 헌법재판소가 각하결정을 하였다면, 그 각하결정에서 판시한 요건 흠결을 보정할 수 있을 때 그 요건 흠결을 보정하여 다시 심판 청구를 하는 것은 모르되, 그러한 요건 흠결을 보완하지 아니한 채로 같은 내용의 심판 청구를 되풀이하는 것은 허용될 수 없다(헌재 1995. 2. 23. 94헌마105).

일사부재리에 해당하여 부적법한 청구가 되려면 이미 심판을 거친 사건과 계속 중인 사건의 헌법소원을 제기하게 된 기초사실관계와 당사자, 심판 대상, 쟁점 등이 모두 같아야 한다(헌재 2001. 6. 28. 98헌마485). 헌법재판소는 이미 심판을 거친 사건과 계속 중인 사건의 청구원인이 기본적으로 같더라도, 심판을 거친 사건은 헌법재판소법 제68조 제2항에 따른 헌법소원이고, 계속 중인 사건은 제68조 제1항에 따른 헌법소원이라면 동일한 사건이라고 볼 수 없고(헌재 1994. 4. 28. 89헌마221), 두 사건의 심판 대상이 중복되더라도 종전 사건에서 판단한 바 없고, 청구인들이 동일하지 않다면 동일한 사건이라고 볼 수 없다고(헌재 1997. 8. 21. 96헌마48) 판시한 바 있다.

8. 공탁금

헌법재판소는 헌법소원심판청구인에 대해서 헌법재판소규칙으로 정하는 공탁금 납부를 명할 수 있다(헌법재판소법 제37조 제2항). 그러나 현재 해당 헌법재판소규칙이 제정되지 않아서 실무적으로 운용되지 않는다.

Ⅲ. 헌법소원심판절차

1. 헌법소원심판청구서

헌법소원심판청구서에는 ① 청구인과 대리인의 표시, ② 침해된 권리, ③ 침해 원인이 되는 공권력의 행사나 불행사, ④ 청구 이유, ⑤ 그 밖에 필요한 사항을 기재하여야 한다(헌법재판소법 제71조 제1항). 헌법소원심판청구서에는 대리인 선임을 증명하는 서류나 국선대리인선임통지서를 첨부하여야 한다(헌법재판소법 제71조 제3항).

2. 지정재판부 사전심사

헌법재판소장은 헌법재판소에 재판관 3명으로 구성되는 지정재판부를 두어 헌법소원심판 사전심사를 담당하게 할 수 있다(헌법재판소법 제72조 제1항). 지정재판부 사전심사는 남소를 방지하기 위한 것이다. 지정재판부 사전심사에서는 심판청구요건(적법요건) 구비 여부만을 심사하고 본안 판단은 하지 않는다. 지정재판부는 ① 다른 법률에 따른 구제절차가 있으면 그 절차를 모두 거치지 않거나 법원의 재판에 대해서 헌법소원심판이 청구된 때, ② 헌법재판소법 제69조에 따른 청구기간이 지나고 나서 헌법소원심판이 청구된 때, ③ 헌법재판소법 제25조에 따른 대리인 선임 없이 청구된 때, ④ 그 밖에 헌법소원심판 청구가 부적법하고 그 흠결을 보정할 수 없는 때에 지정재판부 재판관 전원의 일치된 의견에 따른 결정으로 헌법소원심판 청구를 각하한다(헌법재판소법 제72조 제3항)(헌재 2004. 4. 29. 2003헌마783). 다만, 헌법재판소법 제23조 제2항 단서 제2호 때문에 이러한 각하결정이 선례에 어긋나면, 지정재판부 재판관 진원의 일치된 의견이라도 각하결정을 내릴 수 없다.

재판장은 심판 청구가 부적법하나 보정할 수 있다고 인정하면 상당한 기간을 정하여 보정을 요구하여야 한다(헌법재판소법 제72조 제5항, 제28조). 지정재판부는 전원의 일치된 의견으로 각하결정을 하지 아니하면 결정으로 헌법소원을 재판부 심판에 회부하여야 한다. 헌법소원심판 청구 이후 30일이 지날 때까지 각하결정이 없으면 심판에 회부하는 결정이 있는 것으로 본다(헌법재판소법 제72조 제4항). 다만, 지정재판부 재판장이 심판 청구 보정을 요구하면서 정한 보정기간은 헌법재판소법 제72조 제5항에 따라 지정재판부 심리에도 준용되는 헌법재판소법 제28조에 따라 헌법재판소법 제72조 제4항이 정한 지정재판부 사전심사 기간에서 제외되고, 헌법재판소법 제24조 제6항에 따라 기피 신청에 관해서는 민사소송법 제44조가 준용되어 기피 신청에 대한 결정이 있을 때까지 심판절차가 정지되므로 재판부 기피 신청으로 말미암아 심판절차가 정지된 기간도 지정재판부 사전심사기간에 산입하지 아니한다(헌재 1993. 10. 29. 93헌마222). 지정재판부는 헌법소원을 각하하거나 심판회부결정을 하면 그 결정일부터 14일 이내에 청구인이나 그 대리인과 피청구인에게 그 사실을 통지하여야 한다. 헌법재판소법 제72조 제4항 후단의 심판회부결정이 있는 것으로 간주한 때도 같다. 헌법재판소장은 헌법재판소법 제72조 제4항의 규정에 따라서 재판부 심판에 회부되면 법무부 장관에게 즉시 그 사실을 통지하여야 한다(헌법재판소법 제73조).

3. 심리절차

재판부는 재판관 7명 이상 출석으로 사건을 심리한다(헌법재판소법 제23조 제1항). 헌법소원에 관한 심판은 서면심리에 의한다. 다만, 재판부는 필요하다고 인정하면 변론을 열어 당사자, 이해관계인, 그 밖의 참고인의 진술을 들을 수 있다(헌법재판소법 제30조 제2항). 재판부는 사건심리를 위해서 필요하다고 인정하면 당사자의 신청이나 직권으로 ① 당사자나 증인을 신문하는 일, ② 당사자나 관계인이 소지하는 문서·장부·물건이나 그 밖의 증거자료 제출을 요구하고 이것을 영치하는 일, ③ 특별한 학식과 경험이 있는 사람에게 감정을 명하는 일, ④ 필요한 물건·사람·장소나 그 밖의 사물의 성상이나 상황을 검증하는 일의 증거조사를 할 수 있다. 재판장은 필요하다고 인정하면 재판관 중 1명을 지정하여 이러한 증거조사를 하게 할 수 있다(헌법재판소법 제31조).

재판부는 결정으로 다른 국가기관이나 공공단체의 기관에 심판에 필요한 사실을 조회하거나 기록 송부나 자료 제출을 요구할 수 있다. 다만, 재판·소추나 범죄수사가 진행 중인 사건의 기록에 대해서는 송부를 요구할 수 없다(헌법재판소법 제32조). 심판의 변론과 종국결정 선고는 심판정에서 한다. 다만, 헌법재판소장이 필요하다고 인정하면 심판정 외의 장소에서 이것을 할 수 있다(헌법재판소법 제33조). 심판의 변론과 결정 선고는 공개하지만, 서면심리와 평의는 공개하지 아니한다(헌법재판소법 제34조 제1항). 다만, 심리는 국가의 안전보장·안녕질서 또는 선량한 풍속을 해할 우려가 있으면 결정으로 이것을 공개하지 않을 수 있다. 이러한 결정은 이유를 개시하여 선고한다. 이러한 결정을 한 때도 재판장은 적당하다고 인정되는 사람의 재정을 허가할 수 있다(헌법재판소법 제34조 제2항, 법원조직법 제57조 제1항 단서, 제2항과 제3항). 헌법재판소는 헌법소원심판 절차에서도 가처분 필요성은 있을 수 있고,

달리 가처분을 허용하지 아니할 상당한 이유를 찾아볼 수 없으므로 가처분이 허용된다고 한다(헌재 2000. 12. 8. 2000헌사471).

4. 종국결정

재판부가 심리를 마치면 종국결정을 한다. 종국결정은 종국심리에 관여한 재판관 과반수 찬성으로 성립된다. 다만, 헌법소원에 대한 인용결정을 하는 때와 종진에 헌법재판소가 판시한 헌법이나 법률의 해석적용에 관한 의견을 변경하는 때는 재판관 6명 이상 찬성이 있어야 한다(헌법재판소법 제23조 제2항). 따라서 헌법재판소는 재판관 5명이 인용의견이어도 나머지 재판관이 기각 또는 각하의견을 내면 '기각'주문을 내어야 한다. 이러한 주문례로는 인용의견 5명, 기각의견 4명인 때 기각주문을 낸 것(헌재 1999. 1. 28. 98헌마85)과 인용의견이 5명이고 각하의견이 4명인 때 기각주문을 낸 것(헌재 2000. 2. 24. 97헌마13등)이 있다. 종국결정에는 ① 심판 청구가 부적법한 때 내리는 각하결정, ② 심판 청구가 이유 없는 때 내리는 기각결정, ③ 심판 청구가 이유 있는 때 내리는 인용결정 그리고 ④ 심판절차종료선언의 4가지가 있다.

헌법소원에서 헌법재판소가 인용결정을 내리는 때는 인용결정서 주문에서 침해된 기본권과 침해 원인이 된 공권력의 행사나 불행사를 특정하여야 한다(헌법재판소법 제75조 제2항). 그러나 헌법소원 중 법령소원을 인용하는 때는 주문에 침해된 기본권을 표시하지 않는다. 헌법소원을 인용할 때 헌법재판소는 기본권 침해 원인이 된 공권력 행사를 취소하거나 그 불행사가 위헌임을 확인할 수 있다(헌법재판소법 제75조 제3항). 헌법소원을 인용할 때 공권력의 행사나 불행사가 위헌인 법률에 기인한 것이라고 인정되면 인용결정에서 해당 법률이 위헌임을 선고할 수 있는데(헌법재판소법 제75조 제5항), 이러한 때를 이른바 '부수적 규범통제'라고 부른다. 헌법소원의 인용결정은 모든 국가기관과 지방자치단체를 기속한다(헌법재판소법 제75조 제1항). 헌법재판소가 공권력의 불행사에 대한 헌법소원을 인용하는 결정을 하면 피청구인은 결정취지에 따라 새로운 처분을 하여야 한다(헌법재판소법 제75조 제4항).

5. 심판비용

헌법재판소 심판비용은 국가부담으로 한다. 다만, 당사자 신청에 따른 증거조사 비용은 헌법재판소규칙이 정하는 바에 따라 그 신청인에게 부담시킬 수 있다(헌법재판소법 제37조 제1항).

6. 준용법령

헌법소원심판절차에 관해서는 헌법재판소법에 특별한 규정이 있는 때를 제외하고는 헌법재판의 성질에 어긋나지 아니하는 한도 안에서 민사소송에 관한 법령과 행정소송법을 함께 준용한다. 행정소송법이 민사소송에 관한 법령과 저촉되면 민사소송에 관한 법령은 준용하지 아니한다(헌법재판소법 제40조).

제3장 간접적 기본권보호수단

제1절 탄핵심판

Ⅰ. 탄핵심판의 의의: 헌법수호(헌법보호, 헌법보장)의 제도적 수단

탄핵제도는 일반 사법절차를 따라 책임을 추궁하거나 행정상 징계절차를 따라 징계하기 곤란한 고위공직자나 헌법상 독립한 기관의 신분이 보장된 공직자가 직무집행에서 헌법과 법률을 위반하면, 의회가 이들을 소추하여 법적 추궁을 하는 제도이다(헌재 1996. 2. 29. 93헌마186). 탄핵제도는 의회를 통한 국민주권 실현으로서 의회의 탄핵소추 의결은 탄핵대상자에 대한 대의적 책임추궁으로 볼 수 있다. 현행 헌법상 탄핵제도는 탄핵소추와 탄핵심판의 두 절차로 구성되어, 탄핵소추는 국회 권한이고(헌법 제65조), 탄핵심판은 헌법재판소 권한이다(헌법 제111조 제1항). 탄핵제도는 헌법과 법률의 우위를 고위직 공직자나 신분이 보장된 공직자에게도 관철하려는 권력통제수단이다. 탄핵제도는 파면을 하는 데 그쳐서 형사처벌도 아니고 직무수행상 무능이나 정치적 실패 혹은 정치적 이유에 따른 책임을 지우는 것이 아니다. 탄핵심판도 징계적 처벌(징계처분)의 성질이 있는 것으로서 형사재판이 아니다(헌법 제65조 제4항, 헌법재판소법 제54조 제1항)(헌재 2017. 3. 10. 2016헌나1).

Ⅱ. 국회의 탄핵소추

1. 탄핵대상이 되는 공직자

헌법은 탄핵소추를 국회 권한으로 하며, 탄핵소추 대상자로 ① 대통령, 국무총리, 국무위원과 행정 각부의 장, ② 헌법재판소 재판관, 법관과 중앙선거관리위원회 위원, ③ 감사원장과 감사위원, ④ 그 밖에 법률에서 정한 공무원을 든다(헌법 제65조 제1항, 헌법재판소법 제48조). 7명 이상의 헌법재판소 심리정족수 때문에 헌법재판소 재판관이 탄핵대상이 될 때 재판관 3명 이상을 동시에 소추할 수 없다(헌법재판소법 제23조 제1항, 제50조). '그 밖에 법률에서 정한 공무원'은 탄핵제도 취지에 비추어 일반 사법절차나 징계절차에 따른 소추나 징계처분이 곤란한 고위직이나 특정직 공무원을 뜻한다. '그 밖에 법률에서 정한 공무원'에는 경찰법 제11조 제6항에 규정된 경찰청장과 '방송통신위원회의 설치 및 운영에 관한 법률' 제6조 제5항의 방송통신위원회 위원장, '원자력안전위원회의 설치 및 운영에 관한 법률' 제6조 제5항의 원자력안전위원회 위원장이 있다. 그 밖에 현행법상 검찰청법 제37조, 선거관리위원회법 제9조 제2호, '특별검사의 임명 등에 관한 법률' 제16조를 따라 검사와 각급 선거관리위원회 위원, 특별검사 및 특별검사보가 탄핵대상이고, 그 밖에 탄핵제도 취지를 고려하면 일반 사법절차에 따른 소추나 징계절차에 따른 징계처분이 곤란한 고위직 공무원이 여기에 속한다.

대통령은 전형적인 탄핵대상자이다. 그러나 대통령 취임 전의 대통령 당선인은 탄핵대상자가 아니다. 국무총리와 국무위원 그리고 행정 각부의 장도 탄핵대상자이다. 대통령과 별개로 이들 스스로 위법행위를 저질러 그 책임을 추궁할 필요가 있는데도 대통령이 이들을 비호하고 그 법적 책임을 추궁하지 않을 때 이들에 대한 탄핵은 고유한 의미가 있다.

국회의원은 탄핵대상자가 아니다. 하지만 국회의원이 국무총리나 국무위원을 겸직하면, 그 국회의원은 해당 공직의 보유자로서 당연히 탄핵대상이 된다. 비록 같은 사람이 국회의원과 국무총리나 국무위원을 겸하더라도 직책이 구별되는 만큼 국회의원으로서 한 직무행위를 이유로 탄핵소추를 할 수 없다. 겸직한 국회의원에 대한 탄핵결정이 있어도 국회의원직은 탄핵절차에서 문제 삼는 직이 아니라서 파면되는 '해당 공직'에 속하지 않는다. 따라서 탄핵결정을 받은 해당 국회의원은 의원직을 박탈당하지 않는다. 그런데 탄핵결정에 따라 파면된 사람은 결정 선고가 있은 날부터 5년이 지나지 않으면 공무원이 될 수 없다(헌법재판소법 제54조 제2항). 이때 공무원은 선거직 공무원도 포함한다. 따라서 해당 공무원은 피선거권이 없게 된다. 결국 해당 국회의원은 탄핵결정이 신고된 날에 국회의원직에서 퇴직한다(국회법 제136조 제2항).

법관에는 법원조직법상 대법원장, 대법관, 판사가 속한다. 그러나 군사법원법상 군판사는 군사법원의 재판관일 뿐이지 탄핵대상인 '법관'은 아니다. 따라서 군판사는 헌법 제65조 제1항의 법관이 아니고 '그 밖에 법률에서 정한 공무원'에 해당될 수 있을 뿐이다.

탄핵대상자의 권한대행자나 직무대리자는 원래 대상자와 같은 지위에서 같은 직무를 수행하므로 탄핵대상이 된다. 물론 권한대행자나 직무대리자는 자신의 본래 직무집행 중의 위법행위에 대해서는 본래 신분으로서 탄핵대상이 된다. 국무총리나 국무위원이 대통령 권한대행을 하면(헌법 제71조), 이들은 대통령 권한대행자의 지위가 있어서 탄핵소추 및 심판결정 정족수는 대통령에 준하여 판단하여야 한다는 견해가 있으나, 대통령 권한대행자는 권한만 대행할 뿐이지 대통령 지위가 있는 것은 아니므로 그에 대한 탄핵소추 및 심판결정 정족수는 본래 지위에 따라야 한다. 권한대행자나 직무대리자가 탄핵결정을 받으면 결정 선고가 있은 날부터 5년이 지나지 않으면 공무원이 될 수 없으므로(헌법재판소법 제54조 제2항), 본래 직도 상실한다.

2. 탄핵사유: 그 직무집행에서 헌법이나 법률을 위반한 때

(1) 직무집행

직무는 법제상 소관 직무의 고유업무와 통념상 이와 관련된 업무를 말한다(헌재 2004. 5. 14. 2004헌나1). 직무는 법령에 근거한 행위뿐 아니라 해당 지위에서 국정수행과 관련하여 하는 모든 행위를 포괄한다(헌재 2017. 3. 10. 2016헌나1). 직무집행은 소관 직무로 말미암은 의사결정·집행·통제행위를 포괄하여 법령에 규정된 추상적 직무에 근거하여 구체적으로 외부에 표출되고 현실화하는 작용을 말한다. 따라서 순수한 직무행위 그 자체만을 뜻하는 것은 아니고 객관적으로 직무행위 외형을 갖춘 행위까지도 포함한다. 결과적으로 직무집행과 관계가 없는 행위는 탄핵사유가 될 수 없다. 그리고 직무집행은 자기 소관 아래의 모든 직무, 감독행위를 말하고, 현직 중의 행위에 국한한다. 따라서 직무집행과 무관한 사생활이나 취임 전이나 퇴임 후의 행위뿐 아니라 겸직하는 직에 관한 직무행위도 여기에 포함되지 않는다. 공직사퇴와 동시에 탄핵사유는 소멸한다. 대통령이 탄핵대상자이면 당선하고 나서 취임할 때까지의 기간에 이루어진 행위는 탄핵사유가 될 수 없다(헌재 2004. 5. 14. 2004헌나1). 피소추자의 행위는 자기책임이라서 다른 공직자에게 행위를 지시하거나 다른 공직자와 공범관계에 있지 않는 한 다른 공직자의 행위는 탄핵사유가 되지 않는다.

탄핵대상자가 다른 공직을 거쳐 현 공직에 취임할 때 전직과 현직 모두 소추대상 직이면 전직 때의 위법행위는 탄핵사유에 포함된다. 임명에 국회 동의가 필요한 공직자가 동의를 받기 전 서리 신분으로 한 직무집행행위는 탄핵대상 행위에 포함된다. 그리고 탄핵소추절차가 개시되고 나서 탄핵소추를 면하게 하려고 임명권자가 피소추자를 전직시키면 전직 이전 행위는 현직 중의 행위로 볼 수 있다. 이때 탄핵결정을 받으면 현직에서 파면된다. 그러나 다른 탄핵대상 공직에 있다가 대통령이 된 사람을 다른 탄핵대상 공직 시의 행위로 탄핵할 수는 없다. 선거로 선출되는 대통령은 다른 탄핵대상 공직자와 취임 정당성이 다르고, 탄핵소추의 발의·의결 정족수도 다를 뿐 아니라 '파면할만한 탄핵사유'

존부 판단에서도 차별이 있을 수 있기 때문이다.

(2) '헌법이나 법률을 위배한 때'

헌법은 명문의 헌법 규정뿐 아니라 헌법재판소 결정에 따라서 형성되어 확립된 불문헌법도 포함된다(헌재 2004. 5. 14. 2004헌나1). 법률에는 형식적 법률뿐 아니라 법률과 동등한 효력이 있는 조약, 일반적으로 승인된 국제법규 그리고 긴급명령·긴급재정경제명령도 포함된다(헌재 2004. 5. 14. 2004헌나1). 그리고 법률의 규범서열이 있는 관습법도 법률에 속한다. 그러나 법률 하위의 명령·규칙은 포함되지 않는다. 추상적·지침적 법규 위반은 탄핵사유가 될 수 없다. 헌법이나 법률을 위배한 때에 국한되므로 위법 차원이 아닌 부당한 정책결정행위나 정치적 무능력으로 말미암아 일어나는 행위 등은 탄핵사유가 되지 않는다. 그리고 단순한 부도덕이나 정책결정상 과오도 탄핵사유가 될 수 없다. 헌법과 법률을 위배하였다는 것은 주로 직무집행에서 헌법과 법률상 권한을 유월하거나 작위·부작위의무를 이행하지 않는 것을 뜻한다. 헌법이나 법률을 위배한 위법행위에는 고의나 과실을 반드시 요하지 않는다. 따라서 법의 무지로 말미암은 행위도 포함한다.

(3) 위법행위의 명백하고 중대함 필요 여부

탄핵심판은 일반 재판작용과 달리 헌법보호 기능을 더 중시한다. 따라서 탄핵사유를 헌법과 법률에 대한 '중대한' 위배로 제한하여 해석하는 것이 바람직하고, 특히 대통령에 대한 탄핵에서는 더욱 그렇다. 대통령에 대한 탄핵소추에 가중된 정족수가 요구된다는 사실이 이것을 보여준다. 여기서 위배의 중대성은 위배의 고의나 과실과 같은 주관적·정신적 요소 유무가 아니라 위배 결과로 나타난 국민의 기본권, 국가안전, 헌법질서 등에 끼친 해악 정도를 기준으로 객관적으로 판단하여야 한다. 헌법재판소는 '탄핵심판청구가 이유 있는 때'란 공직자의 파면을 정당화할 정도로 '중대한' 법위반이 있는 때를 말하고, '법위반의 중대성'이란 한편으로는 법위반이 어느 정도로 헌법질서에 부정적 영향이나 해악을 미치는지의 관점과 다른 한편으로는 피청구인을 파면할 때 발생하는 효과를 서로 형량하여 결정하여야 한다고 한다(헌재 2004. 5. 14. 2004헌나1).

3. 탄핵소추절차

(1) 탄핵소추기관: 국회

탄핵의 소추기관은 대의기관인 국회이다. 따라서 국회가 하는 탄핵소추 의결은 탄핵대상자에 대한 대의적 책임추궁 의미도 함께 있다.

(2) 탄핵소추 발의

탄핵소추는 국회 재적의원 3분의 1 이상 발의로 한다. 다만, 대통령에 대한 탄핵소추 발의만은 국회 재적의원 과반수 발의가 있어야 한다(헌법 제65조 제2항). 탄핵소추 발의 여부는 국회의 재량적 판단사항이다. 탄핵소추 발의에는 피소추자의 성명·지위와 탄핵소추의 사유·증거, 그 밖에 조사상 참고가 될 만한 자료를 제시하여야 한다(국회법 제130조 제3항). 이때 증거와 그 밖의 참조자료를 첨부하지 않은 발의서는 명문 규정이 없으나 헌법과 법률을 위배한 공직자를 징계하려는 탄핵절차는 적법하여야 하므로, 부적법한 것으로 보아 국회의장이 이것을 보정하도록 요구하여야 한다. 탄핵소추 발의가 있으면 국회의장은 즉시 본회의에 보고하고 본회의는 의결로 법제사법위원회에 회부하여 조사하게 할 수 있다(국회법 제130조 제1항). 법제사법위원회가 탄핵소추 발의를 회부받았다면 즉시 조사·보고하여야 하고, 그 조사에서는 '국정감사 및 조사에 관한 법률'이 규정하는 조사의 방법과 조사상 주의의무규정이 준용된다(국회법 제131조 제1항, 제2항). 국회의원이 탄핵소추사건을 조사할 때 주의의무규정을 위반하면 국회 의결로 징계를 받게 된다(국회법 제155조 제2항 제6호). 조사를 받은 국가기관은 그 조사를 신속히 완료시키기 위해서 충분한 협조를 하여야 한다(국회법 제132조).

국회는 탄핵대상자가 공직에 있는 한 언제든지 탄핵소추를 발의할 수 있다. 그러나 이미 헌법재판소에서 탄핵심판을 받은 사건은 일사부재리원칙(헌법재판소법 제39조)에 따라서 국회에서 다시 소추발의 대상이 될 수 없다. 탄핵심판절차에는 국가기관이 국민에 대해서 공권력을 행사할 때 준수하여야 하는 법원칙으로 형성된 적법절차원칙은 국가기관에 대해서 헌법을 수호하고자 하는 탄핵소추절차에 직접 적용되지 않는다(헌재 2017. 3. 10. 2016헌나1).

(3) 탄핵소추 의결

탄핵소추 의결은 국회 재적의원 과반수 찬성이 있어야 한다. 다만, 대통령에 대한 탄핵소추 의결만은 국회 재적의원 3분의 2 이상 찬성이 있어야 한다(헌법 제65조 제2항). 국회 본회의가 조사를 위해서 법제사법위원회에 회부하기로 의결하지 않으면 본회의에 보고된 때부터 24시간 이후 72시간 이내에 탄핵소추 여부를 무기명투표로 표결한다. 이 기간 안에 표결하지 아니하면 그 탄핵소추안은 폐기된 것으로 본다(국회법 제130조 제2항). 24시간은 숙고기간이므로 24시간 이내에 한 표결은 효력이 없다. 폐기도 부결에 해당하므로 폐기된 탄핵소추안은 같은 회기 중에 다시 제출하지 못한다(국회법 제92조). 그러나 사유가 다른 별도의 탄핵소추안은 동일회기에 제출할 수 있고, 다음 회기에 같은 내용의 탄핵소추안을 제출할 수 있다. 법제사법위원회에 회부하지 않은 탄핵소추안에 관해서 질의와 토론마저 생략하고 표결하면 국회의사결정의 정당성을 담보할 최소한의 요건도 갖출 수 없게 된다. 따라서 법제사법위원회에 회부하지 않은 탄핵소추안에 대한 질의와 토론을 생략할 수 없다. 그러나 헌법재판소는 법제사법위원회에 회부하지 않은 탄핵소추안에 대해서도 질의·토론 없이 표결할 수 있다고 한다(헌재 2004. 5. 14. 2004헌나1).

국회가 탄핵소추를 하기 전에 소추사유에 관하여 충분한 조사를 하는 것이 바람직하다는 것은 의문의 여지가 없다. 그러나 국회 의사절차에 헌법이나 법률을 명백히 위반한 흠이 있는 때가 아니면 국회 의사절차의 자율권은 권력분립원칙상 존중되어야 하고, 국회법 제130조 제1항은 탄핵소추 발의가 있을 때 그 사유 등에 대한 조사 여부를 국회 재량으로 규정한다. 따라서 국회가 탄핵소추사유에 대하여 별도 조사를 하지 않았다거나 국정조사 결과나 특별검사의 수사 결과를 기다리지 않고 탄핵소추안을 의결하였다고 하여 그 의결이 헌법이나 법률을 위반한 것이라고 볼 수 없다(헌재 2004. 5. 14. 2004헌나1).

본회의의 탄핵소추 의결은 피소추자의 성명·직위와 탄핵소추의 사유를 표시한 문서(소추의결서)로 하여야 한다(국회법 제133조). 탄핵소추 의결은 개별 사유별로 이루어지는 것이 국회의원의 표결권을 제대로 보장하기 위해서 바람직하다. 그러나 국회법상 이에 관한 명문 규정이 없다. 그러므로 여러 소추사유를 하나의 안건으로 표결할 것인지는 기본적으로 표결한 안건의 제목설정권이 있는 국회의장에 달렸다(헌재 2004. 5. 14. 2004헌나1). 탄핵소추 의결이 있으면 국회의장은 즉시 소추의결서 정본을 소추위원인 법제사법위원장에게 송달하고, 그 등본을 헌법재판소·피소추자와 그 소속기관의 장에게 송달한다(국회법 제134조 제1항).

헌법이 국회의 탄핵소추 의결이 국회의 재량행위임을 명문으로 밝혔고, 헌법해석상으로도 국정통제를 위해서 헌법상 국회에 인정된 다양한 권한 중 어떠한 것을 행사하는 것이 적절한 것인지에 관한 판단권은 오로지 국회에 있다. 나아가 청구인에게 국회의 탄핵소추 의결을 청구할 권리에 관해서도 아무런 규정이 없고 헌법해석상으로도 그러한 권리를 인정할 수 없다. 그러므로 대통령의 헌법 등 위배행위가 있을 때 탄핵소추 의결을 하여야 할 헌법상 작위의무가 국회에 없다(헌재 1996. 2. 29. 93헌마186).

4. 탄핵소추 효과

탄핵소추가 의결된 피소추자는 소추의결서가 본인에게 송달된 때부터 헌법재판소의 탄핵심판이 있을 때까지 권한 행사가 정지된다(헌법 제65조 제3항, 헌법재판소법 제50조, 국회법 제134조 제2항). 따라서 권한 행사가 정지되는 시점은 국회의 탄핵소추 의결 시점이 아니라 소추의결서가 피소추자에게 송달된 때이다. 그러나 권한 행사 정지의 효력이 종료하는 시점은 헌법재판소의 탄핵심판에 대한 종국결정이 송달된 때가 아니라 선고된 때로 보아야 할 것이다. 권한 행사 정지 기간 중에 한 피소추자의 직무행위는 위헌이라서 무효이다.

소추의결서가 송달되면 임명권자는 피소추자의 사직원을 접수하거나 해임할 수 없다(국회법 제134조 제2항). 이것에 위반한 사직원 접수나 해임은 무효이다. 그러나 국회법 제134조 제2항을 반대로 해석하면 소추의결서가 송달되기 전에는 피소추자가 사직하거나 피소추자를 해임할 수 있다. 탄핵소추를 받은 사람이 결정 선고 이전에 파면되면 탄핵 목적이 달성된 것이므로, 탄핵심판 청구를 기각하여야 한다(헌법재판소법 제53조 제2항).

피소추자가 탄핵소추 의결 이후에 사망하면 피소추자가 방어권을 행사할 수 없을 뿐 아니라 파면에 따른 효과가 의미가 없으므로, 피소추자 사망으로 탄핵심판절차는 종료된다. 탄핵소추를 의결한 국회 입법기가 종료하거나 탄핵대상자 임기가 만료되어도 탄핵심판절차는 영향을 받지 않는다.

Ⅲ. 헌법재판소의 탄핵심판

1. 탄핵심판기관

1948년 헌법은 탄핵재판소를 탄핵심판기관으로 하였다. 탄핵재판소는 부통령을 소장으로 하여 대법관 5명과 국회의원 5명으로 구성되었다. 탄핵대상이 대통령이나 부통령이면 부통령 대신 대법원장이 소장이 되었다. 1960년 헌법에서는 헌법재판소, 1962년 헌법에서는 대법원장을 위원장으로 하여 대법원판사 3명과 국회의원 5명으로 구성되는 탄핵심판위원회, 1972년 헌법과 1980년 헌법은 헌법위원회를 각각 탄핵심판기관으로 하였다. 그리고 현행 헌법은 헌법재판소를 탄핵심판기관으로 한다.

2. 탄핵심판절차

탄핵심판사건은 헌법재판소 재판관 전원으로 구성되는 전원재판부에서 관장한다. 재판부는 재판관 7명 이상 출석으로 사건을 심리한다. 재판관 6명 이상 찬성으로 탄핵의 결정을 한다(헌법 제113조 제1항, 헌법재판소법 제23조 제1항, 제2항 제1호). 탄핵소추가 의결되면 헌법 제65조 제3항에 따라 피소추자의 권한 행사가 정지되고, 탄핵 결정을 하기 위해서는 재판관 6명 이상 찬성이 있어야 하는데 결원 상태인 1명의 재판관은 사실상 탄핵에 찬성하지 않는 의견을 표명한 것과 같은 결과를 가져 오므로, 재판관 결원 상태가 오히려 피청구인에게 유리하게 작용할 것이라는 점에서 재판관이 결원된 상태에서 심판절차를 진행하는 것은 피청구인의 공정한 재판받을 권리가 침해된다고 보기도 어렵다(헌재 2017. 3. 10. 2016헌나1).

(1) 심판 청구

탄핵심판은 국회 법제사법위원장이 소추위원이 되어 소추의결서 정본을 헌법재판소에 제출함으로써 개시된다(헌법재판소법 제49조). 즉 소추의결서 정본이 탄핵심판청구서로 갈음된다. 이때 필요한 증거서류나 참고자료를 첨부할 수 있다(헌법재판소법 제26조). 소추위원은 변호사를 대리인으로 선임하여 탄핵심판을 수행하게 할 수 있다('헌법재판소 심판규칙' 제57조).

탄핵소추사유는 '그 직무집행에 있어서 헌법이나 법률을 위배한' 사실이고, 여기시 법률은 형사법에 한정되지 아니한다. 그런데 헌법은 물론 형사법이 아닌 법률 규정이 형사법과 같은 구체성과 명확성이 없는 때가 잦으므로, 탄핵소추사유를 형사소송법상 공소사실과 같이 특정하도록 요구할 수 없고, 소추의결서에는 피청구인이 방어권을 행사할 수 있고 헌법재판소가 심판 대상을 확정할 수 있을 정도로 사실관계를 구체적으로 기재하면 된다(헌재 2017. 3. 10. 2016헌나1).

헌법재판소는 원칙적으로 국회의 소추의결서에 기재된 소추사유에 구속을 받고, 소추의결서에 기재되지 아니한 소추사유를 판단 대상으로 삼을 수 없다. 그러나 소추의결서에서 그 위반을 주장하는 '법규정의 판단'에 관하여 헌법재판소는 원칙적으로 구속을 받지 않는다. 그러므로 청구인이 그 위반을 주장한 법규정 외에 다른 관련 법규정에 근거하여 탄핵원인이 된 사실관계를 판단할 수 있다. 그리고 헌법재판소는 소추사유를 판단할 때 국회의 소추의결서에서 분류된 소추사유 체계에 구속되지 않는다. 따라서 소추사유를 어떤 연관관계에서 법적으로 고려할 것인지는 전적으로 헌법재판소 판단에 달려있다(헌재 2017. 3. 10. 2016헌나1).

헌법재판소가 소추의결서를 접수하면 즉시 그 등본을 피소추자에게 송달한다(헌법재판소법 제27조 제1항). 송달을 받은 피소추자는 헌법재판소에 답변서를 제출할 수 있다(헌법재판소법 제29조). 탄핵심판이 청구되고 나서 국회 입법기가 종료하고 선거에 따라 새로운 국회가 구성되었더라도 기존 탄핵심판 청구는 그대로 유효하다. 소추위원인 국회

법제사법위원장이 그 자격을 잃으면 탄핵심판절차는 중단된다. 이때 새로 국회 법제사법위원장이 된 사람이 심판절차를 수계하여야 한다. 다만, 소추위원의 대리인이 있으면 탄핵심판을 중단되지 아니한다('헌법재판소 심판 규칙' 제58조).

탄핵심판이 청구되고 나서도 국회는 탄핵심판 변론종결 전에는 원래의 탄핵소추 발의·의결과 같은 절차와 방식을 거쳐서 탄핵소추사유를 추가·철회 및 변경할 수 있다. 다만, 기존 소추사유와 기본적 사실관계의 동일성이 인정되는 범위에서 형사소송법 제298조를 준용하여 소추위원은 별도의 국회절차 없이 소추사유를 추가할 수 있다(헌재 2004. 5. 14. 2004헌나1). 소추위원은 소추사유의 추가·철회 및 변경을 서면으로 신청하여야 한다(헌법재판소법 제40조, 형사소송법 제298조, 형사소송규칙 제142조). 소추사유는 직무집행에서 헌법·법률 위배가 되는 구체적 사실과 그에 적용되는 법조문을 통일적으로 가리킨다. 동일사실에 적용되는 법조문을 단순히 추가·철회 또는 변경하는 것은 소추사유의 추가·철회·변경에 해당하지 않는다. 소추사유 추가는 기존 소추사유에 새로운 헌법이나 법률 위반 사실을 소추사유로 덧붙이는 것을 말한다. 소추사유 철회는 단일의 소추사실에서 그 부분사실에 대한 소추의사를 거두는 것을 말한다. 여러 소추사실의 전부나 일부를 철회하거나 부분사실 없는 단일의 소추사실을 온전히 철회하여 탄핵심판 계속을 전부나 일부 종료시키는 것은 소추사유 철회가 아닌 소추의 전부나 일부 취하에 해당한다. 소추사유 변경은 소추사실의 추가와 철회를 함께 하는 것이다.

제1심 판결 선고 전까지 공소를 취소할 수 있다는 민사소송법이나 형사소송법을 준용하여서 헌법재판소 결정 선고 이전까지 국회는 탄핵심판 청구를 취하할 수 있다(헌법재판소법 제40조 제1항, 민사소송법 제266조, 형사소송법 제255조). 탄핵심판 청구 취하는 탄핵심판 청구에 대응하는 반대행위이므로 탄핵소추 의결 정족수 규정을 유추적용한다. 취하는 탄핵심판 결정 선고 전까지 할 수 있다. 국회의 탄핵소추철회의결서 정본을 소추위원이 헌법재판소에 제출함으로써 탄핵심판 청구를 취하한다(헌법재판소법 제40조, 민사소송법 제266조 제2항, 헌법재판소법 제49조 제2항).

탄핵심판 청구 취하는 피청구인 동의를 받아야만 효력이 있다. 탄핵심판 청구 취하 서면이 송달된 날부터 2주 이내에 피청구인이 이의를 제기하지 않으면 취하에 동의한 것으로 본다(헌법재판소법 제40조, 민사소송법 제266조 제6항). 적법한 취하가 있으면 단핵심판 청구는 처음부터 계속되지 않은 것으로 본다(헌법재판소법 제40조, 민사소송법 제267조 제1항). 탄핵심판 청구 철회에 피청구인 동의를 요구하여 피소추자를 보호하므로, 국회는 탄핵심판을 취하하고 나서 같은 피소추자에 대해서 다시 탄핵심판 청구를 할 수 있다.

탄핵심판절차는 피소추자의 파면 여부를 결정하는 대단히 주관적인 성격의 재판이면서 고도의 정치적 색채가 있으므로, 피청구인이 취하에 동의함으로써 당사자 사이의 분쟁이 종결되었는데도 헌법재판소가 그 분쟁 당부를 다시 판단할 필요는 없어서 탄핵심판 청구가 취하되면 객관적 권리보호이익을 이유로 헌법재판소가 본안결정을 할 수 없다.

(2) 구두변론과 증거조사

탄핵사건 심판은 구두변론에 의한다(헌법재판소법 제30조 제1항). 탄핵심판의 구두변론은 공개한다(헌법재판소법 제34조). 재판부가 변론을 열 때는 기일을 정하고 당사자와 관계인에게 출석을 요구하여야 한다(헌법재판소법 제30조 제3항). 당사자가 변론기일에 출석하지 아니하면 다시 기일을 정하여야 한다. 다시 정한 기일에도 당사자가 출석하지 아니하면 그 출석 없이 심리할 수 있다(헌법재판소법 제52조 제1항, 제2항). 소추위원은 심판 변론에서 피청구인을 신문할 수 있다(헌법재판소법 제49조 제2항).

변론기일은 사건과 당사자의 이름을 부름으로써 시작한다('헌법재판소 심판 규칙' 제59조). 소추위원은 먼저 소추의결서를 낭독하여야 하는데, 재판장은 원활한 심리를 위해서 필요하다고 인정하면 소추사실 요지만을 진술하게 할 수 있다('헌법재판소 심판 규칙' 제60조 제2항). 재판장은 피청구인에게 소추에 대한 의견을 진술할 기회를 주어야 한다('헌법재판소 심판 규칙' 제61조).

재판부는 탄핵심판 심리를 위해서 필요하다고 인정하면 당사자의 신청이나 직권으로 증거조사를 할 수 있다(헌법재판소법 제31조). 소추위원이나 피청구인은 증거로 제출된 서류를 증거로 하는 것에 동의하는지에 관한 의견을 진술하여야 한다('헌법재판소 심판 규칙' 제62조). 소추위원은 탄핵소추에 관해서 최종 의견을 진술할 수 있고, 소추위원이 출석하지 아니하면 소추의결서 정본의 기재사항에 따라서 의견을 진술한 것으로 본다('헌법재판소 심판 규칙' 제63조 제1항). 재판장은 피청구인에게 최종 의견을 진술할 기회를 주어야 한다('헌법재판소 심판 규칙' 제63조 제2항). 재판장은 심리의 적절한 진행을 위해서 필요하면 소추위원과 피청구인의 의견진술 시간을 제한할 수 있다('헌법재판소 심판 규칙' 제63조 제3항). 재판부는 다른 국가기관이나 공공단체의 기관에 대해서 심판에 필요한 사실을 조회하거나 기록 송부나 자료 제출을 요구할 수 있다. 다만, 재판·소추 또는 범죄수사가 진행 중인 사건의 기록에 대해서는 송부를 요구할 수 없다(헌법재판소법 제32조). 이것은 탄핵심판으로 말미암은 재판·소추나 범죄수사에 방해나 지장을 주지 않게 하는 데 있으므로, 그러한 위험이 없다면 헌법재판소는 탄핵심판에 필요한 기록 송부를 검찰과 특검, 법원에 요구할 수 있다.

탄핵심판절차에는 헌법재판소법에 특별규정이 있는 때를 제외하고는 헌법재판의 성질에 어긋나지 아니하는 한도에서 민사소송에 관한 규정과 형사소송에 관한 규정이 준용된다. 이때 형사소송에 관한 법령이 민사소송에 관한 법령에 저촉되면 민사소송에 관한 법령은 준용되지 아니한다(헌법재판소법 제40조). 따라서 민사소송에 관한 법령보다 형사소송에 관한 법령이 먼저 준용된다. 다만, 형사소송에 관한 법령 준용은 피청구인의 방어권을 형사소송에 버금가게 보장하려는 취지이므로 그러한 목적 달성을 위해서만 형사소송에 관한 법령이 준용된다.

(3) 심판절차 정지

피청구인에 대한 탄핵심판 청구와 동일한 사유로 형사소송이 진행되면 재판부는 심판절차를 정지할 수 있다(헌법재판소법 제51조). 여기서 동일한 사유는 피청구인과 피고인이 같고, 소추사유와 공소사실의 기본적 사실관계가 같은 것을 뜻한다. 따라서 공범의 형사소송이 진행되어도 피청구인에 대한 탄핵심판절차는 정지되지 않는다. 그리고 소추사유 일부에 대한 형사소송이 진행되면 형사소송과 관련된 소추사유에 관한 심판절차만 정지될 수 있다. 대통령은 내란이나 외환의 죄가 아니면 소추할 수 없으므로 내란이나 외환의 죄로 기소되지 않는 한 대통령 탄핵 사건에서 피청구인과 피고인이 같은 때는 없어서 형사소송 진행을 이유로 심판절차를 정지할 수 없다. 특히 탄핵심판절차는 피청구인의 권한 행사가 정지되어서 신속하게 진행될 필요가 있으므로 그 정지는 불가피한 때로 한정하여야 한다. 따라서 형사소송이 조만간 종결될 가능성이 없다면 어차피 탄핵심판절차와 형사소송절차는 별개이므로 탄핵심판절차는 정지되어서는 아니 된다.

3. 탄핵심판 결정

(1) 탄핵의 결정과 주문형식

헌법재판소는 재판관 6명 이상 찬성으로 탄핵의 결정을 할 수 있다(헌법 제113조 제1항, 헌법재판소법 제23조 제2항 단서 제1호). 탄핵심판

청구가 이유 있으면 헌법재판소는 피청구인을 해당 공직에서 파면하는 결정을 선고한다(헌법재판소법 제53조 제1항). 탄핵결정 주문은 예를 들어 "피청구인을 파면한다." 또는 "피청구인 '공직명' ○○○을(를) 파면한다."라는 형식을 취한다. 탄핵심판 청구가 이유 없으면 "이 사건 심판 청구를 기각한다."라는 주문형태를 취한다. 그리고 피청구인이 결정을 선고하기 전에 해당 공직에서 파면되면 심판 청구를 기각하여야 한다(헌법재판소법 제53조 제2항). 탄핵심판 청구 취하로 말미암은 심판절차 종료선언은 "이 사건 탄핵심판절차는 ○. ○. ○. 청구인의 심판 청구 취하로 종료되었다.", 피고인 사망에 따른 심판절차종료선언은 "이 사건 탄핵심판절차는 ○. ○. ○. 피청구인의 사망으로 종료되었다."라는 주문형태를 취한다.

당사자가 출석하지 아니하여도 종국결정을 선고할 수 있다('헌법재판소 심판 규칙' 제64조). 소추사유 모두를 심리하지 않아도 심리한 일부 소추사유만으로 피청구인을 파면하기에 충분하다면 헌법재판소는 탄핵결정을 내릴 수 있다. 물론 탄핵기각결정을 내릴려면 소추사유를 모두 심리하여야 한다.

(2) 탄핵심판결정의 효력

탄핵심판에는 별도의 이의절차가 없어서 결정이 선고되면 바로 결정이 확정되므로 결정이 선고된 때부터 효력이 발생한다. 탄핵심판 결정이 선고되면 헌법재판소 서기는 즉시 결정서 정본을 작성하여 당사자에게 송달하여야 한다(헌법재판소법 제36조 제4항). 그리고 이것을 관보에 게재하여 공시하여야 한다(헌법재판소법 제36조 제5항).

① 공직자 파면

피청구인은 탄핵결정 선고를 통해서 그 공직에서 파면된다. 그러나 탄핵의 결정으로 민사상 책임이나 형사상 책임이 면제되는 것은 아니다 (헌법 제65조 제4항, 헌법재판소법 제54조 제1항). 징계적 처벌에 해당하는 탄핵결정과 민·형사재판 사이에는 일사부재리원칙이 적용되지 않는다. 따라서 탄핵결정이 있고 나서 별도로 민사소송이나 형사소송이 제기될 수 있다. 형사상 책임 불면제는 대통령에게 특별한 의미가 있다. 대통령은 그 형사상 특권(헌법 제84조)으로 말미암아 내란·외환의 죄를 제외하고는 재직 중 형사상 소추를 받지 않으므로 파면결정으로 대통령 신분이 상실되면 곧바로 그에 대한 형사소추를 할 수 있기 때문이다. 대통령이 탄핵으로 말미암아 파면되면 필요한 기간의 경호와 경비 외에는 전직대통령 예우를 받을 수 없다('전직 대통령 예우에 관한 법률' 제7조 제2항 제1호). 탄핵당한 피청구인의 퇴직급여는 5년 미만 근무자이면 1/4, 5년 이상 근무자이면 1/2이 감액되고, 퇴직수당은 1/2이 감액된다 (공무원연금법 제64조 제1항 제2호, '공무원법 시행령' 제55조 제1항 제1호).

② 공직 취임 금지

헌법재판소법 제54조 제2항은 "탄핵결정에 의하여 파면된 자는 결정 선고가 있은 날부터 5년이 지나지 아니하면 공무원이 될 수 없다."라고 하여 일정 기간의 공직 취임을 금지한다. 될 수 없는 공무원에는 제한이 없으므로 여기에는 선거직 공무원도 포함된다. 나아가 파면된 자는 특정 전문직업 보유에서 일정 기간 제한을 받는다[변호사법 제5조(5년), 변리사법 제4조(2년), 세무사법 제4조(3년), 공인회계사법 제4조(5년), 공증인법 제13조(5년)].

③ 사면 금지

대통령의 사면권 행사는 탄핵제도를 유명무실하게 할 가능성이 있으므로 (탄핵제도의 본질상) 허용되지 않는다.

제2절 정당해산심판

Ⅰ. 의의와 연혁

위헌정당해산제도는 정당의 목적이나 활동이 자유민주적 기본질서에 위배되면 이러한 정당을 헌법소송절차에 따라 해산시킴으로써 정당 형식으로 조직된 헌법의 적에게서 헌법 침해를 방지하기 위한 헌법내재적 헌법보호수단이다. 헌법 제8조 제4항은 정당해산에 엄격한 요건과 절차를 요구함으로써 정당에 다른 일반 결사보다 강력한 존속을 가능케 하는 이른바 존립특권을 보장함과 동시에, 정당의 의무와 정당활동 자유의 한계를 명시함으로써 정당 형식으로 조직된 민주주의의 적에게서 자유민주적 기본질서를 수호한다. 따라서 헌법 제8조 제4항의 위헌정당해산은 헌법수호 수단으로서 방어적 민주주의(이나 전투적 민주주의)를 선언한 것으로 이해된다. 위헌정당해산제도는 민주주의 방어를 위한 비민주적 수단으로서 '양날의 칼'과 같은 제도이다. 즉 이 제도가 오·남용되면 본래 취지와는 반대로 민주주의를 위협할 수 있는 지극히 위험한 제도이다. 따라서 ① 그 행사에 가장 엄격한 요건을 요구하여 엄격한 해석을 하여야 한다. 그리고 ② 요건이 충족되더라도 이것을 행사할 때 최대한 자제하고 신중을 기하여야 한다.

1960년 헌법은 정당의 목적이나 활동이 헌법의 민주적 기본질서에 어긋나면 정부가 대통령 승인을 얻어 소추하고 헌법재판소가 판결로써 그 정당의 해산을 명하도록 규정하여(제13조 제2항 단서, 제83조의3 제4호) 위헌정당해산제도를 처음 도입하였다. 이것은 과거 진보당에 대한 탄압과 민주혁신당에 대한 정당등록 거부 등처럼 집행부가 지나치게 야당을 탄압하였던 사실에 대한 반성의 결과이었다. 특히 이른바 '진보당 사건'에서는 당수인 조봉암이 간첩죄로 사형선고를 받아 처형되었고(대법원 1959. 2. 27. 선고 4291형상559 판결), 이에 앞서 1958년 2월 25일 진보당은 정부의 공보실이 등록을 취소하여 해체되었다. 즉 행정조치로 정당이 해산되었다.

Ⅱ. 정당해산의 요건

1. 실질적 요건

(1) 정당

해산 대상은 헌법적 의미의 정당이다. 정당법 제4조에서 요구하는 등록을 마친 기성정당은 물론이고 헌법상 정당의 개념표지를 충족하는 모든 정치적 결사도 정당해산심판 대상이다. 정당의 방계조직, 위장조직, 대체정당 등은 정당 개념에서 제외된다. 이들은 일반결사에 해당하므로 헌법 제21조가 적용된다. 정당법을 따르면 정당은 형식상으로는 정당법 제17조(법정시·도당수)와 제18조(시·도당의 법정당원수)의 요건을 갖추어 중앙선거관리위원회에 등록한 결사체를 일컫는다(정당법 제4조) (헌재 1991. 3. 11. 91헌마21). 헌법 제8조의 정당은 지속해서 또는 비교적 장기간 대한민국 영역 안에서 국민의 정치적 의사 형성에 영향을 미치고 대의기관에 관여하려는 목적이 있으며, 그 사실적 상태, 특히 조직의 범위와 공고성, 구성원의 수, 대중 앞에 출현하는 빈도, 국민의 인지도 등을 종합하면, 자신의 정치적 목적에 대한 진지성을 충분히 보증할 수 있는 국민의 자발적인 정치적 결사를 말한다. 헌법재판소는 헌법과 정당법상 정당의 개념적 징표로서 ① 국가와 자유민주주의나 헌법질서를 긍정할 것, ② 공익 실현에 노력할 것, ③ 선거에 참여할 것, ④ 정강이나 정책이 있을 것, ⑤ 국민의 정치적 의사 형성에 참여할 것, ⑥ 계속적이고 공고한 조직을 구비할 것, ⑦ 구성원들이 당원이 될 수 있는 자격을 구비할 것 등을 든다(헌재 2006. 3. 30. 2004헌마246).

(2) 목적이나 활동

헌법재판소는 정당의 목적이나 활동 중 어느 하나라도 민주적 기본질서에 어긋나면 정당해산의 사유가 될 수 있다고 한다(헌재 2014. 12. 19. 2013헌다1). 그러나 목적이 민주적 기본질서에 어긋나도 그를 위한 구체적 활동이 없으면 구체적 위험이 있다고 볼 수 없고, 민주적 기본질서를 침해할 목적 없이 이루어진 개별 활동이 결과적으로 민주적 기본질서에 어긋났다면 이러한 개별 활동에 개별적 책임을 지우는 것은 몰라도 그 정당 자체를 해산하는 것은 정당 보호를 1차적 목적으로 하는 위헌정당 해산제도의 취지에 들어맞지 않는다. 따라서 목적과 활동은 서로 분리할 수 없고 함께 고려하여 민주적 기본질서 위반 여부를 판단하여야 한다.

① 목적

정당의 목적은 어떤 정당이 추구하는 정치적 방향이나 지향점 혹은 현실 속에서 구현하고자 하는 정치적 계획 등을 통칭한다(헌재 2014. 12. 19. 2013헌다1). 정당의 목적은 정당의 공식적인 강령, 기본적인 정책과 당헌·당규, 당수와 당간부의 연설, 당기관지, 당의 출판물, 선전자료, 그 밖의 당원 태도 등을 종합하여 판단할 수 있다. 만약 정당의 진정한 목적이 숨겨진 상태라면 공식 강령은 이른바 허울이나 장식에 불과할 것이다. 이러한 때는 강령 이외의 자료를 통해서 진정한 목적을 파악하여야 한다(헌재 2014. 12. 19. 2013헌다1).

② 활동

정당의 활동은 정당 기관의 행위나 주요 정당관계자, 당원 등의 행위로서 그 정당에게 귀속시킬 수 있는 활동 일반을 뜻한다(헌재 2014. 12. 19. 2013헌다1). 정당의 활동에는 당수와 당간부의 활동뿐 아니라 당의 막후 실세, 나아가 평당원의 활동도 포함된다. 다만, 평당원의 활동은 개인적인 동기에 따른 활동이 아니라 당명에 따른 활동과 같이 정당의 활동으로 간주할 수 있는 범위 안의 것만 검토대상이 될 수 있다. 정당의 활동은 당원뿐 아니라 대외적으로 명백하게 그 정당을 지지하고 옹호하는 추종자를 통해서도 추정될 수 있다. 다만, 추종자임을 자처하는 사람의 소행이라는 이유로 당연히 검토 대상이 되는 것은 아니고 그의 행위가 정당이나 정당원의 목적 및 활동과 일정한 관련이 인정되는 때로 제한할 필요가 있다(헌재 2014. 12. 19. 2013헌다1).

(3) 민주적 기본질서 위배

헌법이 규정하는 '민주적 기본질서에 위배'라는 정당해산사유는 엄격하게 해석하여야 한다. 그렇지 않으면 위헌정당해산제도가 야당탄압 수단으로 악용될 위험이 있고, 민주주의를 지키기 위한 제도가 오히려 민주주의를 파괴하는 제도로 역기능할 수 있기 때문이다. 정당해산 사유가 엄격하게 제한되는 것은 국민의 정치적 의사 형성에 참여하는 것을 목적으로 하는 정당의 특수한 성격에 비추어 정당을 일반 결사와는 달리 그 존립을 헌법적으로 보호하려는 것이다. 여기서 위배는 헌법질서를 자유민주적이게 하는 헌법의 기초적 원리를 정당이 폐지하려는 의도를 가지고 배척함을 말한다. 그러나 정당의 목적이나 활동이 민주적 기본질서에 위배된다는 것을 정당 스스로 인식하여야 하는 것은 아니다. 정당에 대한 해산결정은 민주주의원리와 정당의 존립과 활동에 대한 중대한 제약이다. 따라서 정당의 목적과 활동에 관련된 모든 사소한 위헌성까지도 문제 삼아 정당을 해산하는 것은 적절하지 않다. 이러한 점에서 위배 정도는 적어도 민주적 기본질서의 전부나 일부를 제거할 수도 있는 구체적 위험이 있어야 한다. 그러나 그러한 위험은 구체적 위험이 임박한 것으로 충분하고, 민주적 기본질서의 전부나 일부를 제거할 명백한 가능성이 있어야 하는 것은 아니다(헌재 2014. 12. 19. 2013헌다1).

자유민주적 기본질서라는 개념은 독일 기본법상 '자유롭고 민주적인 기본질서[Freiheitliche demokratische Grundordnung(독일 기본법)이나 Freiheitlich-demokratische Grundordnung]'에서 비롯한다. 자유민주적 기본질서는 사회민주주의와 대립하는 개념인 자유민주주의와 다르다. 오히려 자유민주적 기본질서는 자유로운 기본질서와 민주적인 기본질서의 결합으로 이해되어야 한다. 여기서 자유로운 기본질서란 자유가 보장되는, 즉 기본적 인권이 보장되는 기본질서를 말한다. 이때의 기본질서는 헌법질서를 가리킨다. 따라서 자유민주적 기본질서란 기본적 인권이 보장되는 민주주의 헌법질서를 뜻한다. 이러한 점에서 자유민주적 기본질서는 사회민주주의가 아니라 국민의 기본적 인권을 보장하지 아니하고, 민주적 정당성도 확보되지 아니하는 전체주의(특히 파시즘과 나치즘, 인민민주주의)와 대립한다. 요컨대 기본적 인권 보장이 법치국가원리의 핵심내용인 점에 비추어 자유민주적 기본질서는 민주주의와 법치국가의 결합, 즉 법치국가적 민주주의를 가리킨다. 이러한 내용은 헌법의 핵심사항이므로, 자유민주적 기본질서를 '요약한 헌법'이라고 부를 수도 있다.

헌법재판소는 "자유민주적 기본질서에 위해를 준다 함은 모든 폭력적 지배와 자의적 지배 즉 반국가단체의 일인독재 내지 일당독재를 배제하고 다수의사에 의한 국민의 자치, 자유·평등의 기본원칙에 의한 법치주의적 통치질서의 유지를 어렵게 만드는 것이고, 이를 보다 구체적으로 말하면 기본적 인권의 존중, 권력분립, 의회제도, 복수정당제도, 선거제도, 사유재산과 시장경제를 골간으로 한 경제질서 및 사법권의 독립 등 우리의 내부체제를 파괴·변혁시키려는 것으로 풀이할 수 있을 것이다."(헌재 1990. 4. 2. 89헌가113)라고 판시하여 자유민주적 기본질서의 적극적 내용을 독일 연방헌법재판소와는 다소 다르게 구성하였다. 특히 사유재산과 시장경제를 골간으로 한 경제질서를 포함한 점이 특이하다. 자유민주적 기본질서는 정치질서를 가리킬 뿐 아니라 경제질서는 양 극단 사이에서 다양한 형태가 있어서 그 자체로 불명확한 개념이라는 점에서 자유민주적 기본질서에 경제질서를 포함시키는 것은 타당하지 않다. 헌법재판소도 헌재 2004. 5. 14. 2004헌나1 결정에서 "구체적으로, 탄핵심판절차를 통하여 궁극적으로 보장하고자 하는 헌법질서, 즉 '자유민주적 기본질서'의 본질적 내용은 법치국가원리의 기본요소인 '기본적 인권의 존중, 권력분립, 사법권의 독립'과 민주주의원리의 기본요소인 '의회제도, 복수정당제도, 선거제도' 등으로 구성되어 있다…(헌재 1990. 4. 2. 89헌가113, 판례집 2, 49, 64),"(헌재 2004. 5. 14. 2004헌나1)라고 하여 자유민주적 기본질서를 법치국가원리의 기본요소와 민주주의원리의 기본요소로 나누어 이전 선례에서 언급한 요소들을 모두 그대로 반복하면서도, 두 기본요소 어디에도 포함하기 곤란한 '사유재산과 시장경제질서를 골간으로 하는 경제질서'만 빼버렸다. 헌재 2014. 12. 19. 2013헌다1 결정에서는 "입헌적 민주주의의 원리, 민주 사회에 있어서의 정당의 기능, 정당해산심판제도의 의의 등을 종합해 볼 때, 우리 헌법 제8조 제4항이 의미하는 민주적 기본질서는, 개인의 자율적 이성을 신뢰하고 모든 정치적 견해들이 각각 상대적 진리성과 합리성을 지닌다고 전제하는 다원적 세계관에 입각한 것으로서, 모든 폭력적·자의적 지배를 배제하고, 다수를 존중하면서도 소수를 배려하는 민주적 의사결정과 자유·평등을 기본원리로 하여 구성되고 운영되는 정치적 질서를 말하며, 구체적으로는 국민주권의 원리, 기본적 인권의 존중, 권력분립제도, 복수정당제도 등이 현행 헌법상 주요한 요소라고 볼 수 있다."라고 하여(헌재 2014. 12. 19. 2013헌다1) 국민주권의 원리를 추가하면서 '사유재산과 시장경제질서를 골간으로 하는 경제질서'뿐 아니라 의회제도와 선거제도까지 제외하였다.

민주적 기본질서를 부정하지 않는 한 정당은 각자가 옳다고 믿는 다양한 이념적 지향을 자유롭게 추구할 수 있다. 오늘날 정당은 자유민주주의 이념을 추구하는 정당부터 공산주의 이념을 추구하는 정당에 이르기까지 그 이념적 지향점이 매우 다양하다. 그러므로 어떤 정당이 특정 이념을 표방하더라도 그 정당의 목적이나 활동이 민주적 기본질서의 내용을 침해하는 것이 아닌 한 그 특정 이념의 표방 그 자체만으로 곧바로 위헌적인 정당으로 볼 수는 없다(헌재 2014. 12. 19. 2013헌다1).

⑷ 헌법 제37조 제2항의 보충적 적용 가능성

헌법재판소는 정당해산심판제도에서는 헌법재판소 정당해산결정이 정당의 자유를 침해할 수 있는 국가권력에 해당하므로 헌법재판소가 정당해산결정을 내리려면 그 해산결정이 비례성원칙에 부합하는지를 고려하여야 한다고 한다. 이때 비례성원칙 준수 여부는 그것이 통상적으로 기능하는 위헌심사 척도가 아니라 헌법재판소 정당해산결정이 충족하여야 할 일종의 헌법적 요건 혹은 헌법적 정당화 사유에 해당한다고 한다. 따라서 헌법 제8조 제4항의 명문 규정상 요건이 구비되어도 해당 정당의 위헌적 문제성을 해결할 수 있는 다른 대안적 수단이 없고, 정당해산결정을 통해서 얻을 사회적 이익이 정당해산결정으로 초래되는 정당의 정당활동 자유 제한으로 말미암은 불이익과 민주주의 사회에 대한 중대한 제약이라는 사회적 불이익을 초과할 정도로 큰 때에 한하여 정당해산결정을 헌법적으로 정당화할 수 있다고 한다(헌재 2014. 12. 19. 2013헌다1).

2. 절차적 요건

⑴ 정부 제소

① 제소권자

정부는 정당의 목적이나 활동이 민주적 기본질서에 위배되면 국무회의 심의를 거쳐 헌법재판소에 그 해산을 제소할 수 있다(헌법 제8조 제4항, 헌법재판소법 제55조). 현행 헌법은 제소권자를 정부로 규정한다. 여기서 정부는 대한민국이라는 국가가 아니라, 입법부·사법부와 대등한 지위에 있는 정부를 뜻한다. 정당해산 제소는 국무회의의 필요적 심의사항인데, 국무회의는 심의기관에 불과하므로 여기서 정부는 실질적 측면에서 대통령으로 보아야 한다.

정부의 정당해산 제소는 국무회의의 필수적 심의사항이라서(헌법 제89조 제14호), 국무회의 심의를 거치지 않은 정당해산심판 청구는 부적법하다. 다만, 대통령이 사고로 직무를 수행할 수 없으면 국무총리가 그 직무를 대행하므로, 대통령이 해외순방 중인 때와 같이 일시적으로 직무를 수행할 수 없으면(직무대리규정 제2조 제4호 참조), 국무총리가 주재한 국무회의에서 한 정당해산심판청구서 제출안 의결도 적법하다(헌재 2014. 12. 19. 2013헌다1).

② 제소 여부와 그 시기 결정

정부에 위헌정당해산 제소권을 부여한 결과, 특정정당에 대한 위헌 여부의 1차적 판단은 정부의 권한이고 의무라는 견해가 있으나, (ⅰ) 헌법 제8조 제4항이 제소'할 수 있다'고 규정하고, (ⅱ) 강제해산보다는 민주적인 공개경쟁을 통해서 해당 정당의 지지층이나 사회적 기반을 붕괴시키는 것이 민주주의 보호에 더 효과적일 것이며, (ⅲ) 정당해산제도는 민주적 기본질서를 지키는 다양한 수단 중 하나에 불과하고, (ⅳ) 헌법적대적 정당의 강제해산이 헌법 보호를 오히려 더 어렵게 할 수도 있으며, (ⅴ) 위헌정당해산 이익과 그 정당의 계속적 존재 이익 등을 형량하여 해산심판 청구 여부를 결정할 여지가 있으므로 정부는 해산 제소 여부에 관한 정치적 재량이 있다.

(2) 심판 청구 절차

국무회의가 위헌정당 제소를 의결하면 법무부 장관이 정부를 대표하여 정당해산의 심판청구서를 헌법재판소에 제출하여야 한다(헌법재판소법 제25조 제1항). 심판청구서에는 해산을 요구하는 정당을 표시하여야 하고 청구 이유를 기재하여야 한다(헌법재판소법 제56조). 정당해산심판의 청구서에는 정당해산 제소에 관해서 국무회의 의결을 거쳤음을 증명하는 서류를 붙여야 하고, 중앙당등록대장 등본 등 피청구인이 정당해산심판 대상이 되는 정당임을 증명할 수 있는 자료를 붙여야 한다(헌법재판소 심판 규칙 제65조). 청구사유가 있는 한 정부는 언제든지 심판 청구를 할 수 있다. 지난날의 위헌적 활동은 원칙적으로 청구사유가 될 수 없다. 다만, 지난날의 위헌적 활동은 현재 그 정당의 목적과 활동이 위헌성을 띠는지를 판단할 때 참고자료가 될 수는 있다.

(3) 헌법재판소 결정

재판부는 재판관 7명 이상 출석으로 사건을 심리한다(헌법재판소법 제23조 제1항). 헌법재판소에서 정당해산결정을 내리려면 재판관 6명 이상 찬성이 있어야 한다(헌법 제113조 제1항, 헌법재판소법 제23조 제2항 단서 제1호). 헌법재판소가 일단 위헌이 아니라고 결정하면, 정부는 동일정당에 대해서 같은 사유로 제소할 수 없다(헌법재판소법 제39조). 이때의 동일성은 정당 명칭과 같은 외관이 아니라 구성원이나 추진하는 정강정책 등의 실질에 변경이 있는지를 기준으로 판단하여야 한다. 그러한 변경이 인정되면 다시 적법하게 제소할 수 있다. 같은 정당에 대해서 '새로운 사실'에 근거하여 거듭 해산심판 청구를 하는 것은 허용된다. 새로운 사실은 헌법재판소가 구두변론 종결 시까지 없어서 정당 해산 여부를 결정할 때 고려할 수 없었던 사실이다.

Ⅲ. 정당해산심판 절차

1. 사건 통지

헌법재판소가 정당해산심판 청구를 받으면 그 청구서 등본을 피청구인에게 송달하여야 한다(헌법재판소법 제27조). 송달받은 피청구인은 헌법재판소에 답변서를 제출할 수 있다(헌법재판소법 제29조). 정당해산심판의 청구나 청구 취하가 있으면 헌법재판소장은 국회와 중앙선거관리위원회에 청구서 부본이나 취하서 부본을 붙여 그 사실을 통지하여야 한다(헌법재판소법 제58조 제1항, '헌법재판소 심판 규칙' 제66조 제1항).

2. 청구 취하

정부가 심판 청구 행사 여부에 관해서 정치적 재량이 있다고 보는 한, 정부는 원칙적으로 심판 청구 이후의 상황 변화 등을 이유로 헌법재판소가 결정을 선고하기 전까지는 청구를 취하할 수 있다. 청구를 취하할 때는 민사소송법의 관련 규정이 준용된다(헌법재판소법 제40조 제1항 제1문). 청구는 헌법재판소가 결정을 내릴 때까지 그 전부나 일부를 취하할 수 있다(민사소송법 제266조 제1항). 청구 취하는 서면으로 하여야 하지만, 변론이나 변론준비기일에 말로 할 수도 있다(민사소송법 제266조 제3항). 심판청구서가 송달된 뒤에는 취하 서면을 피청구인 정당에 송달하여야 한다(민사소송법 제266조 제4항). 피청구인 정당이 변론이나 변론준비기일에 출석하지 아니한 때에 청구인인 정부가 구두로 심판 청구를 취하하면 그 기일의 조서 등본을 피청구인인 정당에 송달하여야 한다(민사소송법 제266조 제5항). 조건부 취하는 허용되지 아니하고, 취하의 취소나 철회도 원칙적으로 허용되지 않는다. 유효한 취하가 있으면 소송계속은 소급적으로 소멸한다.

제소권자가 정부이고, 정당해산심판 청구가 국무회의의 필수적 심의

사항이므로 그 청구를 취하할 때도 국무회의 심의를 거쳐야 한다. 따라서 정부를 대표하는 법무부 장관이 단독으로 심판 청구 취하 여부를 결정할 수 없다. 피청구인 정당이 본안에 관해서 답변서를 제출하거나 변론준비기일에서 진술하거나 변론을 하고 나서는 피청구인 정당의 동의를 받아야 취하의 효력이 있다(헌법재판소법 제40조, 민사소송법 제266조 제2항). 심판 청구 취하의 서면이 피청구정당에 송달된 날부터 2주 이내에 그 정당이 이의를 제기하지 아니하면 정부의 청구 취하에 동의한 것으로 간주된다(헌법재판소법 제40조, 민사소송법 제266조 제6항). 청구가 취하되면 헌법재판소는 심판절차종료선언을 하는 것이 원칙이다. 그러나 심판청구권자인 정부가 구두변론을 거쳐 실체적 심리가 (거의) 종결되어 종국결정 선고를 앞둔 상황에서 (정부 청구가 기각될 것이라고 예상되는 가운데) 심판 청구를 취하하고 피청구인인 정당도 이해할 수 없는 이유로 취하에 동의한 때처럼 정부가 취하권을 남용하였다고 판단할 수 있으면 예외적으로 절차를 속행할 수 있다고 볼 수도 있다. 하지만 이때도 헌법재판이 불고불리원칙을 내용으로 하는 사법의 본질을 유지하여야 한다는 원칙상 심판절차를 종료하여야 할 것이다.

3. 가처분

헌법재판소는 정당해산심판 청구를 받으면 청구인의 신청이나 직권으로 종국결정을 선고할 때까지 피청구인의 활동을 정지하는 가처분 결정을 할 수 있다(헌법재판소법 제57조). 다만, 가처분 인용결정을 하려면 정당해산 요건이 소명되었는지 등에 관한 엄격한 심사가 이루어져야 하고, 인용 범위도 가처분의 목적인 종국결정의 실효성을 확보하고 헌법질서를 보호하기 위해서 필요한 범위로 한정하여야 한다(헌재 2014. 2. 27. 2014헌마7). 가처분 결정을 하면 헌법재판소장은 가처분 결정서 등본을 붙여 그 사실을 국회와 중앙선거관리위원회에 통지하여야 한다(헌법재판소법 제58조 제1항, '헌법재판소 심판 규칙' 제66조 제1항). 헌법재판소법 제57조의 법문은 가장 대표적인 가처분 결정 내용을 예시한 것으로 해석된다. 그러므로 헌법재판소는 피청구인의 활동을 정지하는 가처분이 아닌 다른 내용의 가처분도 할 수 있다.

4. 소송계속 중 자진해산과 분당·합당의 가능성

정당해산심판이 청구되고 나서도 피청구인인 정당은 자진해산을 할 수는 있다. 그러나 정당해산결정의 효력에 내포된 정당의 위헌성 확인 효과가 예외적으로 위헌사유가 발생한 시점까지 소급하면 정당해산제도의 실효성을 효과적으로 확보하기 위해서 자진해산한 정당에 대하여 해산결정을 하는 실익이 있어서 유효한 자진해산이 있더라도 헌법재판소는 절차를 속행할 수 있다. 그리고 헌법이나 법률에 정당해산심판절차의 실효성을 확보하려고 소송계속 중 분당과 합당을 금지하는 명문 규정이 없는 한, 정당활동의 자유에 비추어 아직 위헌이 확인되지 아니한 정당은 특별한 사정이 없다면 분당이나 합당을 자유롭게 할 수 있다. 다만, 헌법재판소는 가처분을 통해서 이러한 정당활동을 정지시킬 수는 있다.

5. 정당해산심판 심리

정당해산심판 심리는 구두변론에 의한다(헌법재판소법 제30조 제1항). 당사자는 정부가 청구인이 되고 제소된 정당이 피청구인이 된다. 재판부가 변론을 열면 기일을 정하고 당사자와 관계인에게 출석을 요구하여야 하고(헌법재판소법 제30조 제3항), 변론은 공개한다(헌법재판소법 제34조 제1항). 재판부는 정당해산심판 심리를 위해서 필요하다고 인정하면 당사자의 신청이나 직권으로 증거조사를 할 수 있다(헌법재판소법 제31조). 그리고 재판부는 다른 국가기관이나 공공단체의 기관에 심판에 필요한 사실을 조회하거나 기록 송부나 자료 제출을 요구할 수 있다(헌법재판소법 제32조).

6. 민사소송에 관한 법령 준용

정당해산심판 심리에 관해서 헌법재판소법에 특별한 규정이 있는 때를 제외하고는 헌법재판의 성질에 반하지 아니하는 한도 안에서 민사소송에 관한 법령 규정이 준용된다(헌법재판소법 제40조). 여기서 '헌법재판의 성질에 반하지 않는' 때란 다른 절차법 준용이 헌법재판의 고유한 성질을 훼손하지 않는 때로 해석할 수 있다. 이때 헌법재판의 성질, 특히 정당해산심판의 성질에 반하는지는, 정당의 법적 성격·정당 보호와 헌법 보호라는 이중적 의미가 있는 정당해산심판의 성질·준용절차 및 준용대상의 성격 등을 종합적으로 고려하여 헌법재판소가 구체적·개별적으로 판단할 수밖에 없다. 구체적인 절차에서 특정한 법령 준용 여부가 헌법재판의 성질에 반하는지에 관한 판단은 헌법에 따라 정당해산에 관한 독자적인 심판권을 부여받은 헌법재판소 고유 권한에 속한다(헌재 2014. 2. 27. 2014헌마7).

Ⅳ. 정당해산의 효과

1. 주문형식

정당해산심판 청구가 이유 있으면 헌법재판소는 피청구정당 해산을 명하는 결정을 선고한다(헌법재판소법 제59조). 해산결정은 예를 들어 "피청구인 ○○정당을 해산한다."라는 형식을 취한다. 정당해산심판 청구가 이유 없으면 기각결정을 한다. 결정 선고 전에 스스로 해산하면 헌법재판소는 기각결정을 내린다.

2. 헌법재판소 결정의 창설적 효력

헌법재판소가 정당 해산을 명하는 결정을 선고하면 그 정당은 해산된다(헌법재판소법 제59조). 중앙당뿐 아니라 정당 일부를 이루는 시·도당도 함께 해산된다. 헌법재판소의 정당해산결정은 창설적 효력이 있다. 즉 이러한 정당해산의 효과는 헌법재판소 결정에 따라서 비로소 발생하고, 중앙선거관리위원회가 헌법재판소 통지를 받고 정당법 제47조에 따라 그 정당 등록을 말소하고 이것을 공고하는 행위는 단순한 사후적 행정조치에 불과하다. 즉 중앙선거관리위원회 해산 공고는 선언적·확인적 효력이 있을 뿐이다. 해산결정이 확정된 정당은 그때부터 불법결사가 되므로 행정청이 행정처분으로 그 정당의 존립과 활동을 금지할 수 있다. 정당조직 일부를 구성하는 부분조직이나 정당의 부분으로서 특수한 과제를 담당하는 특별조직도 해산되는 정당과 운명을 같이한다. 시·도당별로 창당절차를 거치는 것(정당법 제9조와 제13조 참조) 등 시·도당의 독자성을 인정할 수 있고, 정당해산결정에도 비례성원칙이 적용되므로 정당의 가분적 일부에 대한 해산결정도 헌법재판소는 내릴 수 있다. 정당해산 효과는 해산결정이 있는 날부터 앞날을 향해서 발생한다. 이 날부터 해당 정당은 법적으로 존속하지 않는다.

3. 잔여재산 국고 귀속

헌법재판소의 해산결정에 따라서 해산된 정당의 잔여재산은 국고에 귀속된다(정당법 제48조 제2항). 이것은 위헌정당의 물적 기반을 소멸시켜 위헌정당 해산의 실효성을 확보하기 위한 것이다. 이때 잔여재산은 정당 명의의 재산에 국한한다. 따라서 정당재산이 사유재산으로 명의전환되었다면 원칙적으로 몰수 대상이 아니다. 이러한 명의전환을 막기 위한 헌법재판소의 가처분이 필요하다.

4. 대체정당 금지

정당이 헌법재판소 결정으로 해산되면 그 정당의 대표자와 간부는 해산된 정당의 강령(기본정책)과 같거나 비슷한 것으로 정당을 창설하지 못한다(정당법 제40조). 대체정당 여부는 강령(기본정책), 대표자·간부 등 인적 조직, 명칭의 동일·유사성 등을 기준으로 전체적으로 파악하여 종합적으로 판정한다. 대체정당으로 인정되면 그 정당은 정당특권이 인정되지 않으므로 행정처분으로 해산할 수 있다. 중앙선거관리위원회는 대체정당이라고 판단하면 정당 등록을 거부하여야 하고, 등록 후에 대체정당임이 판명되면 등록을 취소하여야 할 것이다(헌법재판소법 제60조, 정당법 제40조 참조). 중앙선거관리위원회가 이러한 조치를 취하지 않으면 정부가 대체정당에 대해서 정당해산심판을 청구할 수 있다.

5. 동일명칭 사용 금지

헌법재판소 결정에 따라서 해산된 정당 명칭과 같은 명칭은 정당 명칭으로 다시 사용하지 못한다(정당법 제41조 제2항). 이때 동일한 명칭인지는 형식적 일치 여부에 따른다. 따라서 해산된 정당 명칭과 옹글게(완벽하게) 같은 명칭만 사용할 수 없고, 비슷한 명칭이나 단어 배열 순서가 다른 명칭은 사용할 수 있다.

6. 소속 국회의원의 의원직 상실 여부?

헌법재판소는 정당해산이 이루어지는 상황에서는 국회의원의 국민대표성이 부득이 희생될 수밖에 없고, 헌법재판소 해산결정으로 해산되는 정당 소속 국회의원의 의원직 상실은 정당해산심판제도의 본질에서 인정되는 기본적 효력이므로, 지역구에서 당선된 국회의원이든 비례대표로 당선된 국회의원이든 모두 명문 규정 없이도 의원직을 상실시킬 수 있다고 하였다(헌재 2014. 12. 19. 2013헌다1). 이 결정에 대해서 위헌정당을 해산한다고 선언하면서 해당 정당 소속 국회의원의 의원직을 상실시키는 결정은 소속 국회의원은 정당해산심판에서 청구인도 피청구인도 아니라서 당사자가 아니므로 그에게 효력이 없고, 정당해산결정은 형성판결이라서 그에 관한 법률 규정이 필요한데 정당해산결정에 관한 규정에는 위헌정당 소속 국회의원의 의원직 상실에 관한 내용이 없어서 헌법재판소가 내릴 수 없다는 비판이 있다.

7. 소속 비례대표 지방의회의원의 의원직 상실 여부?

중앙선거관리위원회는 공직선거법 제192조 제4항의 해산은 자진해산을 뜻하므로 헌법재판소 정당해산결정으로 해산된 정당 소속 비례대표 지방의회의원은 해산결정이 선고된 때부터 그 직에서 퇴직한다고 결정하였다. 그러나 전주지방법원은 중앙선거관리위원회 해석은 비례대표 지방의회의원에게 불리한 방향으로 지나치게 유추해석하였고, 공직선거법 제192조 제3항은 비례대표 지방의회의원이 '자의'로 당적을 벗어나면 당연퇴직하게 하지만, '타의'로 당적을 이탈·변경하면 그 직을 보장한다는 의미로 해석하여야 하고, 이것이 입법취지에도 부합하며, 정당해산결정에 따라 해산된 정당 소속 비례대표 지방의회의원이 그 직을 상실하는지에 관한 헌법이나 법률 규정이 없고, 지방자치법이 지방의회 자율권을 일정 부분 보장하는 이상 중앙선거관리위원회는 지방의원직 퇴직이나 의원직 상실 여부를 결정할 아무런 권한이 없다고 하였다(전주지법 2015. 11. 25. 선고 2015구합407 판결).

8. 해산된 정당의 목적 달성을 위한 집회나 시위의 주최, 선전, 선동 금지

헌법재판소 결정에 따라서 해산된 정당의 목적을 달성하기 위한 집회나 시위는 누구도 주최할 수 없다('집회 및 시위에 관한 법률' 제5조 제1항 제1호). 이를 위반하면 2년 이하의 징역 또는 200만 원 이하의 벌금에 처해진다('집회 및 시위에 관한 법률' 제22조 제2항). 관할 경찰서장은 헌법재판소 결정에 따라서 해산된 정당의 목적을 달성하기 위한 집회나 시위에 대해서 상당한 시간 안에 자진 해산하라고 요청하고 이에 따르지 아니하면 해산을 명할 수 있다('집회 및 시위에 관한 법률' 제20조 제1항 제1호). 누구든지 헌법재판소 결정에 따라서 해산된 정당의 목적을 달성하기 위한 집회나 시위를 선전하거나 선동하여서는 아니 된다('집회 및 시위에 관한 법률' 제5조 제2항). 이를 위반하면 1년 이하의 징역 또는 100만 원 이하의 벌금에 처해진다('집회 및 시위에 관한 법률' 제22조 제3항).

9. 결정서 송달과 결정 집행

정당해산심판에서 종국결정이 선고되면 헌법재판소는 즉시 결정서 정본을 당사자에게 송달하여야 한다(헌법재판소법 제36조 제4항). 당사자 외에도 국회와 중앙선거관리위원회에 종국결정 등본을 붙여 그 사실을 통지하여야 한다(헌법재판소법 제58조 제1항, '헌법재판소 심판 규칙' 제66조 제1항). 헌법재판소가 정당 해산을 명하는 결정을 하면 그 결정서를 피청구인 외에 정부, 국회와 중앙선거관리위원회에 송달하여야 한다(헌법재판소법 제58조 제2항). 정당해산을 명하는 결정서를 정부에 송달할 때는 법무부 장관에게 송달하여야 한다('헌법재판소 심판 규칙' 제66조 제2항). 따라서 법무부 장관과 피청구인에게는 결정서 정본을 송달하고 국회의장과 중앙선거관리위원회에는 결정서 등본을 송달하여야 한다. 정당 해산을 명하는 헌법재판소 결정은 중앙선거관리위원회가 정당법 규정에 따라서 이것을 집행한다(헌법재판소법 제60조).

제3절 권한쟁의심판

I. 권한쟁의심판의 의의

1. 개념

권한쟁의심판은 국가기관 등 서로 간에 헌법과 법률이 정한 권한의 유무나 범위에 관한 다툼이 발생하면 이깃을 제3의 독립기관(헌법재판소)이 유권적으로 심판함으로써 그 (권한)분쟁을 해결하는 제도이다. 권한쟁의심판제도는 국가기관 사이나 국가기관과 지방자치단체 사이 또는 지방자치단체 사이에 권한의 유무나 범위에 관해서 다툼이 발생하면 헌법재판소가 이것을 심판함으로써 각 기관의 권한을 보호함과 동시에 객관적 권한질서 유지를 통해서 국가기능 수행을 원활하게 하고, 수평적 및 수직적 권력 서로 간의 견제와 균형을 유지하려는 것에 그 제도적 의의가 있다(헌재 1995. 2. 23. 90헌라1). 국가기관 상호간의 권한쟁의에 관한 심판은 국가라는 권리주체의 대내적 관계에서 발생하는 분쟁을 원인으로 하는 자기소송이지만, 국가기관과 지방자치단체 사이의 권한쟁의와 지방자치단체 상호간의 권한쟁의에 관한 심판은 권리주체 서로 간의 분쟁, 즉 대외적 관계에 관한 분쟁이다.

2. 역사

1960년 헌법은 제8장에서 헌법재판소를 규정하면서 국가기관 사이의 권한쟁의를 헌법재판소 관장사항으로 하였다. 이후 1961년 4월 17일 헌법재판소법이 공포되었으나, 5·16 국가재건비상조치법 부칙 제5조에서 효력이 정지되었다가 1964년 12월 30일 헌법재판소법폐지에관한 법률에 따라서 폐지되었다. 현행 헌법과 헌법재판소법의 권한쟁의는 1960년 헌법의 권한쟁의보다 확대된 것이다. 이것은 지방자치단체의 지위와 권한을 확보해 주려는 것이다.

3. 기능

권한쟁의제도는 헌법이 각 국가기관이나 지방자치단체에 배분한 권한이 서로 충돌하지 않고 행사되도록 하여 국가의 기능과 작용이 원활하게 이루어지게 하고, 국가권력의 수평적 통제와 수직적 통제를 통한 권력분립을 실현하고, 소수 보호를 통해서 민주주의를 실질화하여 헌법질서를 유지하는 기능을 수행한다.

4. 성격: 객관적 쟁송

권한쟁의심판에서 다투는 권한은 직무상 권한이므로 개인의 주관적 권리와 구별하여야 한다. 국가기관이나 지방자치단체는 국민의 기본권을 보장하고 공동체 존속을 유지하려고 부과된 행위의무를 질 뿐이고 개인과 같이 행위의 자유가 없다. 따라서 국가기관이나 지방자치단체가 권한쟁의심판절차에서 당사자 지위가 있어도 주관적 쟁송에서 사인이 행위의 자유 주체로서 가지는 주관적 권리능력을 갖출 수 없다.

기관의 권한이 주관적인 권리로 의제된 부분은 해당 기관이 자기 권한을 스스로 행사할 수 있다는 것과 해당 기관 권한을 다른 기관이 행사할 수 없다는 의미에 한정된다. 국가기관이나 지방자치단체의 권한과 그 행사는 그 자신의 이익이나 문제에 국한되는 것이 아니라 국가 전체의 기능과 활동을 위한 것이고, 이에 관한 분쟁도 해당 국가기관이나 지방자치단체의 이익이나 문제에 그치는 것이 아니라 공동체나 국가 전체의 이익이나 문제에 관한 것이다. 국가기관이나 지방자치단체 권한의 이러한 성질로 말미암아 국가기관이나 지방자치단체는 자기 권한을 포기하거나 양도할 수 없다. 이러한 점에서 권한쟁의심판은 기본적으로 객관적 쟁송의 성격이 있다. 즉 권한쟁의심판은 객관적 법질서의 적정한 집행을 소송 목적으로 하는 객관적 쟁송이다.

5. 한국 헌법상 권한쟁의심판제도의 특징

(1) 원칙적·포괄적 관할 범위

헌법재판소가 관장하는 권한쟁의심판에는 국가기관 사이의 권한쟁의 뿐 아니라 서로 다른 법주체인 국가기관과 지방자치단체 사이 및 지방자치단체 서로 간의 권한쟁의도 포함된다(헌법재판소법 제111조 제1항 제4호). 그리고 권한쟁의심판 대상이 되는 법적 분쟁은 헌법상 분쟁뿐 아니라 법률상 분쟁도 포함된다(헌법재판소법 제61조 제2항). 따라서 헌법재판소의 권한쟁의심판권은 일반 법원의 행정소송 관할권과 중복될 가능성이 있다.

(2) 헌법재판소의 원칙적 관할

권한쟁의심판은 헌법재판소의 원칙적 관할이다(헌법 제111조 제1항 제4호, 헌법재판소법 제2조 제4호). 법원의 1차적 권리구제를 요구하여 보충성 요건을 설정한 헌법소원제도와는 달리, 권한쟁의심판사항과 중첩될 여지가 많은 기관소송에 관해서 헌법재판소의 관장사항인 소송을 기관소송사항에서 제외함으로써 권한쟁의에 관한 한 헌법재판소에 원칙적이고 포괄적인 관할권을 인정한다(행정소송법 제3조 제4호).

(3) 주관적인 것으로 의제된 권한

권한쟁의심판에서 '권한(Kompetenz)'은 주관적 권리가 아니다(헌재 2010. 12. 28. 2009헌라2). 권한은 국가나 지방자치단체 등 공법인이나 그 기관에 헌법이나 법률에 따라서 부여되어 법적으로 유효한 행위를 할 능력이나 그 범위이다. 권한의 귀속주체라도 권한을 마음대로 처분하거나 포기할 수 없다. 권한은 적극적 권능으로서 능력을 뜻하기도 하지만, 직무상 의무와 범위를 가리키기도 한다. 이러한 권한은 권력분립에 따른 견제와 균형을 도모하면서 국가의 기능질서를 지키려고 각 국가기관에 나누어 준 독자적인 활동과 결정영역을 뜻한다. 이러한 분배는 객관적 법규범에 따라서 이루어진다. 따라서 권한쟁의심판은 객관소송이라는 특징이 있다. 이러한 특징은 권한쟁의심판의 청구요건이나 이익을 판단할 때 중요하다. 헌법재판소법은 '권한의 유무 또는 범위에 관하여 다툼이 있을 때'(제61조 제1항)와 '헌법 및 법률에 의하여 부여받은 권한이 침해되었을 때'(제61조 제2항)에 권한쟁의심판 청구를 허용한다. 하지만 객관소송에서 주장되는 권한 침해는 소송을 위해서 주관적인 것으로 의제된 권한일 뿐이다.

Ⅱ. 권한쟁의심판의 종류와 당사자능력(청구인능력)

당사자능력(청구인능력)은 권한쟁의심판을 청구할 일반적인 자격을 뜻한다.

1. 국가기관 서로 간의 권한쟁의심판

(1) '국가기관'의 인정기준과 범위

헌법재판소법 제62조 제1항 제1호는 권한쟁의의 당사자가 될 수 있는 국가기관으로서 '국회, 정부, 법원 및 중앙선거관리위원회'만을 규정한다. 헌법재판소는 헌법재판소법 제62조 제1항 제1호를 한정적·열거적인 조항이 아니라 예시적인 조항으로 해석하는 것이 헌법에 합치된다고 판시함으로써 당사자 범위를 크게 확대하였다. 즉 헌법재판소는 "헌법 제111조 제1항 제4호에서 헌법재판소의 관장사항의 하나로 "국가기관 상호간, 국가기관과 지방자치단체간 및 지방자치단체 상호간의 권한쟁의에 관한 심판"이라고 규정하고 있을 뿐 권한쟁의심판의 당사자가 될 수 있는 국가기관의 종류나 범위에 관해서는 아무런 규정을 두고 있지 않고, 이에 관해서 특별히 법률로 정하도록 위임하고 있지도 않다. 따라서 입법자인 국회는 권한쟁의심판의 종류나 당사자를 제한할 입법형성의 자유가 있다고 할 수 없고, 헌법 제111조 제1항 제4호에서 말하는 국가기관의 의미와 권한쟁의심판의 당사자가 될 수 있는 국가기관의 범위는 결국 헌법해석을 통해서 확정하여야 할 문제이다. 그렇다면 헌법재판소법 제62조 제1항 제1호가 비록 국가기관 상호간의 권한쟁의심판을 "국회, 정부, 법원 및 중앙선거관리위원회 상호간의 권한쟁의심판"이라고 규정하고 있다고 할지라도 이 법률조항의 문언에 얽매여 곧바로 이들 기관 외에는 권한쟁의심판의 당사자가 될 수 없다고 단정할 수는 없다."(헌재 1997. 7. 16. 96헌라2)라고 하면서, "헌법 제111조 제1항 제4호 소정의 '국가기관'에 해당하는지 아닌지를 판별함에 있어서는 그 국가기관이 헌법에 의하여 설치되고 헌법과 법률에 의하여 독자적인 권한을 부여받고 있는지 여부, 헌법에 의하여 설치된 국가기관 상호간의 권한쟁의를 해결할 수 있는 적당한 기관이나 방법이 있는지 여부 등을 종합적으로 고려하여" 판단하여야 한다고 그 기준을 제시한다(헌재 1997. 7. 16. 96헌라2). 이것을 따르면 국회나 정부와 같은 전체기관뿐 아니라 그 부분기관이라도 상대 당사자와 맺는 관계에서 독자적인 지위를 인정해 줄 필요가 있으면 당사자능력이 인정될 수 있다. 다만, 보조기관에 불과하거나 독자적 지위가 인정될 수 없으면 당사자능력이 부인된다.

먼저 국회에서는 전체기관으로서 국회(헌재 2005. 12. 22. 2004헌라3)뿐 아니라 국회의장(헌법 제48조)[국회부의장이 국회의장에게서 의사진행을 위임받거나 국회의장을 대리하여 법률안 가결선포를 하면 국회의장이 당사자이고 국회부의장은 당사자가 될 수 없다(헌재 1997. 7. 16. 96헌라2)], 국회의원(헌법 제41조 제1항), 국회의 각 위원회(헌법 제62조), 국회 상임위원회 위원장[예를 들어 외교통상통일위원회 위원장(헌재

2010. 12. 28. 2008헌라7등)] 등이 독립한 헌법기관으로서 당사자능력을 갖출 수 있다[국회의장과 국회의원이 당사자가 된 사건으로는 헌재 1997. 7. 16. 96헌라2]]. 그러나 국회법 제57조를 설치근거로 하고, 그 설치·폐지 및 권한이 원칙적으로 위원회 의결에 따라 결정될 뿐인 소위원회는 위원회의 부분기관에 불과하여 헌법에 의하여 설치된 국가기관에 해당한다고 볼 수 없다. 따라서 소위원회가 설치된 뒤에야 비로소 있을 수 있는 그 소위원회 위원장도 헌법에 의하여 설치된 국가기관에 해당한다고 볼 수 없다(헌재 2020. 5. 27. 2019헌라4). 그리고 국회는 교섭단체와 같이 국회의 내부 조직을 자율적으로 구성하고 그에 일정한 권한을 부여할 수 있으나, 헌법은 국회의원들이 교섭단체를 구성하여 활동하는 것까지 예정하고 있지 아니하고, 교섭단체 권한은 원활한 국회 의사진행을 위하여 국회법에서 인정하는 권한일 뿐이며, 교섭단체 권한 침해는 교섭단체에 속한 국회의원 개개인의 심의·표결권 등 권한 침해로 이어질 가능성이 높은바, 교섭단체와 국회의장 등 사이에 분쟁이 발생하더라도 국회의원과 국회의장 등 사이의 권한쟁의심판으로 해결할 수 있어서 이러한 분쟁을 해결할 적당한 기관이나 방법이 없다고 할 수 없으므로 교섭단체는 그 권한 침해를 이유로 권한쟁의심판을 청구할 수 없다(헌재 2020. 5. 27. 2019헌라6등).

정부에서는 전체로서 정부뿐 아니라 대통령(헌법 제66조), 국무총리(헌법 제86조), 국무위원(헌법 제87조), 행정 각부의 장(헌법 제94조), 감사원(헌법 제97조) 등이 헌법과 정부조직법에 따라서 독자적인 권한을 부여받은 독립한 헌법기관으로서 당사자능력을 갖출 수 있다. 다만, 이러한 정부 안 기관들 사이의 권한분쟁이 위계적 행정조직의 상명하복관계에 따라 상급 기관을 통해서 조정되거나 최종적으로 국무회의나 대통령을 통해서 자체적으로 해결될 수 있으면 권한쟁의가 허용될 수 없다. 중앙행정기관이 다른 부처와 갈등이 생길 우려가 있으면 대통령의 명을 받아 행정 각부를 통할하는 국무총리나 대통령을 통해서 분쟁이 해결될 수 있고, 국무회의에 출석하여 국무위원들과 토론을 통해서 문제를 해결할 수도 있다(헌재 2010. 10. 28. 2009헌라6). 그러므로 이들 기관이 권한쟁의를 제기할 수 있는 때란 주로 그들이 국회나 지방자치단체 등과 맺는 대외적 관계에서 권한 다툼이 있는 때가 일반적이다.

헌법재판소법 제62조 제1항 제1호를 따르면 법원과 중앙선거관리위원회가 당사자가 될 수 있음은 분명하다. 헌법재판소는 각급 구·시·군 선거관리위원회도 권한쟁의심판 당사자능력을 인정한다(헌재 2008. 6. 26. 2005헌라7). 법관은 독립하여 심판하는 헌법기관으로서(헌법 제103조), 이론적으로는 대법원을 비롯한 각급 법원뿐 아니라 법원으로서 개별 법관(단독판사)도 모두 당사자가 될 수 있다(국회의원이 서울남부지방법원 제51민사부를 피청구인으로 하여 권한쟁의심판을 청구한 사례로는 헌재 2010. 7. 29. 2010헌라1). 그러나 심급제도라든지 사법행정적 위계질서에 따라서 해결할 수 있으면 법원조직 내부의 권한분쟁은 권한쟁의심판 대상이 될 수 없다.

오로지 법률에만 설치근거가 있는 국가기관은 국회의 입법행위에 따라서 존폐와 권한범위가 결정될 수 있다. 따라서 이러한 국가기관은 '헌법에 의하여 설치되고 헌법과 법률에 의하여 독자적인 권한을 부여받은 국가기관'이 아니다. 그러므로 국가인권위원회법에 따라서 비로소 설립된 국가인권위원회는 헌법 제111조 제1항 제4호 소정의 국가기관에 해당하지 않는다(헌재 2010. 10. 28. 2009헌라6).

(2) 정당의 헌법상 지위와 권한쟁의심판의 당사자능력?

헌법재판소는 정당은 국민의 자발적 조직으로, 그 법적 성격은 일반적으로 사적·정치적 결사 혹은 법인격 없는 사단으로서 비록 헌법이 특별히 정당설립의 자유와 복수정당제를 보장하고, 정당 해산을 엄격한 요건 아래 인정하는 것 등 정당을 특별히 보호하나, 이는 정당이 공권력의 행사 주체로서 국가기관의 지위가 있다는 뜻이 아니고 사인이 자유로이 설립될 수 있다는 것을 가리키므로 정당은 특별한 사정이 없는 한 권한쟁의심판절차의 당사자가 될 수는 없다고 한다(헌재 2020. 5. 27. 2019헌라6등).

(3) 국민이나 선거민 – 특히 투표인단, 선거인단

국민이나 선거민을 국가최고기관의 일종으로 보더라도 전체를 하나의 당사자로 조직한다는 것은 기술상 불가능하고 남용 가능성이 있으므로, 국민이나 선거민의 당사자능력을 인정하기 어렵다. 헌법재판소도 '국민'인 청구인은 그 자체로는 헌법에 의하여 설치되고 헌법과 법률에 의하여 독자적인 권한을 부여받은 기관이라고 할 수 없어서 권한쟁의심판의 당사자가 되는 '국가기관'이 아니라고 한다(헌재 2017. 5. 25. 2016헌라2).

(4) 헌법재판소 자신?

헌법재판소는 헌법재판소법 제62조 제1항 제1호의 권한쟁의심판 당사자를 한정적·열거적인 것으로 보아 스스로 권한쟁의심판 당사자가 될 수 없다고 판시한 바 있다(헌재 1995. 2. 23. 90헌라1). 그러나 이후 헌법재판소법 제62조 제1항 제1호의 권한쟁의심판 당사자를 예시적인 것으로 해석하는 판례 변경(헌재 1997. 7. 16. 96헌라2)을 하였으므로 이러한 견해를 그대로 유지하는지는 명확하지 않다.

2. 국가기관과 지방자치단체 사이의 권한쟁의심판

헌법은 권한쟁의의 한 종류로서 국가기관과 지방자치단체 사이의 권한쟁의를 든다. 이것은 상호 독립한 법인격체로서 국가와 지방자치단체 사이의 수직적 권력분립관계에서 헌법상 제도적으로 보장되는 지방자치권을 보장한다는 측면 이외에 통일적 국가사무 수행에서 국가기관과 지방자치단체 사이의 권한분배에 관한 다툼을 조정하는 의미가 있다. 헌법재판소법 제62조 제1항 제2호는 국가기관과 지방자치단체 사이의 권한쟁의를 "정부와 특별시·광역시·특별자치시·도 또는 특별자치도 간의 권한쟁의, 정부와 시·군 또는 지방자치단체인 구 간의 권한쟁의"로 규정한다.

지방자치단체의 자치권을 침해하는 것은 정부뿐이 아니므로, 여기서 '정부'도 예시적인 것으로 보아야 한다. 그렇다면 정부뿐 아니라 그 부분기관, 국회와 법원 등 그 밖의 국가기관도 당사자가 될 수 있다(헌재 2008. 6. 26. 2005헌라7). 그리고 그 범위는 국가기관 서로 간의 권한쟁의심판과 크게 다르지 않다(헌재 2008. 3. 27. 2006헌라1). 헌법재판소는 대통령(헌재 2002. 10. 31. 2001헌라1), 행정자치부 장관(이나 행정안전부 장관)(헌재 2002. 10. 31. 2002헌라2), 건설교통부 장관(헌재 2006. 3. 30. 2003헌라2), 해양수산부 장관(헌재 2008. 3. 27. 2006헌라1), 교육부 장관(헌재 2013. 9. 26. 2012헌라1)을 정부의 부분기관으로서 당사자로 인정한다. 지방자치단체장이 행정심판의 재결청 지위에서 한 처분이 관할구역 안에 있는 하급 지방자치단체의 권한을 침해한 것인지에 관한 권한쟁의 사건에서, 그 재결청인 지방자치단체장은 국가기관의 지위에 있다고 보아 그 권한쟁의를 국가기관과 지방자치단체 사이의 권한쟁의로 본 판례가 있다(헌재 1999. 7. 22. 98헌라4).

국회도 국가기관으로서 지방자치단체와 사이에서 권한쟁의심판 당사자가 될 수 있고(헌재 2008. 6. 26. 2005헌라7), 감사원도 마찬가지로 지방자치단체와 사이에서 권한쟁의심판 당사자가 될 수 있다(헌재 2008. 5. 29. 2005헌라3). 강남구선거관리위원회도 헌법 제114조 제7항에 근거를 두고 헌법 제115조, 제116조, 공직선거법 등에 따른 독자적인 권한을 부여받은 당사자이므로 지방자치단체와 사이에서 권한쟁의심판 당사자가 될 수 있다(헌재 2008. 6. 26. 2005헌라7). 그러나 부산지방해양수산청은 해양수산부장관의 일부 사무를 관장할 뿐이지 독자적인 권한이 없어서 권한쟁의심판 당사자가 될 수 없다(헌재 2008. 3. 27. 2006헌라1). 그리고 헌법재판소는 지방자치단체장인 경기도지사가 재결청의 지위에서 한 처분을 둘러싸고 관할구역 안에 있는 하급 지방자치단체인 성남시가 청구한 권한쟁의 사건에서 이때 지방자치단체 장은 국가기관 지위에 있으므로 이 사건 권한쟁의는 국가기관과 지방자치단체 사이의 권한쟁의에 해당한다고 보았다(헌재 1999. 7. 22. 98헌라4).

3. 지방자치단체 서로 간의 권한쟁의심판

헌법재판소법 제62조 제1항 제3호는 지방자치단체 서로 간의 권한쟁의심판을 특별시, 광역시·특별자치시·도나 특별자치도 서로 간의 권한쟁의심판, 시·군이나 자치구 서로 간의 권한쟁의심판, 특별시, 광역시·특별자치시·도나 특별자치도와 시·군이나 자치구 사이의 권한쟁의심판으로 규정한다. 따라서 지방자치단체 서로 간의 권한쟁의에서 당사자는 특별시, 광역시, 특별자치시, 도, 특별자치도, 시, 군, 자치구이다. 각 지방자치단체장이 대표한다(지방자치법 제101조).

헌법은 '국가기관'과는 달리 '지방자치단체'는 그 종류를 법률로 정하도록 규정하고(헌법 제117조 제2항), 지방자치법은 이러한 헌법 위임에 따라 지방자치단체의 종류를 정하며(지방자치법 제2조 제1항), 헌법재판소법은 지방자치법이 규정하는 지방자치단체의 종류를 감안하여 권한쟁의심판 종류를 정하므로 헌법재판소가 해석을 통해서 권한쟁의심판 당사자가 될 지방자치단체의 범위를 새로이 확정하여야 할 필요성이 적다. 따라서 헌법재판소는 지방자치단체 서로 간의 권한쟁의심판을 규정하는 헌법재판소법 제62조 제1항 제3호는 이것을 예시적으로 해석할 필요성과 법적 근거가 없다고 판시하였다(헌재 2010. 4. 29. 2009헌라11). 하지만 현실적으로 지방자치법 제2조 제3항이 설치 가능성을 예정하는 '특별지방자치단체'는 헌법재판소법 제62조 제1항 제3호를 예시적으로 보거나 이에 대한 입법 흠결로 보아 당사자능력을 인정할 필요성이 있다.

국가사무가 아닌 지방자치단체의 권한에 속하는 사항에 관해서 지방자치단체장은 원칙적으로 당사자가 될 수 없다(헌재 2006. 8. 31. 2003헌라1). 헌법재판소법 제62조 제2항은 권한쟁의가 '지방교육 자치에 관한 법률' 제2조에 따른 교육·학예에 관한 지방자치단체의 사무에 관한 것이면 교육감이 당사자가 된다고 규정한다. 하지만 그 의미는 교육감이 지방자치단체를 대표한다는 취지이다. 헌법재판소는 청구인 또는 피청구인을 '지방자치단체, 대표자 교육감'으로 표시한다(헌재 2011. 8. 30. 2010헌라4).

헌법 제111조 제1항 제4호는 지방자치단체 '상호간'의 권한쟁의에 관해서 규정하고, 헌법재판소법 제62조 제1항 제3호도 명시적으로 지방자치단체 '상호간'의 권한쟁의에 관한 심판을 규정하므로 여기서 '상호간'은 '서로 상이한 권리주체 간'을 뜻한다(헌재 2010. 4. 29. 2009헌라11). 따라서 지방자치단체의 의결기관을 구성을 하는 지방의회 의원과 그 기관의 대표자인 지방의회 의장 사이의 권한쟁의심판 청구는 지방자치단체 상호간의 권한쟁의심판에 해당하지 않는다(헌재 2010. 4. 29. 2009헌라11). 그리고 지방자치단체의 의결기관인 지방의회와 지방자치단체의 집행기관인 지방자치단체장 사이의 내부적 분쟁은 헌법재판소법에 따른 헌법재판소가 관장하는 지방자치단체 상호간의 권한쟁의심판 범위에 속하지 않고, 헌법재판소법 제62조 제1항 제1호 국가기관 상호간의 권한쟁의심판이나 같은 법 제62조 제1항 제2호 국가기관과 지방자치단체 간의 권한쟁의심판에도 해당하지 않는다(헌재 2018. 7. 26. 2018헌라1). 교육감은 지방자치단체 그 자체라거나 지방자치단체와 독립한 권리 주체로 볼 수 없어서 교육감과 지방자치단체 사이의 권한쟁의심판 청구도 지방자치단체 상호간의 권한쟁의심판으로 볼 수 없다(헌재 2016. 6. 30. 2014헌라1).

지방자치단체장은 기관위임사무의 집행권한과 관련된 범위에서 그 사무를 위임한 국가기관의 지위에 서게 되는 때(헌재 1999. 7. 22. 98헌라4)를 제외하고는 지방자치단체 사무의 집행기관에 불과하므로 지방자치단체 기관의 권한쟁의심판 청구를 허용하지 않는 현행법에서는 당사자능력이 없다(헌재 2006. 8. 31. 2003헌라1).

Ⅲ. 권한쟁의심판권의 범위

1. 소극적 권한쟁의심판

적극적 권한쟁의심판은 특정 사안에 대해서 자신에게 권한이 있음을 전제로 상대방이 자신의 권한을 침해하였음을 다투는 권한쟁의심판이다. 소극적 권한쟁의심판은 특정 사안에 대해서 서로 자신에게 권한이 없음을 다투는 권한쟁의심판이다.

헌법재판소는 어업면허의 유효기간연장 불허가처분에 따른 손실보상금 지급사무에 대한 권한이 청구인(포항시)이나 피청구인(정부) 중 누구에게 속하는지를 확정해 달라고 청구한 권한쟁의사건에서, 문제가 되는 다툼은 "유효기간연장의 불허가처분으로 인한 손실보상금 지급권한의 존부 및 범위 자체에 관한 청구인과 피청구인 사이의 직접적인 다툼이 아니라, 그 손실보상금 채무를 둘러싸고 어업권자와 청구인, 어업권자와 피청구인 사이의 단순한 채권채무관계에 불과한 것으로 보인다."라고 판시하여 각하한 바 있다(헌재 1998. 6. 25. 94헌라1).

그리고 도로에 연접된 국유의 경사지 암반이 무너져 청구인(서울시 은평구)이 통행 안전 등을 위해서 긴급복구와 안전시설공사를 시행하고 피청구인(기획재정부장관)에게 그 비용 상당의 예산 배정을 요청하였으나 거부당하자 권한쟁의심판을 청구한 사건에서도, 이러한 국유지 관리 비용 부담을 둘러싼 다툼은 청구인과 피청구인 사이의 단순한 채권채무 관계에 관한 다툼에 불과하고, 이러한 토지에 관한 관리권한이나 자치재정권 등 권한의 존부나 범위에 관한 다툼이라고 할 수 없다는 이유로 각하결정을 내렸다(헌재 2010. 12. 28. 2009헌라2).

또한, 시화공업단지 안 공공시설의 관리권자가 누구인지를 둘러싸고 시흥시가 청구한 사건에서, 시흥시는 시화공업단지 안 공공시설의 관리권자는 정부임을 전제로 정부가 공공시설을 관리하지 아니함으로 말미암아 시흥시의 지방자치권(자치재정권)을 침해하였다고 주장하였다. 이것에 관해서 헌법재판소는 정부가 아니라 청구인인 시흥시가 공공시설 관리자이므로 권한이 침해되지 않았고, 설사 정부가 관리권자라고 하더라도 청구인으로서는 공공시설을 관리하지 않으면 그뿐이며, 정부의 부작위로 청구인의 권한이 침해될 여지가 없다고 하면서, 심판 청구를 기각하였다(헌재 1998. 8. 27. 96헌라1).

2. 헌법재판소의 권한쟁의심판권과 법원의 행정재판 관할권

(1) 권한쟁의심판에 관한 헌법재판소의 전속적·배타적 관할

헌법 제111조 제1항이 규정한 헌법재판소 관할권은 법원과 맺는 관계에서 전속적·배타적이다. 따라서 권한쟁의심판권만 달리 볼 이유가 없고, 따로 설치한 헌법재판소에 권한쟁의심판권을 부여한 헌법제정권자가 권한쟁의심판 관할권을 법원에도 이중으로 인정한다는 것은 국가의 기능질서에 들어맞지 않는다. 그리고 행정소송법 제3조 제4호 단서는 헌법재판소의 관장사항은 기관소송 대상에서 제외한다. 그러므로 권한쟁의심판은 법원의 재판권을 배제하는 헌법재판소의 전속적·배타적 관할이다.

(2) 권한쟁의심판과 기관소송

권한쟁의심판은 국가기관과 지방자치단체가 당사자이지만, 기관소송은 국가기관과 공공단체의 기관이 당사자이다. 그리고 권한쟁의심판은 권력 서로 간 견제와 균형을 유지하여 헌법의 규범력을 확보하는 것을 목적으로 한다. 하지만 기관소송은 행정감독이나 행정조직의 민주화로 말미암은 기관독립성을 확보하는 것을 목적으로 한다. 또한, 권한쟁의심판은 권한의 유무나 범위에 관한 다툼을, 기관소송은 권한의 존부나 그 행사를 심사범위로 한다.

행정소송법 제3조 제4호는 국가나 공공단체의 기관 서로 간에 권한의 존부나 그 행사에 관한 다툼이 있을 때 제기하는 소송(기관소송)에 관해서 법원 관할을 인정한다. 기관소송은 법률이 특히 인정하는 때에 한하여, 법률이 개별적으로 인정한 사항에 대해서, 법률이 정하는 사람만 제기할 수 있다(행정소송법 제45조). 그러나 헌법과 헌법재판소법상 국가기관 서로 간의 권한쟁의는 헌법재판소가 관할하고 헌법재판소의 관장사항으로 되는 것은 법원의 기관소송 대상에서 제외된다(행정소송법 제3조 제4호 단서). 그러므로 행정소송법 제3조 제4호에 따른 기관소송은 공공단체 기관 서로 간의 권한분쟁에서 문제가 된다. 따라서 국가기관 서로 간의 권한쟁의심판과 행정소송법상 기관소송은 관할충돌 문제가 발생하지 않는다. 현행법을 따르면 공공단체인 지방자치단체 안에서 지방자치단체의 장(교육감 포함)과 지방의회 사이의 기관소송(지방자치법 제107조 제3항과 제172조 제3항, '지방교육 자치에 관한 법률' 제28조 제3항)이 인정된다.

(3) 권한쟁의심판과 지방자치법상 소송

① 지방자치법 제169조의 소송(위법·부당한 명령·처분의 취소)

지방자치단체 사무에 관한 그 장의 명령이나 처분이 법령에 위반되거나 현저히 부당하여 공익을 해친다고 인정되면, 시·도에 대해서는 주무부 장관이, 시·군 및 자치구에 대해서는 시·도지사가 기간을 정하여 서면으로 시정할 것을 명하고, 그 기간에 이행하지 아니하면 이것을 취소하거나 정지할 수 있다. 이때 자치사무에 관한 명령이나 처분에 대해서는 법령에 위반하는 것에 한한다(지방자치법 제169조 제1항). 지방자치단체장은 이러한 자치사무에 관한 명령이나 처분의 취소 또는 정지에 대해서 이의가 있으면 그 취소처분이나 징지처분을 통보받은 날부터 15일 이내에 대법원에 소를 제기할 수 있다(지방자치법 제169조 제2항). 이러한 소송은 국가기관인 주무부 장관이나 상급 자치단체가 주어진 권한 범위를 넘어 행위를 하여 지방자치단체의 자치권을 침해하였는지를 다투는 것이다. 그리고 이때 지방자치단체장은 지방자치단체의 일개 기관으로서 지방자치단체장의 고유한 지위를 다투는 것이 아니라 지방자치단체 대표로서 지방자치단체의 이익을 다투는 것이다. 따라서 이러한 소송은 권한쟁의심판의 요건을 충족한다. 그래서 지방자치단체는 대법원에 제소하는 것과는 별도로 헌법재판소에 권한쟁의심판을 청구할 수 있다. 따라서 대법원과 헌법재판소 사이에 관할권 경합이 발생할 수 있다. 이때 지방자치법 제169조 제2항이 헌법재판소의 권한쟁의심판을 배제하는 취지라면 이것은 헌법 제111조 제1항 제4호에 어긋난다.

② 지방자치법 제170조의 소송(지방자치단체장에 대한 직무명령)

지방자치단체장이 법령 규정에 따라 그 의무에 속하는 국가위임사무나 시·도위임사무의 관리와 집행을 명백히 게을리한다고 인정되면, 시·도에 대해서는 주무부 장관이, 시·군 및 자치구에 대해서는 시·도지사가 기간을 정하여 서면으로 이행할 사항을 명령할 수 있다(지방자치법 제170조 제1항). 지방자치단체장은 이러한 이행명령에 이의가 있으면 이행명령서를 접수한 날부터 15일 이내에 소를 제기할 수 있다(지방자치법

제170조 제3항). 이러한 소는 지방자치단체의 고유 권한을 다투는 것이 아니라 지방자치단체장이 하위 기관의 지위에서 상급 감독기관을 상대로 제기하므로 기관소송의 성격이 있다. 헌법재판소는 국가사무로서 지방자치단체장에게 위임된 '기관위임사무'는 지방자치단체의 권한에 속하지 않으므로 지방자치단체가 그 집행권한의 유무와 범위에 관해서 다투는 권한쟁의심판 청구는 부적법하다고 한다(헌재 1999. 7. 22. 98헌라4).

③ 지방자치법 제4조 제8항의 소송

공유수면 매립지와 지적공부 등록 누락지 귀속 여부는 행정안전부 장관이 결정한다(지방자치법 제4조 제3항). 관계 지방자치단체장은 이러한 행정안전부 장관의 결정에 이의가 있으면 그 결과를 통보받은 날부터 15일 이내에 대법원에 소를 제기할 수 있다(지방자치법 제4조 제8항). 지방자치법 제4조 제8항의 명시적 규정이 있어도 공유수면 매립지와 지적공부 등록 누락지 귀속 문제는 지방자치단체의 관할구역에 관한 문제로서 이에 관한 행정안전부 장관 결정이나 다른 지방자치단체의 관할권 행사가 다른 지방자치단체의 자치권을 침해할 수 있다. 그리고 해상어업면허나 공유수면 해상경계 등을 둘러싼 지방자치단체 사이의 분쟁은 여전히 헌법상이나 법률상 권한 문제에 해당한다. 따라서 지방자치단체의 관할 구역 결정을 둘러싼 이러한 다툼은 국가와 지방자치단체 사이의 권한쟁의로서 권한쟁의심판 대상이 된다. 그래서 지방자치법 제4조 제8항도 제169조 제2항과 같은 위헌 문제가 제기될 수 있다.

④ 지방자치법 제172조의 소송

지방의회 의결이 법령에 위반되거나 공익을 현저히 해친다고 판단되면 시·도에 대해서는 주무부 장관이, 시·군 및 자치구에 대해서는 시·도지사가 재의를 요구하게 할 수 있고, 재의 요구를 받은 지방자치단체장은 의결사항을 이송받은 날부터 20일 이내에 지방의회에 이유를 붙여 재의를 요구하여야 한다(지방자치법 제172조 제1항). 이러한 요구에 대해서 재의 결과 재적의원 과반수 출석과 출석의원 3분의 2 이상 찬성으로 전과 같은 의결을 하면 그 의결사항은 확정된다(지방자치법 제172조 제2항). 지방자치단체장은 이렇게 재의결된 사항이 법령에 위반된다고 판단되면 재의결된 날부터 20일 이내에 대법원에 소를 제기할 수 있다(지방자치법 세172조 세3항). 주무부 장관이나 시·도지사는 재의결된 사항이 법령에 위반된다고 판단되는데도 해당 지방자치단체장이 소를 제기하지 아니하면 그 지방자치단체장에게 제소를 지시하거나 직접 제소할 수 있다(지방자치법 제172조 제4항).

지방자치단체장이 대법원에 소를 제기하면, 지방의회 의결을 둘러싼 지방의회와 지방자치단체장 사이의 분쟁은 형식적으로 지방자치단체라는 같은 법주체 내부기관 사이의 기관소송으로 볼 수 있다. 그러나 여기서 지방자치단체장은 주무부 장관이나 시·도지사의 하급 기관 지위에서 주무부 장관이나 시·도지사를 위해서 활동한다. 여기서 분쟁은 지방의회에 대한 주무부 장관이나 시·도지사의 감독행위 범주 안에서 발생하므로 실질적으로 지방의회와 주무부 장관이나 시·도지사 사이의 다툼으로 볼 수 있다. 지방자치단체장이 소를 제기하지 않으면 주무부 장관이나 시·도지사가 직접 제소할 수 있으므로 이러한 점은 명확하게 드러난다. 그러나 지방의회는 지방자치단체가 아니라 지방자치단체의 기관에 불과하고, 지방자치단체의 기관을 일방 당사자로 하는 권한쟁의심판은 허용되지 않는다. 따라서 지방자치법 제172조의 소송과 권한쟁의심판 사이에는 관할 중복이 없다.

(4) 권한쟁의심판과 행정소송법상 항고소송 및 당사자 소송

헌법 제111조 제1항 제4호를 따라 헌법재판소가 관장하는 권한쟁의는 헌법뿐 아니라 법률이 부여한 권한 다툼도 포함된다(헌법재판소법 제62조 제1항 제2호). 현행 행정소송법상 법원은 항고소송과 당사자소송을 통해서 국가나 지방자치단체를 둘러싸고 발생하는 공법적 분쟁에 관해서 행정재판 관할권을 행사한다. 따라서 이러한 공법적 분쟁에 관해서는 헌법재판소의 권한쟁의심판권과 일반 법원의 행정재판권이 경합할 수 있고, 이때 양자의 판단이 상충할 수 있다.

Ⅳ. 권한쟁의심판절차

1. 심판 청구의 적법요건

(1) 당사자

① 당사자적격

'헌법과 법률에 따라서 부여받은 권한'이 있는 자만 그 권한의 침해를 다투며 권한쟁의심판을 청구할 수 있다. 침해당하였다고 주장하는 권한과 적절한 관련성이 있는 기관만 청구인적격이 있는 것으로서, 이것은 마치 헌법소원심판에서 기본권 침해의 자기관련성이 있는 사람만이 적법한 청구권자가 되는 것과 흡사하다. 처분이나 부작위를 한 기관으로서 법적 책임이 있는 기관만 피청구인적격이 있으므로, 심판 청구는 이 기관을 상대로 하여야 한다. 이러한 권한 관련성이 인정되는지는 청구인이 주장하는 바와 같은 권한이 헌법과 법률을 따를 때 과연 당사자에게 부여되는지 혹은 부여된 권한 범위 안에 포함되는지에 따라 판단하여야 할 것이다. 다만, 적법성 심사단계 판단이므로 추상적 권한질서의 틀에 비추어 보아 개연성이 있다고 인정되면 충분하다. 그리고 본안 판단과는 달리 권한의 유무나 범위에 관해서 구체적·종국적으로 판단할 필요는 없다.

지방자치단체에 위임된 기관위임사무는 국가사무이지, 지방자치단체의 권한에 속하지 아니하므로 지방자치단체가 그러한 사무에 관한 권한 침해를 다투는 심판 청구는 적법하지 않다(헌재 1999. 7. 22. 98헌라4). 그리고 조약의 체결·비준에 대한 동의권은 국회에 속하므로 국회의 조약 체결·비준에 대한 동의권이 침해되었음을 다투는 권한쟁의심판 청구에서 국회의원은 청구인적격이 없고(헌재 2007. 7. 26. 2005헌라8), '예산 외에 국가의 부담이 될 계약' 체결에 대한 동의권도 국회 권한이므로 국회의원은 청구인적격이 없다(헌재 2008. 1. 17. 2005헌라10). 또한, 지방자치단체의 의결기관인 지방의회를 구성하는 지방의회의원과 그 지방의회 대표자인 지방의회 의장 사이의 권한쟁의심판은 헌법재판소가 관장하는 지방자치단체 서로 간의 권한쟁의심판 범위에 속한다고 볼 수 없으므로 이들은 권한쟁의심판 사건의 당사자가 될 수 없음은 물론이고 당사자적격도 없고(헌재 2010. 4. 29. 2009헌라1), 부산지방해양수산청장은 해양수산부 장관 명을 받아 소관 사무를 통할하고 소속 공무원을 지휘·감독하는 자로서 항만에 관한 독자적인 권한이 없으므로 항만구역 명칭 결정에 관한 권한쟁의심판 당사자가 될 수 없고 당사자적격도 인정되지 않는다(헌재 2008. 3. 27. 2006헌라1). 한편, 국회부의장은 국회의장 직무를 대리하여 법률안을 가결선포할 수 있을 뿐이고, 법률안 가결선포행위에 따른 법적 책임을 지는 주체가 될 수 없으므로 피청구인적격이 인정되지 아니하고(헌재 2009. 10. 29. 2009헌라8등), 국회 상임위원회가 그 소관에 속하는 의안, 청원 등을 심사하는 권한은 법률이 부여한 위원회의 고유한 권한이므로, 국회 상임위원회 위원장이 위원회를 대표해서 의안을 심사하는 권한이 국회의장에게서 위임된 것임을 전제로 한 국회 상임위원회 의원들의 국회의장에 대한 권한쟁의심판 청구는 피청구인적격이 없는 자를 상대로 한 청구로서 부적법하다(헌재 2010. 12. 29. 2008헌라6등).

② 제3자 소송담당

교섭단체를 구성하지 못한 정당 소속의 국회의원 전원인 청구인들이 국회를 위해서 국회의 조약에 대한 체결·비준동의권한의 침해를 다투는 권한쟁의심판을 청구할 수 있는지가 문제 되는 사안에서 헌법재판소는 다수결의 원리와 의회주의의 본질, 남용 가능성을 들어 제3자 소송담당은 예외적으로 법률 규정이 있는 때만 인정된다고 보아 청구인적격을 부인하였다(헌재 2007. 7. 26. 2005헌라8). 이에 대해서는 제3자 소송담당은 의회 안 다수파의 정략적 묵인으로 대정부 견제라는 의회주의 본질이 훼손되는 상황에서 이것을 회복하려고 강구되는 것이므로 오히려 의회주의를 강화하는 수단이고, 권한쟁의심판은 헌법소원과 같이 일반 국민이 아니라 국민 대표자로서 헌법기관인 국회의원이나 이들로 구성되는 국회의 부분기관만 청구할 수 있는 소송유형일 뿐 아니라 제3자 소송담당 자격을 교섭단체나 그에 준하는 정도의 실체가 있는 의원 집단에 한해서 인정하면 더욱 남용 우려가 없다는 비판이 있다.

(2) 피청구인의 처분이나 부작위 존재

① 처분

권한쟁의심판 청구 대상인 '처분'은 법적 중요성을 지녀야 하고, 청구인의 법적 지위에 구체적으로 영향을 미칠 가능성이 있어야 한다. 그래서 청구인의 법적 지위에 구체적으로 영향을 미칠 가능성 없는 행위는 권한쟁의심판 청구 대상이 되는 '처분'이라고 할 수 없다(헌재 2005. 12. 22. 2004헌라3). 단순한 업무협조 요청이나 견해 표명, 상호 협력 차원에서 조언·권고한 것은 법적 구속력이 없어서 권한쟁의심판 대상이 되는 처분이 아니다(헌재 2018. 7. 26. 2015헌라4). 권한쟁의심판 대상이 되는 처분에는 입법부, 집행부, 사법부의 작용도 포함된다(헌재 2006. 5. 25. 2005헌라4). '처분'에는 개별적 행위뿐 아니라 일반적 규범 정립까지도 포함된다.

입법 영역에서 처분은 법률 제정과 관련된 행위[예를 들어 국회의장의 법률안가결선포행위(헌재 1997. 7. 16. 96헌라2)], 법률제·개정행위(헌재 2005. 12. 22. 2004헌라3), 국회의장의 국회상임위원 사·보임 결재행위(헌재 2003. 10. 30. 2002헌라1), 국회 상임위원회 위원장이 자유무역협정 비준동의안을 상임위원회 전체회의에 상정한 행위와 이 동의안을 법안심사소위원회에 회부한 행위(헌재 2010. 12. 28. 2008헌라7등) 등을 포함한다. 법률제·개정행위가 심판 대상이면 피청구인은 국회가 된다. 법률에 대한 권한쟁의심판도 허용되지만, 그 심판 대상은 '법률 그 자체'가 아니라, '법률의 제정행위'이다(헌재 2006. 5. 25. 2005헌라4). 행정 영역에서 처분은 행정소송법에서 정하는 처분 개념보다 넓어 법규제·개정행위(대통령령 제정행위에 대한 헌재 2002. 10. 31. 2001헌라1; 조례개정행위에 대한 헌재 2004. 9. 23. 2003헌라3)와 개별적 행정행위를 포함한다. 사실행위나 내부적인 행위도 청구인의 권한에 부정적인 영향을 주어 법적으로 문제가 되면 권한쟁의심판 대상이 되는 처분에 해당한다(헌재 2006. 3. 30. 2003헌라2). 건설교통부 장관의 고속철도역 명칭 결정행위(헌재 2006. 3. 30. 2003헌라2), 감사원의 지방자치단체를 상대로 한 감사행위(헌재 2008. 5. 29. 2005헌라3) 등은 이러한 처분에 해당한다. 그러나 정부의 법률안 제출행위(헌재 2005. 12. 22. 2004헌라3), 행정자치부 장관이 지방자치단체에 한 단순한 업무협조 요청, 업무연락, 견해표명행위(헌재 2006. 3. 30. 2005헌라1), 지방선거관리위원회의 지방의회에 대한 지방선거 비용 예산 편성 통보행위(헌재 2008. 6. 26. 2005헌라7) 등은 '처분'이라고 할 수 없다.

장래처분을 대상으로 하는 심판 청구는 원칙적으로 허용되지 않는다. 그러나 헌법재판소는 장래처분이 확실히 예정되고, 장래처분이 권한을 침해할 위험성이 있어서 사전에 보호해 주어야 할 필요성이 매우 큰 예외적인 때에는 장래처분에 대해서도 권한쟁의심판을 청구할 수 있다고 한다(헌재 2004. 9. 23. 2000헌라2).

처분 개념을 넓게 보아서 법률 내용을 다투는 권한쟁의심판을 인정하여야 한다. 법률의 제·개정절차에는 국회뿐 아니라 정부와 대통령이 관여한다. 그러나 심의·의결이 법률 제·개정절차의 핵심이고, 대통령의 공포는 형식적 확인절차에 불과하며 대통령의 재의 요구는 국회의 최종 의결 앞에 무력하다는 점에서 법률 내용을 다투는 권한쟁의심판에서 피청구인은 국회이다. 위헌법률심판 및 법률에 대한 헌법소원심판과 구별할 필요가 있고, 피청구인을 국회로 보는 점에 비추어 법률 내용을 다투는 권한쟁의심판에서 심판 대상은 법률 자체가 아니라 법률 제·개정행위이다(헌재 2006. 5. 25. 2005헌라4).

② 부작위

부작위는 단순한 사실상 부작위가 아니고 헌법상 또는 법률상 작위의무가 있는데도 이것을 이행하지 아니하는 것을 말한다(헌재 1998. 7. 14. 98헌라3). 따라서 지방자치단체의 관할구역을 정하는 법률 제정으로 관할이 변경되었는데도 변경 전 지방자치단체가 관할이 변경된 지역에 관한 사무 및 재산의 인계를 하지 아니한 부작위는 권한쟁의심판 청구 대상이 된다(헌재 2006. 8. 31. 2004헌라2). 그러나 국회의장이 국회의 자율권 범위 안이라고 보이는 국무총리 임명동의안에 대한 국회의원들의 투표결과를 선포하지 아니한 부작위(헌재 1998. 7. 14. 98헌라3)와 국회 상임위원회 의안 심사와 관련하여 국회의장이 회의의 원만한 진행을 위한 질서유지조치를 취하지 않은 부작위(헌재 2010. 12. 28. 2008헌라6 등)는 작위의무가 인정되지 않아 권한쟁의심판 대상이 되지 않는다.

(3) '권한의 침해 또는 현저한 침해위험'의 가능성

권한쟁의심판에서 다툼 대상이 되는 '권한'이란 헌법이나 법률이 특정한 국가기관(지방자치단체 포함)에 부여한 독자적인 권능을 뜻한다. 따라서 국가기관 행위라도 헌법과 법률에 따라서 그 국가기관에 부여된 독자적인 권능을 행사하는 때가 아니면, 비록 국가기관 행위가 제한을 받더라도 권한쟁의심판에서 말하는 권한이 침해될 가능성은 없다(헌재 2010. 7. 29. 2010헌라1). 그리고 일반적인 권한이 있더라도 권한을 행사할 기간이 정해져 있다면 그 권한은 기간 경과 후 소멸하므로, 그 기간 경과 이후에는 해당 권한에 대한 침해가 발생할 수 없다(헌재 2013. 9. 26. 2012헌라1).

'침해'란 피청구인의 위헌 또는 위법한 행위(작위나 부작위)로 말미암아 청구인의 권한이 박탈당하거나 권한 일부가 잠식당하거나 권한 행사에 중대한 장애가 발생하는 것 등 청구인의 권한법질서상 지위가 불리해지는 때를 말한다. '권한의 침해'는 과거에 발생하였거나 현재까지 지속하는 때를 말한다. '현저한 침해위험'은 매우 급하게 조만간 권한 침해에 이르게 될 개연성이 현저히 높은 상황을 이른다(헌재 2006. 5. 25. 2005헌라4). 국가기관의 부작위에서는 권한 침해 위험이 일어나지 않음이 원칙이다.

적법요건 단계에서 '침해' 요건은 청구인의 권한이 구체적으로 관련되어 침해 가능성이 있다고 인정되면 충족된다. 권한 침해가 실제로 있고 위헌이거나 위법인지는 본안결정에서 판단한다(헌재 2006. 5. 25. 2005헌라4).

법률안은 국회 의결로 성립하였다고 침해의 현저한 위험이 있는 것이 아니라 대통령이 공포하고 나서 비로소 침해 관련성이 인정된다. 그리고 피청구인의 행위가 청구인을 직접 대상으로 이루어지지 않았더라도 청구인 고유의 법적 지위가 영향을 받으면 침해 관련성이 인정된다.

국가기관 서로 간에 권한의 침해나 그 위험이 있는 때로는 헌법상 또는 법률상 수권규정과는 달리, 한 국가기관이 월권함으로써 다른 국가기관의 권한을 침범하여 잠식하는 때, 한 국가기관이 다른 국가기관의 정당한 권한 행사를 방해하는 때, 입법을 통해서 집행부나 법원의 권한 일부를 삭제하는 때처럼 국가기관의 권한 행사로 말미암아 다른 국가기관의 권한이 박탈당하는 때 등이 있을 수 있다.

헌법재판소는, 국가정책에 참고하기 위해서 행정안전부 장관 요구에 따라 실시되는 주민투표법 제8조의 주민투표 실시와 관련하여 이것을 요구받지 않은 지방자치단체에는 주민투표 실시에 관한 권한이 발생하였다고 볼 수 없으므로 그 권한 침해 여지가 없고(헌재 2005. 12. 12. 2005헌라5), 국회의원의 심의·표결권은 국회의 대내적인 관계에서 행사되고 침해될 수 있을 뿐이지 다른 국가기관과 맺는 대외적인 관계에서는 침해될 수 없는 것이므로, 대통령이 국회 동의 없이 조약을 체결·비준하였더라도 국회의원인 청구인들의 심의·표결권이 침해될 가능성은 없다고 하였다(헌재 2007. 7. 26. 2005헌라8). 그리고 특정한 정보를 인터넷 홈페이지에 게시하거나 언론에 알리는 것과 같은 행위는 헌법과 법률이 특별히 국회의원에게 부여한 독자적인 권능이라고 할 수 없으므로 법원이 국회의원인 청구인에게 교원노조에 가입한 교원들 명단을 인터넷 등에 공개하여서는 안 된다는 가처분 결정과 그 위반에 대한 간접강제 결정을 하였더라도 이것이 국회의원 권한을 침해할 가능성이 있다고 볼 수 없고(헌재 2010. 7. 29. 2010헌라1), 교육과학기술부 장관의 수도권 사립대학 정원규제도 지방자치단체 사무가 아닌 국가사무이므로 지방자치단체 권한을 침해하거나 침해할 현저한 위험이 있다고 볼 수 없다고 하였다(헌재 2012. 7. 26. 2010헌라3). 그러나 헌법재판소는 종래 지방세에 속하던 부동산 보유세를 국세로 전환하는 내용의 법률제정행위에 대해서, 이러한 행위는 지방자치단체의 자치재정권을 침해할 가능성이 있으므로 권한 침해 가능성 요건이 충족되었다고 보았다(헌재 2006. 5. 25. 2005헌라4).

⑷ 청구기간

권한쟁의심판은 그 사유가 있음을 '안 날'부터 60일 이내, 그 사유가 '있은 날'부터 180일 이내에 청구하여야 한다(헌법재판소법 제63조 제1항). 권한쟁의심판에서 '그 사유가 있음을 안 날'은 다른 국가기관 등의 처분을 통해서 자신의 권한이 침해되었다는 사실을 특정할 수 있을 정도로 현실적으로 인식하고 이것에 대해서 심판 청구를 할 수 있게 된 때를 말하고, 그 처분 내용이 확정적으로 변경될 수 없게 된 것까지를 필요로 하는 것은 아니다(헌재 2007. 3. 29. 2006헌라7). 권한 침해 사유가 '있은 날'은 다른 국가기관 등의 처분 등에 따라서 권한 침해가 발생한 날을 말한다.

헌법재판소는 중앙행정기관이 지방자치단체에 '업무처리요령'을 일방적으로 통보함으로써 자치권한 침해 여부가 다투어진 사건에서, 통보받은 무렵부터 권한 침해 사유가 있음을 알았다고 보았다(헌재 2001. 10. 25. 2000헌라3). 이와는 달리 감사원의 지방자치단체에 대한 감사가 문제 된 사안에서는, 권한쟁의심판 청구의 적법요건 단계에서 요구되는 권한 침해 요건은 청구인의 권한이 구체적으로 관련되어 이에 대한 침해 가능성이 있으면 충족되는 것이라는 이유를 들어 감사 통보의 날이 아니라 실제 감사가 이루어진 날을 기준으로 청구기간을 계산한 바 있다(헌재 2009. 5. 28. 2006헌라6). 한편, 국회의 법률제정행위에 대한 권한쟁의심판 청구기간 기산점은 법률이 공포되거나 이와 유사한 방법으로 일반에게 알려진 것으로 간주된 때를 기준으로 한다(헌재 2006. 5. 25. 2005헌라4). 그리고 시행령 개정이 지방자치단체의 권한을 둘러싼 분쟁의 계기가 되었다면 개정된 시행령의 시행일을 기준으로 청구기간을 계산한다. 헌법재판소는 지방자치단체의 관할구역 변경에 관한 시행령 개정행위를 다투는 권한쟁의 사건에서 개정 시행령이 시행된 날부터 청구기간을 계산하였다(헌재 2010. 6. 24. 2005헌라9등). 법률 개정행위와 관련하여 수차례 개정이 있었던 때는 실제 청구인에게 적용된 법률 개정을 기준으로 청구기간을 계산한다. 예를 들어 지방자치권을 침해할 가능성이 있는 공직선거법 조항이 수차례 개정되었다면 청구기간 기산점은 실제 청구인에게 적용된 공직선거법 개정이 기준이 된다(헌재 2008. 6. 26. 2005헌라7). 법령이 시행되고 나서 비로소 권한 침해가 발생하면 권한 침해가 발생한 시점을 기산점으로 청구기간을 계산한다.

처분에서는 처분행위가 있으면 권한침해행위는 종료하고 그 위법상태가 계속될 수 있다. 하지만 부작위에서는 부작위가 계속되는 한 권한 침해가 계속된다. 따라서 부작위에 대한 권한쟁의심판은 그 부작위가 계속되는 한 기간 제약 없이 적법하게 청구할 수 있다(헌재 2006. 8. 31. 2004헌라2). 장래처분에 따른 권한 침해를 다투는 심판 청구가 예외적으로 허용되면 장래처분이 내려지지 않은 상태이므로 청구기간 제한이 없다(헌재 2004. 9. 23. 2000헌라2).

청구기간은 불변기간이므로(헌법재판소법 제63조 제2항), 헌법재판소는 이것을 늘이거나 줄일 수 없다. 그러나 주소나 거소가 멀리 떨어진 곳에 있는 사람을 위해서 부가기간을 정할 수 있다(헌법재판소법 제40조, 민사소송법 제172조 제1항 단서, 제2항). 청구인이 책임질 수 없는 사유로 말미암아 불변기간을 지킬 수 없으면 그 사유가 없어진 날부터 2주일 안에 게을리 한 소송행위를 보완할 수 있다(헌법재판소법 제40조, 민사소송법 제173조 제1항). 불변기간 준수 여부는 헌법재판소의 직권조사사항에 해당한다.

권한쟁의심판 청구 후 청구취지 변경이 이루어지면 청구기간 준수 여부는 청구취지 변경 신청서가 제출된 시점을 기준으로 판단한다(헌재 2010. 6. 24. 2005헌라9등). 권한쟁의심판 사건에서도 청구기간 도과에 정당한 사유가 있으면 청구기간 도과 후 심판 청구가 이루어지더라도 적법한 청구로 받아들여질 것이다. '정당한 사유'는 청구기간이 경과된

원인 등 여러 가지 사정을 종합하여 지연된 심판 청구를 허용하는 것이 사회통념상 상당한 경우를 뜻한다(헌재 2007. 3. 29. 2006헌라7).

(5) 심판 청구 이익

권한쟁의심판은 비록 객관소송이더라도 국가기관과 지방자치단체 사이의 권한쟁의로써 해결하여야 할 구체적인 보호이익이 있어야 하고, 그 청구인에 대한 권한 침해 상태가 이미 종료되면 심판 청구 이익이 없으므로 이에 관한 권한쟁의심판 청구는 부적법하다(헌재 2011. 8. 30. 2010헌라4). 그리고 청구인이 심판 청구를 통해서 구하고자 하는 권한 보호 목적을 헌법재판소의 심판절차 없이도 달성할 수 있으면 예외적으로 심판 청구 이익은 부정될 수 있다. 다만, 청구인에 대한 권한 침해 상태가 이미 종료하여 심판 청구 이익을 인정할 수 없더라도, 같은 유형의 침해행위가 앞으로도 계속 반복될 위험이 있고, 헌법질서의 수호·유지를 위해서 그에 대한 헌법적 해명이 긴요한 사항에 대해서는 심판 청구 이익을 인정할 수 있다(헌재 2003. 10. 30. 2002헌라1).

헌법재판소는 국회 상임위원회 위원에 대한 국회의장의 사·보임행위와 관련하여 국회의원이 청구한 권한쟁의심판 사건에서, 청구인이 권한쟁의심판 청구를 통해서 달성하고자 하는 목적은 이미 이루었지만, 상임위원회 위원의 개선행위를 국회법의 근거 아래 국회관행상 빈번하게 하고, 그 과정에서 해당 위원 의사에 반하는 사·보임이 이루어지는 때도 얼마든지 예상할 수 있으므로 이는 청구인에게뿐 아니라 일반적으로도 다시 반복될 수 있는 사안이어서 헌법적 해명 필요성이 있다고 한 바 있다(헌재 2003. 10. 30. 2002헌라1). 그리고 행정안전부 장관의 서울시에 대한 합동감사 실시와 관련하여서도, 합동감사는 이미 끝나 권한 침해 상태가 종료되었지만, 같은 유형의 침해행위가 앞으로도 반복될 위험이 있고 중앙행정기관장의 자치단체에 대한 자치사무 감사권 존부,

감사범위, 감사 방법 등에 관하여는 헌법적 해명이 긴요하다고 하여 심판 청구 이익을 인정한 바 있다(헌재 2009. 5. 28. 2006헌라6). 다만, 전라북도교육감의 자율형사립고 지정·고시 처분 취소에 대해서 교육과학기술부 장관이 이를 취소하라는 취지의 시정명령을 한 것에 관한 권한다툼에서는, 학교법인이 전라북도교육감을 상대로 제기한 소에서 자율형사립고 지정 등 취소처분 취소를 명하는 판결이 확정되어 지정 등 취소처분의 효력이 소멸되었으므로 이를 시정대상으로 하던 교육과학기술부 장관의 시정명령도 그 효력을 상실하였다고 할 것인바, 그 권한침해 상태는 이미 종료되었고, 이 사건과 같은 경우가 반복될 것이라고 예상하기는 어렵다는 이유로 심판 청구 이익을 인정하지 않았다(헌재 2011. 8. 30. 2010헌라4).

2. 심판청구서

(1) 심판청구서 제출

권한쟁의심판청구서는 헌법재판소에 직접 지참하여 제출하거나 우송의 방법으로 제출할 수 있다(헌법재판소법 제26조 제1항). 청구서는 전자문서로도 제출할 수 있다(헌법재판소법 제76조). 다만, 우송에서는 청구기간을 계산할 때 실제로 헌법재판소에 도달될 날짜를 기준으로 한다. 헌법재판소에 청구서를 제출할 때는 9통의 심판용 부본을 함께 제출하여야 하고, 이때 송달용 부본은 따로 제출하여야 한다('헌법재판소 심판규칙' 제9조).

(2) 심판청구서 기재사항

헌법재판소에 권한쟁의심판을 청구할 때 심판청구서에는 다음과 같은 사항을 기재하여야 한다(헌법재판소법 제64조).

① 청구인이나 청구인이 속한 기관과 심판수행자나 대리인 표시

청구인이나 청구인이 속한 기관 표시란 청구인이나 청구인이 속한 기관의 명칭, 대표자 성명 등의 기재를 뜻한다. 심판수행자나 대리인 표시란 헌법재판소법 제25조 제2항을 따라 선임된 변호사인 대리인의 성명, 주소(사무소) 기재를 뜻하고, 변호사 자격이 있는 소속 직원이 심판을 수행하면 그 성명, 직위 기재를 뜻한다. 이때 대리인 선임을 증명하는 위임장을 첨부하여야 한다.

② 피청구인 표시

청구인의 상대방인 피청구인의 명칭, 대표자 성명 등을 표시하여야 한다. 청구인이 피청구인을 잘못 지정하면 청구인 신청에 따라서 결정으로써 피청구인 경정을 허가할 수 있다(헌법재판소법 제40조 제1항, 행정소송법 제14조). 헌법재판소는 피청구인 '정부'를 '정부 및 국회'로(헌재 2005. 12. 22. 2004헌라3), 피청구인 '대한민국 정부'를 '대통령'으로(헌재 2007. 7. 26. 2005헌라8), 피청구인 '대한민국 정부'를 '1. 해양수산부장관, 2. 부산지방해양수산청장'으로(헌재 2008. 3. 27. 2006헌라1) 경정을 허가한 바 있다.

③ 심판 대상이 되는 피청구인의 처분이나 부작위

피청구인의 처분이나 부작위의 내용 등을 특정하여 기재하여야 한다.

④ 청구 이유

'청구 이유'에서는 청구인과 피청구인의 권한분배를 다루는 헌법과 법률의 규정을 들어 권한의 소재와 범위를 설명하고, 문제가 되는 권한의 유무나 범위에 관한 다툼이 발생하게 된 경위와 피청구인의 처분이나 부작위를 통하여 헌법과 법률에 따라서 청구인에게 부여된 특정한

권한이 침해받았거나 침해받을 현저한 위험이 있다는 이유와 함께 피청구인의 처분 등이 헌법이나 법률에 위배되어 취소나 무효 확인을 구하는 이유를 기재한다.

⑤ 청구취지

헌법재판소법 제64조는 청구취지를 필요적 기재사항으로 규정하지 않는다. 하지만 실무상으로는 권한쟁의심판을 통해서 달성하려는 목적을 압축적으로 표현하는 청구취지를 기재하는 것이 통상적이다. 청구취지는 권한쟁의심판 대상을 특정하는 의미가 있다. 그리고 청구취지는 인용결정 주문에 대응하는 형태로 기재된다.

(ⅰ) 권한의 유무나 범위 확인

심판 대상이 된 국가기관이나 지방자치단체의 권한의 유무나 범위 확인을 구하는 것이 기본적인 청구취지로 된다(헌법재판소법 제66조 제1항). 실무상으로는 피청구인의 처분이나 부작위를 통해서 청구인의 권한이 침해되었음의 확인을 구하는 사례가 많은데(예를 들어 헌재 1997. 7. 16. 96헌라2), 이러한 청구에서도 '권한의 유무나 범위'에 대한 확인을 구하는 청구취지가 내포된다고 볼 것이다. 한편, 여기 '권한의 유무 또는 범위'의 의미를 '권한 행사'와 구별할 수도 있다. 그러나 권한 행사를 배제할 특별한 이유가 없어서 피청구인의 권한 행사가 권한 침해임을 다투는 권한쟁의심판 청구도 가능하다.

(ⅱ) 처분의 취소나 무효 확인

청구인의 권한이 이미 침해되면 나아가 피청구인 처분의 취소나 무효 확인을 구할 수 있다(헌법재판소법 제66조 제2항). 예를 들어 지방자치단체의 관할구역을 정하는 법률 제정으로 경상남도 진해시 일부 지역이 부산광역시 강서구 관할로 변경되었는데도, 진해시가 해당 지역에 관한 사무와 재산 인계를 하지 아니하고 오히려 이 지역 도로를 점용하는 청구외인에게 도로점용료를 부과한 것에 대해서, 강서구가 진해시를 상대로 관할구역 변경에 따른 사무 등 인계를 하지 않은 부작위의 위법 확인과 점용료 부과처분 취소를 구하는 권한쟁의심판을 청구한 사례가 있다(헌재 2006. 8. 31. 2004헌라2). 그리고 법률안 등의 상정에서 심의·의결에 이르기까지 국회의장이 한 일련의 행위가 국회의원의 심의·표결권을 침해함과 아울러 이러한 권한 침해를 통해서 이루어진 법률안 가결선포행위는 무효임을 구하는 권한쟁의심판 사건도 있었다(헌재 2009. 10. 29. 2009헌라8등).

⑥ 그 밖에 필요한 사항

그 밖에 필요한 사항에는 청구기간 준수 여부 등을 기재한다. 권한쟁의심판서에는 필요한 증거서류나 참고서류를 첨부할 수 있다(헌법재판소법 제26조 제2항).

3. 권한쟁의심판 청구 통지

권한쟁의심판이 청구되면 헌법재판소장은 법무부 장관, 지방자치단체를 당사자로 하면 행정안전부 장관(다만, 헌법재판소법 제62조 제2항에 따른 교육·학예에 관한 지방자치단체의 사무에 관한 것이면 행정안전부 장관과 교육부 장관), 시·군·자치구를 당사자로 하면 그 지방자치단체가 소속된 특별시·광역시나 도(특별자치도 포함), 그 밖에 권한쟁의심판에 이해관계가 있다고 인정되는 국가기관이나 지방자치단체에 그 사실을 바로 통지하여야 한다('헌법재판소 심판 규칙' 제67조).

4. 변론주의

헌법재판소는 권한쟁의사건을 심리하려면 구두변론을 거쳐야 한다(헌법재판소법 제30조 제1항). 재판부가 변론을 열면 기일을 정하고 당사자와 관계인을 소환(출석 요구)하여야 한다(헌법재판소법 제30조 제3항). 부적법한 권한쟁의심판 청구로서 그 흠을 보정할 수 없으면 민사소송법 제219조의 규정을 준용하여 변론 없이 결정으로 심판 청구를 각하할 수 있다(헌법재판소법 제40조)(헌재 2010. 4. 29. 2009헌라11).

5. 소송참가

권한쟁의심판은 청구인과 피청구인이 대립하는 대심적 구조를 취한다. 하지만 그에 대한 헌법재판소 결정은 그 절차 당사자 사이의 권한관계뿐 아니라 헌법상 권한질서 전반에 영향을 미칠 수 있고, 모든 국가기관과 지방자치단체를 기속하는 효력이 있다. 그러므로 다른 이해관계 있는 국가기관이나 지방자치단체가 그 절차에 참여할 기회를 마련할 필요가 있다(헌재 2009. 10. 29. 2009헌라8등). 이때 헌법재판소의 권한쟁의심판절차에 참가할 수 있는 자는 그 결과에 따른 권한관계 확정으로 영향을 받게 될 국가기관 등이 될 것이다. 그러나 제3자는 쟁의당사자 일방(피참가인)을 위해서만 소송참가할 수 있고, 쟁의절차에 참가한 제3자는 독립한 당사자가 되는 것은 아니다. 현행법상 헌법재판소의 권한쟁의심판에 소송참가를 할 수 있는지와 그 구체적 절차에 관해서는 행정소송법과 민사소송법이 준용된다(헌법재판소법 제40조 제1항, 행정소송법 제17조). 헌법재판소는 다른 국가기관이나 공법인을 소송에 참가시킬 필요가 있다고 인정하면 당사자의 신청이나 직권에 따른 결정으로 그 제3자를 권한쟁의심판에 참가시킬 수 있다(행정소송법 제17조 제1항). 헌법재판소는 권한쟁의사건이 접수되면 이러한 소송참가 기회를 부여하기 위해서

참가할 이익이 있다고 생각되는 국가기관이나 지방자치단체에 권한쟁의심판이 청구된 사실을 알려줄 수 있다. 헌법재판소가 참가 허락 여부에 관한 결정을 하고자 하면 당사자 의견을 들어야 한다(행정소송법 제17조 제2항). 헌법재판소 결정에 따라 권한쟁의심판에 참가한 자는 심판에 관해서 공격, 방어, 이의, 그 밖의 모든 소송행위를 할 수 있다. 다만, 참가할 때의 소송 진행 정도에 따라 할 수 없는 소송행위는 그러하지 아니하다. 참가인의 소송행위가 피참가인의 소송행위에 어긋나면 그 참가인의 소송행위는 효력이 없다(행정소송법 제17조 제3항, 민사소송법 제76조).

6. 가처분

헌법재판소는 직권이나 청구인 신청에 따라서 종국결정을 선고할 때까지 심판 대상이 된 피청구기관 처분의 효력을 정지하는 결정을 할 수 있다(헌법재판소법 제65조). 가처분 결정을 할 때 행정소송법이나 민사소송법의 가처분 관련 규정이 준용되므로 권한쟁의심판에서 가처분 결정은 피청구기관의 처분 등이나 그 집행 또는 절차의 속행으로 말미암아 생길 회복하기 어려운 손해를 예방할 필요가 있거나 그 밖에 공공복리상 중대한 사유가 있어야 하고, 그 처분의 효력을 정지시켜야 할 긴급한 필요가 있어야 한다(헌재 1999. 3. 25. 98헌사98).

헌법재판소는 성남시와 경기도 사이의 권한쟁의사건에서 피청구인 경기도지사 처분의 효력을 정지하는 가처분 결정을 내린 바 있다(헌재 1999. 3. 25. 98헌사98). 한편, 헌법재판소가 처분의 효력을 정지하는 결정만을 할 수 있다고 하여서는 가처분제도의 실효성을 발휘할 수 없다. 헌법재판소법 제65조는 가장 대표적인 가처분 결정의 내용을 예시한 것으로 해석하여야 하여 가처분 신청 목적을 달성하는 데 필요한 그 밖의 다른 내용의 결정도 할 수 있다고 보아야 한다. 헌법재판소법 제40조를 따라서 행정소송법상 집행정지제도와 민사소송의 가처분제도가 준용될 수 있기 때문이다.

V. 권한쟁의심판의 결정과 그 효력

1. 심판결정정족수

헌법재판소는 권한쟁의심판사건을 9명 재판관으로 구성되는 재판부(헌법재판소법 제22조 제1항)에서 재판관 7명 이상 출석으로 심리한다(헌법재판소법 제23조 제1항). 재판부는 종국심리에 관여한 재판관 과반수 찬성으로 권한쟁의심판사건에 관한 결정을 한다(헌법재판소법 제23조 제2항).

2. 결정의 내용과 결정주문

헌법재판소는 심판 대상이 된 국가기관이나 지방자치단체의 권한의 유무나 범위를 판단하고(헌법재판소법 제66조 제1항), 나아가 권한 침해 원인이 된 피청구인의 처분을 취소하거나 그 무효를 확인할 수 있고, 헌법재판소가 부작위에 대한 심판 청구를 인용하는 결정을 하면 피청구인은 결정취지에 따른 처분을 하여야 한다(헌법재판소법 제66조 제2항). 이처럼 권한쟁의심판에서는 2단계의 판단과 그에 따른 결정을 할 수 있다.

(1) 권한의 유무나 범위 확인

헌법재판소법 제66조 제1항에 따라서 헌법재판소는 심판 대상이 된 국가기관이나 지방자치단체 권한의 유무나 범위를 판단한다. 여기서 헌법재판소는 관련된 헌법이나 법률을 해석하여 관련 기관에 권한이 있는지와 그 권한의 범위를 확정한다. 이 부분은 권한쟁의심판에서 핵심을 이루는 심판 대상인 동시에 결정의 필수적 주문 부분을 이루게 된다.

이 부분 헌법재판소 판단은 객관소송의 특성 때문에 청구인의 청구취지에 구애됨 없이 객관적 권한질서에 따라 다투는 권한이 청구인과 피청구인 어디에 소재하는지를 판단하게 된다. 헌법재판소법 제66조 제1항 문언에 충실하자면 주문은 "○○에 관한 권한은 청구인(피청구인)에게 존재한다(또는 존재하지 아니한다)."와 같은 형태로 표시될 것이다.

헌법재판소는 제방, 도로 등의 관할권한 귀속에 관해서 지방자치단체 서로 간에 권한분쟁이 발생하여 청구된 사건을 인용하면서 문제가 된 관할권한이 청구인에게 있음을 직접 확인하는 결정을 하였다(헌재 2004. 9. 23. 2000헌라2). 예를 들어 "동경 126° 38', 북위 33° 55'에 위치한 섬에 대한 관할권한이 청구인에게 있음을 확인한다."(헌재 2008. 12. 26. 2005헌라11)나 "부산 신항만 내⋯⋯조성된 공유수면 매립지 ○○㎡ 중⋯⋯의 각 점을 순차 연결한 △△에 대한 관할권한은 청구인에 있고, ▢▢에 대한 관할권한은 피청구인에 있음을 확인한다."(헌재 2010. 6. 24. 2005헌라9등)와 같은 주문형태이다.

그러나 권한쟁의심판사건에서는 주로, 일정한 권한사항 소재가 청구인이나 피청구인 중의 누구에게 귀속하는지에 관한 다툼이 아니라 청구인이나 피청구인의 권한 그 자체에 관해서는 다툼이 없고 단지 피청구인의 권한 행사가 헌법이나 법률에 위반되므로 청구인의 권한이 침해되었는지가 쟁점이 될 것이다. 이때 심판 청구가 이유 있는 것으로 인정된다면, 결정 주문은 결국 '청구인에게는 헌법(또는 법률)에 따라서 부여된 ○○권한이 있다.'라는 내용과 '청구인의 이러한 권한이 피청구인의 행위로 말미암아 침해되었다.'라는 내용을 결합하여 "피청구인의 처분 (또는 부작위)이 헌법(또는 법률)에 따라서 부여된 청구인의 ○○권한을 침해한 것이다."라는 형태로 표시하게 된다.

헌법재판소는 피청구인이 1996. 12. 26. 06:00경 제182회 임시회 제1차 본회의를 개의하고 국가안전기획부법중개정법률안⋯⋯을 상정하여 가결선포한 것은 청구인들의 법률안 심의·표결의 권한을 침해한 것이라는 주문을 낸 바 있고(헌재 1997. 7. 16. 96헌라2), 피청구인이 1998. 4. 16. 경기도고시 제1998－142호로 행한 ……에 대한 도시계획사업시행자지정처분은 도시계획법 제23조 제5항에 의한 청구인의 권한을 침해한 것이라는 주문을 낸 바 있다(헌재 1999. 7. 22. 98헌라4). 그리고 피청구인이 2006. 9. 14.부터 2006. 9. 29.까지 청구인의 자치사무에 대해서 실시한 정부합동감사는 헌법 및 지방자치법에 따라서 부여된 청구인의 지방자치권을 침해한 것이라든지(헌재 2009. 5. 28. 2006헌라6), 피청구인 국회 외교통상통일위원회 위원장이 외교통상통일위원회 회의실 출입문을 폐쇄한 상태로 외교통상통일위원회 전체회의를 개의하여 '대한민국과 미합중국 간의 자유무역협정' 비준동의안을 상정한 행위 및 위 비준동의안을 법안심사소위원회로 회부한 행위는 청구인들의 위 비준동의안 심의권을 침해한 것이다(헌재 2010. 12. 28. 2008헌라6등)와 같은 형태의 주문도 있다. 한편 청구인의 권한 침해가 인정되지 않아 심판 청구가 이유 없는 것으로 판명된다면, "이 사건 심판 청구를 기각한다."라는 일반적 주문형태를 취하게 된다(헌재 1998. 8. 27. 96헌라1).

(2) 처분의 취소나 무효 확인

헌법재판소는 권한 침해 원인이 된 피청구인의 처분을 취소하는 결정이나 처분의 무효를 확인하는 결정을 내릴 수 있다(헌법재판소법 제66조 제2항). '권한의 유무나 범위'에 관해서는 헌법재판소법 제66조 제1항을 따라서 헌법재판소가 필수적으로 판단하여야 한다. 하지만 같은 조 제2항은 헌법재판소에 재량을 부여하므로, 재판부 재량에 따라 부가적으로 처분의 취소나 무효 확인을 할 수 있다. 이러한 취소나 무효 확인 결정은 청구인 청구나 헌법재판소 직권으로 내릴 수 있다. 처분의 취소나 무효 확인 결정을 할 때는 "피청구인의 처분을 취소한다." 또는

"피청구인의 처분이 무효임을 확인한다."라고 결정주문을 낸다(무효 확인을 한 것으로는 헌재 1999. 7. 22. 98헌라4. 취소한 것으로는 헌재 2006. 8. 31. 2004헌라2). 권한쟁의심판의 취소결정은 행정소송상 취소판결의 형성력과 마찬가지로 성질상 소급효가 있을 수 없는 때를 제외하고는 원칙적으로 소급효가 있다. 헌법재판소법 제67조 제2항은 이러한 소급효를 전제한다. 무효확인결정은 해당 처분이 처음부터 처분으로서 아무런 효력이 발생하지 않았음을 확인한다.

무효확인결정과 관련하여 몇 가지 문제가 있다. 먼저 무효등확인소송에는 취소소송에 적용되는 제한 규정(행정소송법 제20조)을 준용하지 않아서(행정소송법 제38조) 제소기간에 제한이 없는데, 권한쟁의심판에는 청구기간 제한이 있다(헌법재판소법 제63조). 무효확인심판과 관련하여 청구기간 제한이 없다고 보면 이것은 헌법재판소법 제63조 위반이다. 이것은 법적 안정성을 확보하기 위해서 무효등확인소송과 달리 권한쟁의심판에서 특별히 청구기간 제한을 둔 것으로 보아야 한다. 다음으로 무효사유와 취소사유를 어떻게 구분할 수 있는지가 문제 된다. 헌법재판소는 중대명백설을 이러한 기준으로 채택한 적이 있다(헌재 1999. 7. 22. 98헌라4).

한편, 헌법재판소는 피청구인의 처분 등이 권한 침해임을 확인하면서도 해당 처분 등의 무효 확인 청구에 대해서는 기각결정을 할 수도 있다. 예를 들어 국회의장의 신문법안, 방송법안 가결선포행위는 국회의원의 심의·표결권을 침해한다고 보면서도 그 가결선포행위의 무효 확인 청구에 대해서는 이를 기각한 바 있고(헌재 2009. 10. 29. 2009헌라8 등), 국회 상임위원회 위원장이 자유무역협정 비준동의안을 상임위원회 전체회의에 상정한 행위 등이 회의에 참석하지 못한 소수당 소속 상임위원회 위원들의 조약비준동의안에 대한 심의권을 침해하였음을 확인하면서도 조약비준동의안 상정행위 등에 대한 무효 확인 청구는 기각하였으며(헌재 2010. 12. 28. 2008헌라7), 국회의장이 절차를 위반하여 법률안에 대한 표결절차를 진행하고 법률안을 가결선포한 행위에 대해서는 국회의원의 법률안 심의·표결권을 침해하는 것임을 확인하였으나, 그 법률안 가결선포행위에 대한 무효 확인 청구는 기각한 바 있다(헌재 2011. 8. 30. 2009헌라7).

부작위에서는 헌법재판소법 제66조 제1항에 따라서 부작위의 위헌이나 위법을 확인하는 내용으로 결정하면 피청구인은 결정취지에 따른 처분을 하여야 한다(헌법재판소법 제66조 제2항).

(3) 심판절차종료선언

청구인은 심판 청구를 취하할 수 있다. 이때 원칙적으로 소의 취하에 관한 민사소송법 규정이 준용된다. 권한쟁의심판에서 심판 청구 취하로 말미암아 심판절차종료선언을 한 예가 있다. 심판 청구 취하로 말미암은 심판절차종료선언 주문은 "이 사건 권한쟁의심판절차는 청구인의 심판 청구 취하로 ○○년 ○○월 ○○일 종료되었다."와 같이 표시한다.

한편, 청구인이 사망하여도 심판절차는 종료될 수 있다. 헌법재판소는 국회의원의 법률안 심의·표결권은 성질상 일신전속적인 것으로서 당사자가 사망하면 승계되거나 상속될 수 없으므로 그와 관련된 권한쟁의심판절차도 수계될 수 없고, 결국 청구인(국회의원)의 사망과 동시에 그 심판절차는 종료된다고 하였다(헌재 2010. 11. 25. 2009헌라12). 이때 주문은 "이 사건 권한쟁의심판절차는 ○○년 ○○월 ○○일 청구인의 사망으로 종료되었다."로 표시한다.

3. 결정의 효력

헌법재판소법 제67조는 결정의 효력에 관해서 제1항에서 "헌법재판소의 권한쟁의심판의 결정은 모든 국가기관과 지방자치단체를 기속한다."라고 규정하여 결정에 기속력을 명문으로 부여한다. 헌법소원에서는 인용결정만 다른 국가기관에 대해서 기속력이 있지만(헌법재판소법 제75조 제1항), 권한쟁의심판에서는 모든 결정에 기속력이 있다. 권한에 관한 아무런 실체적 판단이 없는 각하결정에는 별다른 의미가 없다. 권한쟁의심판의 본안결정이 내려지면 그것이 인용결정이든 기각결정이든, 그것이 헌법재판소법 제66조 제1항에 따른 확인결정이든, 같은 조 제2항에 따른 취소결정이든, 다른 국가기관은 이에 관한 헌법재판소 판단에 저촉되는 다른 판단이나 행위를 할 수 없고, 헌법재판소 결정 내용을 자기 판단과 조치의 기초로 삼아야 한다. 피청구인은 위헌·위법성이 확인된 행위를 반복하여서는 아니 될 뿐 아니라 나아가 자신이 일으킨 기존 위헌·위법상태를 제거하여 합헌·합법적 상태를 회복할 의무를 부담한다. 헌법재판소가 부작위에 대한 심판 청구를 인용하는 결정을 하면 피청구인은 결정취지에 따른 처분을 하여야 한다(헌법재판소법 제66조 제2항).

그러나 헌법재판소는 국회의장의 법률안 가결선포행위가 국회의원들의 법률안 심의·표결권을 침해한 것임을 확인한 권한침해확인결정의 기속력 내용에는 국회의장이 구체적으로 특정한 조치를 취할 작위의무가 포함된다고 볼 수 없다는 것 등의 이유로 권한침해확인결정 이후 국회의장의 부작위가 국회의원들의 법률안 심의·표결권을 침해한다며 제기된 권한쟁의심판 청구를 1(기각) : 4(각하) : 4(인용)로 기각하였다(헌재 2010. 11. 25. 2009헌라12). 인용의견에서는, 헌법재판소가 청구인들의 심의·표결권이 침해되었음을 확인하였는데도 국회가 그 위법성을 바로잡고 침해된 청구인들의 권한을 회복시켜줄 의무를 이행하지 않는 것은 헌법재판소 종전 결정의 기속력을 무시하고 청구인들의 권한 침해상태를 계속 존속시키는 것이므로 그 청구를 받아들여야 한다고 보았다(헌재 2010. 11. 25. 2009헌라12).

헌법재판소가 국가기관이나 지방자치단체의 처분을 취소하는 결정을 하더라도 그 처분 상대방에 대해서 이미 생긴 효력에는 영향을 미치지 아니한다(헌법재판소법 제67조 제2항). 이 조항은 처분의 유효성을 믿은 제3자의 법적 안정성이나 법적 지위를 보호하기 위해서 처분 상대방에 대한 관계에서는 취소결정의 소급효를 제한하기 위한 것이다. 즉 청구인, 피청구인, 제3자의 3각관계가 형성되면 청구인과 피청구인 사이의 권한분쟁으로 말미암아 선의의 제3자에게 손해를 끼치게 할 수 없다는 고려를 반영한 것이다. 그래서 처분 상대방이 곧 청구인이어서 제3자의 법적 지위에 대한 영향이 있을 수 없으면 이 조항이 적용되지 않는다. 이 조항이 적용되면 처분 상대방에 대해서 이미 생긴 효력에 영향을 미치지 아니한다. '이미' 생긴 효력만 그대로 인정할 뿐이고 취소결정 이후 앞날까지 그 효력을 계속 주장할 수 있다는 것은 아니다. 무효확인 결정은 이러한 효력상 제한을 받지 않는다.

4. 입법 관련 처분에 대한 인용결정의 효력

(1) 입법절차 관련 처분에 대한 인용결정의 효력

입법절차 관련 처분이 헌법이나 법률에 위배된다는 점이 권한쟁의심판 인용결정을 통해서 인정되고 해당 법률이 아직 공포·시행되기 전이면 해당 법률의 입법절차는 문제가 된 개별 절차부터 다시 진행하면 된다.

입법절차 하자로 말미암은 청구인의 권한 침해를 확인하는 결정은 확인결정으로서 그 자체로 피청구인의 행위를 직접 소멸시키는 형성력이 없다. 그러므로 이러한 인용결정의 기속력은 피청구인이 확인된 위헌·위법성을 제거하여 합헌적 권한질서를 회복할 법적 의무(재입법의무)를 부과한다. 재입법을 할 때까지 법률의 효력은 지속한다. 국회가 상당한 기간이 지나도록 재입법의무를 이행하지 않으면 청구인은 국회의 부작위(재입법의무 불이행)로 말미암은 권한 침해를 다투는 심판을 새롭게 청구하여야 한다.

전체 입법절차 일부를 이루는 행위라도 그것이 입법절차의 본질적이거나 중요한 요소를 이루면 법률의 효력에 영향을 미친다. 따라서 이러한 행위에 대한 취소나 무효확인결정이 있으면 이로 말미암아 해당 법률의 효력에 영향을 미친다. 즉 헌법을 통해서는 법률을 형식적으로만 정의할 수 있어서 법률이 성립하려면 반드시 형식적 요건을 모두 갖추어야 한다. 그런데 입법질차 중 일부가 취소되거나 무효로 확인되면 해당 법률은 성립이 되지 않아 존재하지 않게 된다. 따라서 해당 법률은 당연히 효력이 없다. 인용결정의 기속력이 미치는 법원과 그 밖의 국가기관은 해당 법률을 더는 적용할 수 없다. 이러한 점에서 헌법재판소는 이러한 행위에 대한 취소나 무효확인결정을 내리면서 해당 주문에 해당 법률이 부존재함을 명확하게 밝히는 것이 바람직하다. 법률의 효력 상실을 초래하는 취소나 무효확인결정이라도 이것은 권한쟁의심판 인용결정의 하나라서 헌법 제113조 제1항에서 말하는 '법률의 위헌결정'에 해당하지 않으므로 관여 재판관 과반수 정족수로 충분하다. 입법절차의 중요한 요소가 취소되거나 무효가 확인되면 해당 법률은 적법하게 성립하지 않은 것이므로 처음부터 해당 법률은 효력이 없게 된다.

(2) 법률 내용을 다투는 권한쟁의심판 인용결정의 효력

법률 내용을 다투는 권한쟁의심판에서는 해당 법률이 청구인의 권한을 침해하는 것이 확인되면 해당 법률이 제거되어야 비로소 청구인이 구제를 받을 수 있다. 그런데 해당 법률이 제거되려면 그 위헌성을 확인하여 그 효력을 상실시켜야 한다. 이것은 위헌법률심판을 통해서만 가능하다. 따라서 헌법재판소는 권한쟁의심판을 하기 전에 선결문제로서 해당 법률의 위헌성을 직권으로 심사하여야 한다. 물론 이때 법률의 위헌성은 재판관 6명 이상 찬성으로 확인된다(헌법 제113조 제1항, 헌법재판소법 제23조 제2항 단서 제1호). 법률의 위헌성이 확인되면 헌법재판소는 당연히 권한쟁의심판 인용결정을 내려야 한다. 이때 헌법재판소는 해당 법률의 위헌결정을 내리면서 그와 함께 권한쟁의심판 인용결정을 내려야 한다. 이러한 결정에는 당연히 헌법재판소법 제47조가 적용된다. 법률의 위헌성이 확인되지 않으면 (설사 위헌의견이 재판관 5명이라도) 헌법재판소는 권한쟁의심판 기각결정을 내릴 수밖에 없다.

찾아보기

저자 소개

○ 학력
고려대학교 법학과 학사/석사
독일 뮌헨대학교 법학과 박사(Dr. jur.)

○ 경력
성균관대학교 BK21 글로컬(Glocal) 과학기술법전문가 양성사업단 박사후연구원(2008. 9.
   - 2010. 2.)
고려대학교 법학연구원 연구교수(2010. 5. - 2011. 4.)
헌법재판소 헌법재판연구원 책임연구관(2011. 5. - 2016. 8.)
(현) 전남대학교 법학전문대학원 부교수
(현) 한국공법학회 기획이사
(현) 전남대학교 법학연구소 공익인권법센터 센터장
(현) 광주광역시 정보공개심의회 위원장
(현) 전라남도 인권보장 및 증진위원회 부위원장
(현) 전남대학교 생명윤리위원회 위원
(현) 세계인권도시포럼 추진위원회 위원
(현) 광주광역시 제5기 인권증진시민위원회 위원
(현) 광주광역시 제4기 북구 인권위원회 위원
한국공법학회 신진학술상 수상(2016. 12.)
전남대학교 제23회 용봉학술상 수상(2019. 6.)
전남대학교 우수신임교수상 수상(2019. 6.)
헌법재판소 헌법논총 우수논문상 수상(2019. 11.)

○ 저서
헌법재판소 결정이 입법자를 구속하는 범위와 한계, 전남대학교출판문화원, 2017
헌법재판소 결정의 효력, 전남대학교출판문화원, 2019
헌법소송법, 박영사, 2019
헌법사례연습, 박영사, 2019
헌법 으뜸편 - 기본권론 -, 박영사, 2020
기본권 3각관계, 전남대학교출판문화원, 2020

허완중 외 13명, 알기 쉬운 헌법, 헌법재판소 헌법재판연구원, 2012(1쇄)/2014(2쇄)
허완중 외 9명, 통일과 헌법재판 4, 헌법재판소 헌법재판연구원, 2017
김현철/남복현/손인혁/허완중, 헌법불합치결정의 기속력과 개선입법의 구제범위에 대한
   연구(헌법재판연구 제28권), 헌법재판소, 2017
허완중 외 8명, 통일과 헌법재판 3, 헌법재판소 헌법재판연구원, 2018
허완중 책임편집, 김현귀/손상식/손인혁/이장희/정영훈/허완중, 우리를 위해서 우리가 만
   든 우리 헌법, 박영사, 2019
김현철/남복현/손인혁/허완중, 헌법소송의 특수성과 다른 소송법령 준용의 범위 및 한계
   에 대한 검토(정책개발연구 제11권), 헌법재판소, 2019

간추린 헌법소송법

초판발행   2021년 2월 25일

지은이   허완중
펴낸이   안종만 · 안상준

편 집   한두희
기획/마케팅   이후근
표지디자인   최윤주
제 작   고철민 · 조영환

펴낸곳   (주) **박영사**
              서울특별시 금천구 가산디지털2로 53, 210호(가산동, 한라시그마밸리)
              등록 1959. 3. 11. 제300-1959-1호(倫)
전 화   02)733-6771
f a x   02)736-4818
e-mail   pys@pybook.co.kr
homepage   www.pybook.co.kr
ISBN   979-11-303-3815-6   93360

정 가   15,000원